分享智慧·助力成长
——北理工青年校友会印迹

北京理工大学青年校友会 编

北京理工大学出版社
BEIJING INSTITUTE OF TECHNOLOGY PRESS

版权专有 侵权必究

图书在版编目（CIP）数据

分享智慧·助力成长：北理工青年校友会印迹/北京理工大学青年校友会编．—北京：北京理工大学出版社，2020.9
ISBN 978-7-5682-8973-3

Ⅰ．①分…　Ⅱ．①北…　Ⅲ．①北京理工大学—校友会—文集
Ⅳ．① G649.281-53

中国版本图书馆 CIP 数据核字（2020）第 163445 号

出版发行 /	北京理工大学出版社有限责任公司
社　　址 /	北京市海淀区中关村南大街 5 号
邮　　编 /	100081
电　　话 /	（010）68914775（总编室）
	（010）82562903（教材售后服务热线）
	（010）68948351（其他图书服务热线）
网　　址 /	http://www.bitpress.com.cn
经　　销 /	全国各地新华书店
印　　刷 /	雅迪云印（天津）科技有限公司
开　　本 /	710 毫米 × 1000 毫米　1 / 16
印　　张 /	22.5
字　　数 /	358 千字
版　　次 /	2020 年 9 月第 1 版　2020 年 9 月第 1 次印刷
定　　价 /	156.00 元

责任编辑 / 徐艳君
文案编辑 / 徐艳君
责任校对 / 周瑞红
责任印制 / 李志强

图书出现印装质量问题，请拨打售后服务热线，本社负责调换

序 1

当这本沉甸甸的书籍摆在面前,我的历史使命感和职业自豪感油然而生。钱锺书先生说"人生据说是一本大书",如此看来,《分享智慧·助力成长——北理工青年校友会印迹》便是一本汇聚当代优秀青年才智的悠悠散文集、铮铮奋斗史。66位青年校友做客"北理工青年汇沙龙",畅谈人生经历、分享成功经验,既有对生活的小愿景、小期许,更有对家国的大理想、大情怀,其中的每一字、每一行、每一页都承载着青年校友对祖国和人民、对母校和校友的深情和厚意。

建校80年来,从革命圣地延安一路走来的北京理工大学先后培养了20余万学子。在校时,他们从校园汲取丰富滋养、沉淀人格理想,锻造爱国之心、报国之志、卫国之勇、强国之才;毕业后,他们传承和弘扬北理工人特有的红色基因,不忘初心、担当作为,牢记使命、砥砺前行,把"德以明理、学以精工"的校训精神带到社会每个角落,用一段段或跌宕、或平凡的奋斗故事成就了北理工人的时代篇章。

更难能可贵的是,广大校友始终珍视北理工人这一共同印章,助力母校建设发展。特别是在"双一流"建设过程中,学校至今取得的成就,处处活跃着校友的身影和祝福,处处彰显着校友的鼎力支持和倾心相助,也处处凝结着包括广大校友在内所有北理工人共同的荣誉和自豪。书中66位青年校友正是其中的缩影,他们怀揣青春的梦、真挚的情和感恩的心,担当"亲友团""智囊团""后援团",发挥桥梁和纽带作用,积极建言献策,汇聚出强大合力。他们以实际行动凝聚绚烂的青春、点燃希望的火把,成就了这本书的温度,而这份温暖也将在我们手中不断传递,照亮更多年轻学子的美好前程。

校友与学校是发展的共同体,荣辱与共、唇齿相依,学校将始终秉承"全球北理一家亲"的理念，以优质的服务提升校友的归属感、荣誉感和幸福感，实现学校与校友的"互哺"。"北理工青年汇"由11名青年校友共同发起，诞生于学校南门魏公村路的一间小小咖啡厅，是一个致力于服务母校、青年校友和在校生的活跃组织。不承想当时一个起心动念，成就了今日在广大校友师生心中的响亮品牌。自2012年创办以来，已有66位青年校友接受邀请、拿起话筒，这是思想上的引领、是感情上的召唤，彰显的是飞扬的青春，吹响的是激昂的号角。现将这笔宝贵财富编辑成册，旨在分享给更多北理工的"有缘人"，让鲜活的经验被铭记，让成长的阅历指导年轻一代，也让更多人看到北理工青年校友的时代担当！感谢这些志愿服务的北理工青年校友会发起人和志愿者们！

此书校勘之际，我再次带着特殊的情感翻阅书中的一字一句，更坚定了学校要继续坚持办学正确政治方向的决心，毫不动摇贯彻党的教育方针，始终把立德树人作为学校的根本任务和第一价值追求，以高水平的创新成果和高素质的创新人才服务国家工业化、信息化和国防现代化，全力朝着中国特色世界一流大学的建设目标阔步前进。

清清延河水，抚育我们茁壮成长。80年前，北京理工大学诞生于革命圣地延安，在那时，奔赴延安的青年才俊是一道亮丽的风景线。

悠悠岁月长，磨炼我们意志如钢。80年后，扎根华夏大地、遍布世界各处的北理工学子彰显着不同凡响的中国风采、中国力量。

2020年9月16日

这是一本可爱的书

——献给这一群可爱的人

2012年,北京理工大学青年校友会(简称"青年汇")成立。它像个蹒跚学步的可爱孩子,在近9年的时间里,摸爬滚打逐渐成长。如今已举办66期精彩沙龙,汇聚了10个微信大群的校友粉丝。

关于青年汇的诞生

"青年汇"诞生于一个可爱的地方。虽然说起这段往事会暴露我们的年纪,但是我们仍然非常想和大家分享。早些年,南门外的魏公村路上有一排小酒吧和咖啡馆,名字都非常文艺,其中一家叫"大象咖啡",青年汇就诞生于此。2012年的一次聚会畅谈后,11位青年汇创始校友一拍即合,决定成立一个专门服务于北理工青年校友的组织。杨海滨校友提议名字为"青年汇",意指青年校友汇聚之地。一路走来,青年汇得到这11位校友的大力支持,孙达飞校友和顾玮校友任青年汇主席,更是有幸邀请了杨宾校长担任青年汇的顾问,杨海滨校友任总干事。

关于成立青年汇的初衷,第一个萌发该想法的是孙达飞和顾玮校友:毕业多年,在职场摸爬滚打奋力拼搏时,时常羡慕其他学校的毕业生有一个属于自己的组织能相互"传帮带"。临渊羡鱼,不如退而结网,在孙达飞和顾玮的呼吁和其他校友的积极响应下,才有了11位创始校友在大象咖啡的小聚,大家现场凑了青年汇第一笔启动资金,并确定了采用

"青年汇"这个名字。终于,北理工的青年校友也有了一个可以依靠的组织。我们希望青年汇能把青年校友们凝聚在一起,分享智慧,助力成长。我们希望大家不管走到哪里,都能感受到母校的惦念,都能记得我们的延安根,军工魂。

青年汇里最可爱的人是志愿者们

是的,青年汇的志愿者们是这里最可爱的人。这本书是向母校华诞的献礼,是对青年汇 8 年工作的回顾和小结,更是对志愿者们的致敬。他们就像大小不一的珍珠,由青年汇这条线串起来,成为一条美丽的珍珠项链。在这里一定要感谢三位贡献突出的核心志愿者:

王丽霞(2002 级管理与经济学院校友),曾任青年汇秘书长。在青年汇最艰难的一段时间里,王丽霞谦和低调,又耐心细心,做了大量的沟通协调工作,并时时刻刻用自己的热情感染着身边的人。两年前的夏天,王丽霞发起了青年汇嘉宾的回访活动。

朱君(2012 级管理与经济学院校友)是青年汇的 N 朝元老,创办之初就担任青年汇的志愿者。这么多年来,不管工作生活如何变动,如何忙碌,他始终坚持参与青年汇的活动,从线上到线下,身先士卒地带动着志愿者们坚持走下去。

余彦(2001 级电子工程专业校友)是青年汇的现任秘书长。她从王丽霞手里接过了接力棒,带领青年汇志愿者们继续前行。她为青年汇积极招揽了很多优秀的志愿者,推动设立了志愿者奖励等规章制度,促成了青年汇小程序的开发项目,进一步巩固、扩大了青年汇的影响力。这本可爱的书就是在她的主持下和大家见面的。

毫不夸张地说,没有志愿者就没有青年汇。是他们牺牲了业余时间,凭着一腔热情和对母校的热爱,才能让青年汇的活动持续至今,才能让青年汇不断发展壮大,才能让北理工的"血脉"传承不断延续,才能有了今天大家手里的这本书。

我们是发起者,更是受益者

青年汇是我们无意中开启的一段神奇际遇。决定成立青年汇,可以说是酝酿已久,再加上一个契机。在大象咖啡里,我们以发起者、授予者的姿态搭建了青年汇的框架。那时候,谁都没预料到我们自己在这些年里能从青年汇的组织工作中,从参与青年汇的嘉宾和志愿者们身上汲取到如此之多的正能量,甚至间接影响了我们的职业路径选择。

感恩青年汇的分享嘉宾们。他们毕业于北理工的不同专业,多年耕耘后在各自的行业里都取得了亮眼的成就。他们在百忙之中,甚至从外地专程飞来北京,应邀参加我们青年汇的活动,毫无保留地分享他们的专业知识和人生思考。

在青年汇,我们不再是老师和同学,领导和下属,我们只在乎一个共同的身份,就是理工人。在每一期沙龙嘉宾的身上,我们看到了人生发展的无限可能;在志愿者身上,我们感受到了青年人火一样的热情和永不言弃的坚持。生活面前没有人可以做老师,嘉宾和志愿者们呈现的是不一样的精彩。

青年汇已经给了我们很多惊喜,未来,还将给我们更多的期待。借此机会,我们想对北理工校友们说:期待你的加入,让我们一起书写青年汇的下一个十年!

在庆祝学校成立80周年之际，青年校友会想为母校献上一份美好的祝福。我们决定出版一本书，记录青年校友会这8年来积淀的校友智慧。

青年校友会致力于推动北理校友们的"传帮带"精神，我们邀请的沙龙活动嘉宾全部是北理乐于分享的优秀校友。他们来自各行各业，抽出宝贵的时间来到青年校友会沙龙现场，真诚地分享他们独特的人生经历和智慧，深深启发了现场的校友们，让他们在面临人生难题时能更加从容淡定，让他们通过榜样更清楚地看到自己未来努力的方向，也更加乐于以身作则去积极影响身边的师弟师妹们。

这本书里，既有嘉宾们沙龙分享的新闻稿，也有我们间隔几年后回访嘉宾的采访记录。如此多的智慧，用书籍的方式让更多北理校友和在校生看到，实在是一种很妙的传承方式。

这本书也是一份送给青年校友会的发起者、志愿者、参与者的礼物。感谢当年敢想敢做的发起者，感谢热情付出的志愿者，也感谢风雨中坚持关注并参与我们活动的校友们。

虽然青年校友会的影响力还很有限，但我们会继续努力，因为我们相信：星星之火，可以燎原！

北理青年校友会执行秘书长余彦（2001级校友）
北理青年校友会秘书长王丽霞（2002级校友）
2020年6月

编写委员会

顾 问
杨 宾

主 任
付大军

副主任
孙达飞 顾 玮

编 委
（按姓氏拼音排序）

白晓利 何 灏 何旖桦 侯延昭
李 芬 李雨晨 刘德文 马晶晶
王桂杰 王丽霞 徐章新 余 彦
张毓佳 朱 君

北理工青年汇嘉宾

期数	嘉宾	时任职务	沙龙主题	沙龙日期
1	孙达飞	三行资本创始人	工科生到金融人的转变	2013.5.18
2	葛楠	365日历创始人	互联网的追梦人	2013.6.29
3	孙刚	汉朗科技创始人/总经理	选择与挑战	2013.7.27
4	杨晓静	宽石量投创始人兼CEO	静观创业路	2013.8.31
5	张岩	上海艾融软件股份有限公司董事长兼总经理	创业——理财——互联网金融	2013.10.26
6	张思庆	导演	我和我的微电影	2013.12.1
7	陈拥军	乐蜂网运营总裁	互联网那些人、那些事	2014.7.27
8	郑丁丁	红杉资本中国基金副总裁	理性、知性、感性	2014.9.6
9	邱杰	狮鼠文化传媒（北京）有限公司总经理	当电影遇上金融	2014.9.27
10	吴永强	去哪儿网CTO	旅游、互联网、移动互联网	2014.10.26
11	刘德	小米科技联合创始人、副总裁	小米——创业、智能、互联、云端	2014.11.12
12	侯宁	知名金融分析家	中国股市如何折射中国经济	2014.12.28
13	杜昶旭	朗播网创始人、CEO	互联网·教育·创业	2015.2.1
14	顾玮	百度战略合作伙伴部总监兼移动游戏副总裁	跨界	2015.3.28
15	何晓阳	OneAPM董事长	SAAS在中国	2015.4.25
16	孙国富	华澍资本CEO	男儿当尽责	2015.5.31
17	王正坤	易快修创始人兼CEO	创业时的那些坑	2015.6.28
18	周咏岗	蚂蚁白领创办人	互联网金融·财富人生	2015.7.25
19	何鹏	外设天下创始人	爱游戏、爱工作、爱人生	2015.8.29

续表

期数	嘉宾	时任职务	沙龙主题	沙龙日期
20	刘驰	章鱼网联合创始人	我的7×24小时创业人生	2015.9.26
21	魏伟	品钛集团CEO	创业的价值是为了解决问题	2015.11.7
22	覃思颖、杨晓静、康正德		科研、创业中的知识产权那些事儿	2015.11.28
23	陈明杰	傲游浏览器创始人兼CEO	傲游的人生，创业永不眠	2015.12.26
24	王双	沱沱公社创始人	有一种生活方式叫连续创业	2016.1.30
25	高云峥	无忧互通创始人兼CEO	不要为了创业而创业	2016.28.28
26	田刚印	北京中航智科技有限公司创始人	无人机的梦想家和实践者	2016.3.26
27	伍疆	Vector Telecom创始人、诺辉投资合伙人	我的创业公式——实业精神×投资逻辑	2016.4.23
28	刘旭东	晋江文学网站总裁	跨界玩一座城	2016.5.28
29	郑福仁	腾信软创董事长	把腾信经营成一家百年企业	2016.6.25
30	张东	山东力士德工程机械工程股份有限公司总经理	比肩国际巨头、践行中国创造	2016.7.28
31	张皓	美国科尔法集团中国公司总经理	深耕还是跳槽，让你不再迷茫	2016.8.28
32	杜江涛	君正集团董事会主席	成长的周期和烦恼	2016.10.30
33	贾冉	果酷创始人	坚持的力量	2016.11.27
34	陆海	三行资本联合创始人	生命在于折腾	2016.12.24
35	庞鑫	北京可玩可乐科技有限公司联合创始人	技术大牛奇遇记	2017.2.25
36	桑珊飞	北理工青年汇发起人	在纷扰的世间深情行走	2017.3.26
37	卢航	21世纪中国不动产总裁	一个风雨飘摇的朝阳行业	2017.4.22
38	刘晓伟	歌德盈香股份有限公司董事长	消费升级背景下的新零售销售机遇	2017.6.3
39	卢五波	"乐车邦"联合创始人	一个汽车青年的成长之路	2017.7.9

续表

期数	嘉宾	时任职务	沙龙主题	沙龙日期
40	张 楠	北京青年旅行社股份有限公司董事长	每一次挑战,都是寻找更好的自我	2017.8.5
41	刘 峰	雷科防务总经理	军民融合在路上	2017.9.10
42	银 海	牛啤堂创始人	信息工程学院的精酿啤酒大师	2017.9.24
43	杨 阳	上海寰擎信息科技有限公司创始人兼CEO	一个理工男的金融梦	2017.10.29
44	张博涵	视感科技创始人兼CEO	如何把想法变成商业化产品	2017.11.25
45	曲敬东	新龙脉控股集团董事长	职·点迷津	2018.1
46	董 默	追美互动创始人	要更努力才能看起来毫不费力	2018.3
47	王 莉	盘京投资合伙人	尽可能多地捕捉确定性	2018.4
48	李小朵	嘉数映幕联合创始人/制片人	听资深制作人讲戏剧制作的趣事——《鬼吹灯》《悟空传》	2018.5
49	宋婷婷	北京诺友咨询公司CEO	离开学校后,如何活出自己理想的样子	2018.6
50	李 锐	谷歌开发者生态中国负责人	谷歌AI:把人工智能的益处带给每个人	2018.7
51	谢 涛	九天微星创始人	IT、航天与未来	2018.8
52	王 晟	英诺投资合伙人	我所经历的四次创投低谷	2018.9
53	李 凯	Keysight公司云计算及AI行业负责人	AI计算与数据中心的变革	2018.10
54	韩 青	共青团北京市丰台区委副书记	不忘初心	2018.11
55	周 全	英诺投资合伙人	科技创新投资的黄金十年	2019.1
56	李瑞琳	北京每日优鲜电子商务有限公司/副总裁	生鲜电商十年沉浮	2019.3
57	周泽湘	北京同有飞骥科技股份有限公司/董事长兼总经理	专注存储三十载,开启产业新生态	2019.4

续表

期数	嘉宾	时任职务	沙龙主题	沙龙日期
58	赵 严	凌云光技术集团/CTO	机器视觉与工业人工智能技术及产业应用	2019.5
59	高 宇	乾润集团/董事长	"德以明理、学以精工"——感悟、践行与分享	2019.6
60	张 阳	三博脑科集团、董事长、创始人	中国社会办医的发展与思考	2019.7
61	姜 毅	利亚德集团/副总裁、COO	职业经理人与民营企业的融合之道	2019.8
62	于 雷	易咖咖啡创始人	万物互联 重做COFFEE	2019.9
63	陈昌润	云南甘润农业科技有限公司 董事长	儒家文化和中国企业	2019.10
64	蔡少惠	国家资深形象礼仪培训师	职场礼仪的那些"小"事	2019.11
65	于立国	北汽新能源的副总经理	中国新能源汽车行业发展与商业模态思考	2019.12.21
66	曾 文	精英路通科技有限公司董事长	创业是人生必修课	2020.1.15

目录

沙龙分享

金马奖获奖者张思庆：我和我的微电影 …………………………… 3
陈拥军：互联网那些事，与您不见不散 …………………………… 5
郑丁丁：只做 80 分女人 …………………………………………… 7
邱杰：碰撞与包容——技术男勇闯电影圈 ………………………… 11
吴永强：探访去哪儿网，大礼带回家 ……………………………… 14
和小米联合创始人刘德一起站在云端看未来 ……………………… 16
和"侯政委"一起在股市中赚大钱
　　——中国股市如何折射中国经济 …………………………… 18
听杜昶旭讲互联网教育创业 ………………………………………… 20
顾玮：做事要有主线，做人要有底线 ……………………………… 22
何晓阳：SAAS 在中国 ……………………………………………… 24
孙国富：男儿当尽责 ………………………………………………… 25
易快修创始人王正坤：创业时的那些坑 …………………………… 27
周咏岗：互联网金融·财富人生 …………………………………… 29
何鹏：爱游戏、爱工作、爱人生 …………………………………… 31
刘驰：我的 7×24 小时创业人生 …………………………………… 35
科研、创业中的知识产权那些事儿 ………………………………… 37
陈明杰：傲游的人生，创业永不眠 ………………………………… 42
王双师兄畅谈互联网创业 …………………………………………… 46
高云峥：不要为了创业而创业 ……………………………………… 50
无人机的梦想家和实践者：专访中航智掌门人田刚印 …………… 53
伍疆：实业精神 × 投资逻辑——我的创业公式 ………………… 56

刘旭东：跨界玩出一座城…………………………………………58
郑福仁：把腾信经营成一家百年企业…………………………60
张东：比肩国际巨头，践行中国创造…………………………62
张皓：深耕还是跳槽，让你不再迷茫…………………………65
杜江涛：成长的周期和烦恼……………………………………67
贾冉：坚持的力量………………………………………………70
陆海：生命在于折腾……………………………………………73
庞鑫：技术大牛奇遇记…………………………………………77
桑珊飞：在纷扰的世间深情行走………………………………81
卢航：一个风雨飘摇的朝阳行业………………………………84
刘晓伟：消费升级背景下的新零售销售机遇…………………87
"乐车邦"联合创始人卢五波：不积跬步无以至千里………89
张楠：每一次挑战，都是寻找更好的自我……………………93
刘峰：军民融合在路上…………………………………………100
银海：信息工程学院的精酿啤酒大师…………………………103
杨阳：理工向金融的华丽转身…………………………………107
张博涵：如何把想法变成商业化产品…………………………109
曲敬东：从一无所有到纵横商界
　　　——一名北理人的激荡三十年…………………………111
董默：要更努力，才能看起来不太费力………………………115
王莉：尽可能多地捕捉确定性…………………………………118
李小朵：资深制作人谈戏剧制作幕后的故事…………………121
宋婷婷：离开学校后，如何活出理想的自己…………………123
李锐：把人工智能的益处带给每一个人………………………130
谢涛：星际大航海时代的开拓者………………………………133
王晟：路漫漫其修远——我的创投之路………………………136
李凯：AI计算与数据中心的变革………………………………139
韩青：不忘初心…………………………………………………143
周全：以梦为马，天道酬勤……………………………………147

李瑞琳：生鲜电商十年沉浮……150
周泽湘：专注存储三十载，开启产业新生态……153
赵严：扎根视觉领域，服务工业自动化……156
高宇："德以明理、学以精工"
　　——感悟、践行与分享……159
张阳：理工男的办医之旅……165
姜毅：职业经理人与民企的融合之道……168
于雷：万物互联　重做COFFEE……173
蔡少惠：职场礼仪的那些"小"事……177
于立国：新能源汽车行业发展与商业生态思考……181
曾文：创业是人生的必修课……185

嘉宾回访

孙国富：未来是用心想出来的，不是用眼看出来的……193
银海：理工加持，兴趣为王……197
王正坤：从"计算机技术大咖"到"汽修大咖"的
　　完美蜕变……202
田刚印：不忘初心，砥砺前行……205
周咏岗：从华尔街高管到互联网教育服务的华丽转身……208
张楠：在学习中成长，在工作中开阔眼界……212
张皓：积跬步行千里……216
杨晓静：敢想敢为，厚积方能薄发……219
伍疆：趁势而为，做最好的自己……223
魏伟：在连续创业中追求人生的极致挑战……227
王双：遵循内心的声音，做有价值的坚持……232
覃思颖：源自脚踏实地的科研收获……237
孙达飞：忠于内心　突破前行……240
宋婷婷：自律下的多彩人生……245

桑珊飞："四步工作法"助力职场幸福成长……………249
曲敬东："职"点迷津……………………………………252
卢航：渴求进步，永不止步……………………………257
刘旭东：跨界玩出一座城………………………………261
刘峰：梦想的护航人……………………………………265
镌精诚以治学，携恒心而求索
　　——北理杰出校友、小米联合创始人刘德………269
李小朵：文理交汇，别样灿烂…………………………273
李锐：活在当下，笃学不倦……………………………280
侯宁：坚持做自己喜欢且擅长的事……………………284
何晓阳：犯其至难，图其至远…………………………290
顾玮："All in"最有价值的事…………………………294
杜昶旭：互联网教育，砥砺前行………………………297
董默：多彩人生源自自律和选择………………………302
郑福仁：追逐自己的内心………………………………305
张思庆：梦想的路上砥砺前行…………………………308
陈明杰：创业永不眠……………………………………311

志愿者介绍

我们的收获与感想………………………………………319
编后语……………………………………………………338

沙龙分享

北理工青年汇第 6 期沙龙

金马奖获奖者张思庆：我和我的微电影

青年汇第六期沙龙开讲啦！本期沙龙邀请到的嘉宾是北京理工大学杰出青年代表、第 49 届台湾电影金马奖最佳创作短片奖获得者张思庆。

2013 年 12 月 1 日下午，近 40 名理工校友汇聚一堂，在北京理工大学国际交流中心校友汇观看了由张思庆执导的金马奖获奖影片《拾荒少年》，聆听张思庆分享了个人成长经历和对电影制作的思考。

在和张思庆未见面之前，你也许会对这个才华横溢的年轻导演有种种幻想，他到底是一个怎样的人？是长发及腰的文艺青年，还是留着络腮胡子略显沧桑？真实的张思庆话不多，也很低调，穿着深蓝色衬衣米白色休闲裤，架着一副黑框眼镜，或是和助手坐在墙边，或是应大家的要求合影，和他交流时，他会真诚地直视着你的眼睛，显现出和26岁年龄不符的成熟。

他不是一个传统意义上的好学生，却一路执着而热情地追逐电影梦。高考那年因为家乡的消息闭塞，不知道有"艺考"这回事儿，从而和北京电影学院擦肩而过。在北京理工大学读书期间，他逃过课、挂过科，也曾整宿整宿地痴迷于电影的世界中，最后谁也没告诉，悄没声地度过了孤独的考研岁月，成为一名北京电影学院故事片导演创作方向的研究生。但是北京理工大学"德以明理，学以精工"的校训却对他产生了深远的影响。虽然他现在还是搞不太清楚微积分是什么玩意，但是教授微积分课程的老教授的一个举动却被他铭记于心：教授误把等号写成了不等号，课堂上擦的时候只擦了上面的一半斜线，当下课学生不在的时候，教授还是默默地把忘记擦掉的下半截斜线擦掉了。这个细小的举动让张思庆感受到了理性和严谨的力量，每一个小细节都不该被忽视！

虽然获得金马奖后张思庆已经小有名气，他依旧直率、坦诚，爱吐槽，"嫌弃"地把自己获奖的毕业作品称为"破电影"。现在的他，一边做广告导演谋生一边筹划自己的故事长片，享受着漫长艰苦创作过程中那最令人兴奋的"一秒"。他也在不断地反省自己，希望通过镜头拍出的电影依旧干净纯粹，不在名利中失去最真实的自己。

艺术没有界限，不分文科理科，它存在于每个人内心中最容易被触动的地方。在场的校友除了对张思庆表示了热烈的祝贺，还表达了对中国电影未来的浓厚期望。错过本期沙龙的校友也不必感到遗憾，因为青年汇将来还会打造更多的精品沙龙，邀请更多的杰出校友来分享他们纷呈各异的人生故事。让每一个校友都能从这些深入浅出的人生故事中感知生命的艰辛和美好是青年汇的最高宗旨！

北理工青年汇第 7 期沙龙

陈拥军：互联网那些事，与您不见不散

在中国互联网快速发展，飞入寻常百姓家的二十年间，一批弄潮儿站到了时代的峰顶浪尖，一批人却倒在了创业的路上。成功者为什么会崛起，倒下的人又做错了什么？互联网那些人、那些事，为您一一道来。

2014 年 7 月 27 日下午 14 点，与您暌违半年之久的北理青年汇第 7 期沙龙回来了！本期嘉宾是资深互联网专家，淫浸互联网行业十数寒暑的陈拥军校友。从早期服务于三大门户之一的搜狐公司、网易公司，到转战电子商务领域，任职国内著名女性电子商务网站乐蜂网运营总裁，从见证"千团大战"的血腥到投身互联网金融领域，开启创业生涯，陈拥军对中国互联网行业的历史和发展有着深刻理解。

本期沙龙从门户时代的开启开始，以互联网金融的浩荡逆袭结束，纵贯中国互联网发展史二十年。从门户的出现到群雄争霸时代，在博客、视频、搜索、网游、邮箱、论坛、IM 和下载你方唱罢我登场之时，阿里系正掀起一股电商大潮。从"千团大战"抢夺互联网未开垦处女地的本地生活服务，到生鲜电商迎来新一轮热潮和机会之时，创业者的盛宴移动互联网正无声来袭。此时此刻，银行的"吸血鬼"，那要命的互联网金融正成为传统金融的彻底颠覆者。

49 名校友参加了本期沙龙。对正在寻找创业机会的青年校友，陈拥军提出了两点建议：第一，一定要找到特定人群的强需求；第二，这个强需求一定是一个频繁需求。只要有一定的活跃用户规模、持续强劲的增长趋势和前景并成为细分领域的领军者，就能获得资本的青睐。

除了办更多更好的沙龙，为激活平台校友的沉淀资源，近期北理青年汇开启了"大平台，小圈子"的运营模式：通过把志同道合的校友聚在一起，集腋成裘，聚沙成塔，力争让每一位校友的诉求都能找到解决的地方。未来，北理青年汇仍将一路与您同行，相伴您人生成长的每一个脚步，诚挚地感谢您对我们的长期关注和支持！

北理工青年汇第 8 期沙龙

郑丁丁：只做 80 分女人

她是个对母校有深厚感情，从小在北理工游泳池游大的北京妞，进入德勤会计师事务所开启了她投资人生涯的第一步，她是国内和外资 PE 打交道的第一批人，她在 27 岁时做成了人生的第一笔投资项目，那是红杉资本在中国的第一支人民币基金。在完成追求事业成就感和满足感后，她选择激流勇退回归家庭，洗手作羹汤，做个好太太，做个好妈妈。不要单科 100 分，而要做个追求事业、热爱家庭，同时保持自我的 80 分女人，是她的信条。她就是北理工青年汇第 8 期沙龙分享嘉宾，98 级管理与经济学院杰出校友郑丁丁。

投资人生涯，从德勤开始

一切就像老天有所安排一样，一本关于摩根兄弟的书引发了她对于金融的兴趣，一次和师姐的闲聊，让她第一次接触到四大会计师事务所。于是，在周围同学都忙着考研或准备进入国企的时候，非会计专业的郑丁丁以第一的笔试成绩，成为德勤的一名审计师，开始了投资生涯浓墨重彩的第一笔。

德勤不遗余力地给予了她职业生涯起步和腾飞的入职培训，也满足了她的挑战欲和好奇心，两年内每两周换一个客户的模式，让她接触了各式各样的行业，不断开阔的眼界培养了她往后的商业敏锐力。就是在这里，她头一次接触到了投行。作为喜欢给自己找刺激，时常自己和自己较劲的人，她被这里西装革履、着装得体的神一般的精英们吸引着，情不自禁地想要成为他们中的一员。在领导的大力挽留和推荐下，她进入德勤企业并购部，成为国内第一批和外资PE打交道的人。怀着对成为rainmaker（即呼风唤雨者）的向往，27岁时，她以财务顾问的身份做成了人生的第一个deal（项目），那是红杉资本在中国的第一支人民币基金。

在和红杉资本合作过几个项目之后，她开始意识到自己完全可以胜任VC投资经理的工作，甚至自己的财务专业知识要比很多投资经理扎实。被郑丁丁高效而专业的工作风格所折服的沈南鹏力邀她进入红杉资本，2010年，她成为红杉资本中国基金副总裁。在红杉资本，郑丁丁做成了一个不被大家所看好，却被事实证明是独具慧眼的投资项目：耀莱集团。和耀莱集团的初邂逅依旧是来自一次闲聊，这次闲聊中，她首次听说了兰博基尼、宾利、劳斯莱斯，虽然这些豪车动辄三四百万，但是已经开始消费奢侈品牌箱包的她敏锐地意识到，随着中国经济的腾飞，在中国必然会形成一批奢侈品的忠实拥护者：追求身份象征和生活品质的先富起来的一批人。耀莱集团虽然只是一个奢侈品代理公司，并不拥有自己的品牌，但正是因为渠道商才是直接和客户接触的，它知道什么是客户最需要的，具有选择市场认可品牌来做的品牌商并不具备的灵活性。在事业如火如荼，独到眼光又逐渐被更多人认可的时刻，她做出了人生的另一个选择。

回归家庭，再次找到事业方向

在事业有声有色的时候，她却选择激流勇退，去完成一个更具有责任感和使命感的人生任务，走进生命的另一个阶段：成为一个母亲。尽管每个人都在尽力追求家庭与事业的平衡，但负有生儿育女任务的女性，在完成这个平衡时显得尤其艰难。为了能多陪伴孩子，让孩子享有更多的母爱，她选择了暂时放弃工作，洗手作羹汤。想要在工作上做到100分很容易，只要你付出足够的努力、足够的精力和足够的时间就好；但是想要做一个80分女人很难，幸福的家庭生活不是张牙舞爪，不是颐指气使，而是要学会在先生面前示弱，要先做好一个女人，才能做好太太。

作为一个本性闲不住、爱折腾的人，郑丁丁在做职业妈妈的同时，也开发了自己事业的另一片天空。去年年底，随着韩剧《继承者们》的热播，"长腿欧巴"李敏镐在中国大火。为了追星她参加了两场媒体见面会，亲眼见证了韩流明星在中国"90后"和"00后"人群中的影响力和号召力。凭着敏锐的商业判断力，她认为随着中韩两国文化交流的不断深入，凭借韩国完整的艺人发掘、培训和包装体系和韩国艺人更加敬业的工作态度，以及热血粉丝巨大的消费力，韩流明星在中国的推广势必会成为一个新的商业蓝海。于是瞅准机会，她成立了自己的文化产业公司。兴趣和事业的完美结合，是件多么幸运的事情呢。

凭借在德勤积累的深厚财务功底、对市场营销的独到见解和在投行领域积攒的深厚人脉，与一般的广告公司不同，郑丁丁的公司可不止帮客户做广告，而是提供全方位的系列服务，包含融资、财务规划、战略规划、市场营销策略以及打通上下游产业链，其中很多服务甚至是广告服务的免费附带品。把生意做通了自然也就受到了客户的强烈欢迎。

给年轻校友的人生建议

光鲜背后总有一些不为人知的苦衷，郑丁丁也经历过迷茫、挫折、不够自信的时候。高强度的工作节奏和巨大的精神压力也对她的健康造成过负面的影响，为了达到更好的谈判效果，她曾经也整宿整宿地失眠。她开始思考工作和生活的平衡，开始思考成功的定义是什么。做均衡发展，自信淡定的80分女人成为她的人生信条。

对于事业，她建议大家多去尝试自己感兴趣的事情，多和不同圈子的人接触，扩大自己看待事物、看待人生、看待世界的角度。任何失败都是成功的基石，都是上天给你最好的安排，只要你认准了自己选择的领域，不断努力，永不放弃，成功迟早会青睐你。

对于家庭，她建议青年女性校友不必一定着急结婚生小孩，而是要多谈恋爱，多了解自己，多了解男性，多了解人生和世界后，当自身修炼的足够完善和对如何维持长久稳定的婚姻有足够的见解和心理准备时，再选择出最适合自己的人生伴侣。

事业和家庭两完美的郑丁丁，确实是成功女性的典范；但成功没有可复制性，如同世界上没有相同的两片叶子，世上也没有两个相同的人生。每个人的家庭背景不同、天分资质不同，所处的社会潮流也不同，但每一个人的人生都是一次独一无二的人生体验，那就好好地把握这次人生体验，通过辛勤的努力、刻苦的工作、顺势而为的态度和豁达的心胸去建造自己的圆满人生吧。

北理工青年汇第 9 期沙龙

邱杰：碰撞与包容——技术男勇闯电影圈

晚秋的阳光带着浓烈的爱意撒在红色的瓦块上、黄色的砖墙上、院前的秋千上、角落的藤椅上，撒在 30 多位校友喜笑颜开的脸上。2014 年 9 月 27 日下午，北京理工大学南门遇见花园咖啡馆，混合着蛋糕香气、果汁甜蜜和浓浓人情味的第 9 期北理工青年汇沙龙于 14 时准时拉开了帷幕。

本期主讲嘉宾，97 级计算机学院计算机软件专业学士、硕士研究生，狮鼠国际电影有限公司（香港）股东，狮鼠文化传媒（北京）有限公司股东、总经理，《京城 81 号》投资人之一邱杰校友，分享了他勇闯电影圈的有趣故事和创业点滴。共青团北京市委员会副书记杨海滨和北青传媒常务副总裁何筱娜作为重量级嘉宾出席了本期沙龙。

冲击：聚光灯下的行业

邱杰说，他不是一个有电影梦想的人，真正有电影梦想的，是那些满腹才华，却心甘情愿守在剧组门外等着扛设备、拎大包，生活拮据的时候，啃方便面果腹的人，这其中不乏一些现在已经颇有名气的导演和制片人，电影对于他们来说，意味太多：梦想、荣耀、追求、坚持、守候。邱杰起初是不能理解这些的。从学校毕业后，他的职业生涯从 IBM 中国研究院起航，8 年间从研究员到高级研究员、经理，他的工作离不开实验室，离不开大量的论文阅读。并且这些研究离市场很远，即使非常先进，可能也难以产业化。进入电影圈给他的第一个冲击就是，电影是市场导向的，是要迎合不断变化的观众口味的。进入电影圈给他的第二个冲击是，对于在大公司里面打工，面对成长路径相似、"中规中矩"的同事的邱杰来说，这个生存在镁光灯下的五光十色的圈子里面，五花八门什么样的人都有。也许是早年中国电影市场尚未蓬勃发展时积累的压抑让一些人在成名后对欲望有着无可抑制的不满足感，他慢慢开始理解为什么有些人使用一些违法的方式去寻求精神的刺激。

现在他开始逐渐了解和接纳这个圈子和生活在这个圈子里的人。去年因公司影片《惊天魔盗团》被选为上海电影节闭幕影片而得以近距离观看红毯的他，也能感受到那些怀揣着电影梦的电影人打扮得风光得体，踏上红地毯，被无数照相机、摄像机聚焦，最终捧起奖杯的那种荣耀和成功的感觉。

兼容并蓄：这个行业也需要理工男

邱杰说，中国电影正处在美国电影发展的前20年。中国电影发展的多变性注定了中国电影的包容性和开放性，这个行业欢迎各行各业的人才。

刚进这个圈子，擅长做研究的他不太擅于和人打交道，不过做什么事情做到一定极致，总有一些事情是相通的。邱杰在IBM八年，有个很大的收获就是特别会做PPT，还特别会拿着PPT去说服美国的老板给自己的研究小组批资金。狮鼠文化传媒（北京）有限公司是靠发行好莱坞大片起家的，2009年的时候，中国买家少，邱杰和老外说话就脸红，更别说讨价还价了，这时候在IBM锻炼的英语就派上了用场。后来，中国买家越来越多，英语水平也越来越好，钱包还越来越鼓，竞争特别激烈的时候，邱杰在IBM锻炼的融资能力又派上了用场，邱杰不断坚持说服对方自己是一家有实力的公司。IBM还培养了他一个能力——创造力，后来他把这个能力用在了项目开发和电影选择上。邱杰觉得，现在电影市场上观众的口味变化越来越快，与其跟着别人引领的潮流走，不如自己去创造潮流。要去找观众想要，但是其他电影中没有提供的东西。就拿"烧脑"电影《惊天魔盗团》举例，其他中国买家更乐于选择传统、保守、中国观众已经接触过的电影类型，他却看准了《惊天魔盗团》里中国观众稀缺体验的刺激性和趣味性，最终证明了自己选择的正确。

当电影遇上金融

邱杰说，想要搞艺术，没钱是不行的。因此电影行业对两类人才的需求量很大，一类是搞艺术创作的，一类是搞资本运作的。商业模式先行的好莱坞，无论独立制片电影还是制片厂电影，都已经形成了成熟的融资模式。独立制片电影在完成剧本开发，和主要导演与演员签约后，会在各个电影节做各大洲的电影预售。做得好的话，海外预售可以解决50%~70%的制作成本。另外一个主要的资金来源就是返税，目前在澳大利亚、英国、美国路易斯安那州拍摄的电影，都可以得到电影制作成本30%的返税。而制片厂一般不会在海外预售电影版权，而是依赖自有资金和银行贷款。

基金进入电影行业的主要方式是片单投资。好的制片厂是不希望自己的股权被稀释的，但是他们对资金的需求量又很大，这种情况下就会采用Slate Finance的方式，把几部影片打成一个包，从基金公司获得约定比例的制作费用，基金公司享受相应比例的收益。有些基金会进入电影项目开发阶段，随着剧本开发的完成，签订导演和主要演员后，以最终被独立制片公司买走的方式实现退出。

国内基金进入电影领域的方式主要是投影视企业，而不是投单个项目或者打包项目。资本认为影视公司对行业更加了解，一些愿意进入电影行业，但是又对电影行业并不了解的基金会要求公司以未来现金流或其他形式的收益作为投资回收的保障。今年，更多的基金进入了电影的宣发阶段，因为回款周期短，优质项目年化收益率非常高，风险较低。

邱杰认为国内的融资模式近两年会发生极大的变化，一些影视公司做大以后，也一定不会希望基金再来稀释自己的股权，必将走向好莱坞创造的片单融资模式。如果基金想要长期从事电影行业的投资，那么应该拥有相应的人才来选择好的项目，然后进行正负项目的平衡。邱杰还认为，那些如雨后春笋一般进入电影宣发领域的基金，最后会消亡。国内电影的融资模式将会不断创新，目前最火的是阿里娱乐宝这样的众筹融资模式。

中国电影目前正处于前所未有的"黄金时代"，这一时期中的变革性、创新性、包容性和开放性，正在不断吸引各行各业的人才加入这个行业，改变这个行业。如果你是一个怀着电影梦想的人，那就请毫不犹豫地投身进来吧，梦想应当用行动去实现，而不是在两鬓斑白的时候空嗟叹。

北理工青年汇第 10 期沙龙

吴永强：探访去哪儿网，大礼带回家

2014 年 10 月 26 日下午，北理工青年汇精品系列沙龙首次走访成功校友企业，50 名校友汇聚一堂，聆听全球最大中文在线旅游平台去哪儿网 CTO、北京理工大学 92 级应用物理系校友吴永强分享旅游、互联网及移动互联网的前沿资讯。

去哪儿网是一家独具特色，技术很强，注重数字和逻辑的公司，整个技术部门有 2000 人左右，而吴永强校友，就是大总管。去哪儿网的出现，给旅游行业带来了深远的影响。它最大的贡献之一，就是通过垂直搜索和信息整合，打破了旅游行业的信息不对称。在去哪儿网上，货比十家百家都是小菜一碟，价格虚高虚低，用户一眼就能发现端倪。去哪儿网还能为合作伙伴提供强大的技术支持，以机票业务为例，机票供应商只要在去哪儿网的系统上注册一个电话号码，就不需要自己运营 Call Center 了，从业务的处理到售后的服务，去哪儿网提供一站式服务。用技术去整合业务，大大降低了去哪儿网的人力成本，也大大提高了向后的谈判能力。

去哪儿网是旅游行业里面最先进入移动端的公司。吴永强表示，最近一个季度去哪儿网 45% 以上的收益都是从移动端获得，去年这个数字才是 10%。这背后还有一个和他相关的小故事。吴永强平常不坐地铁，2010 年，为了响应低碳号召，时隔 10 年后再次踏上地铁的他发现了一个特别有意思的事儿：以前大家在地铁上都爱看报纸，现在怎么人人都拿个手机了。于是他敏锐地感觉到，世界要发生变化了，回公司就和 CEO 建议要率先进入移动端。现在看来，这是一个极具先见之明的决策。

尽管旅游行业三强已定,百度、阿里、腾讯也动作不断,不过吴永强认为,旅游行业还有巨大空间。一方面行业的增长率依然非常高,另一方面有太多的事情还没有人做。未被高度整合的中国旅游市场,还有很多的缝隙,很多领域都存在空白,如火车票以及汽车票的信息整合、短租、境外游、周末短途游、目的地购物等。未来M&A将是行业内的趋势,去哪儿网也有意愿去并购一些有创新活力,能解决行业内空白问题的公司。

移动互联网的确会带来很多机会,比如在移动端上,客户的行为更加场景化,对小公司来说,只要把某个场景做好了,机会就来了;但是同时也带来了很多挑战,比如,流量的碎片化、场景的多元化、行业的碎片化和竞争加剧。

北理工青年汇第 11 期沙龙

和小米联合创始人刘德一起站在云端看未来

2014年11月29日，北理工青年汇第11期沙龙再创辉煌！小米科技联合创始人、副总裁刘德应邀回到母校为到场校友讲述了自己在小米创业的历程以及小米未来的发展战略。137人报告厅座无虚席，精彩纷呈的报告也获得了台下观众一阵阵的掌声。

刘德，1992年考入北京理工大学，获工业设计系学士学位及机械工程系硕士学位。毕业后就职于北京科技大学，开创了该校工业设计系并担任系主任。后赴美国艺术设计中心学院深造，成为该校建校80多年以来，仅有的20多位中国毕业生之一。2010年，因一次回国出差的机会，刘德接触到了刚刚组建的非常"靠谱"的小米合伙人团队，经过一个月的深思熟虑，37岁的刘德再创业，4年磨砺，再登职业生涯高峰。

沙龙一开始，"德哥"就开始幽默地调侃自己的长相，说自己"长得有点着急，从高中起就这个样"，逗乐台下一众校友。在刘德的眼里，小米的成功除了踏对了时代的脉搏，还推动了社会的进步："因为小米这样更高性价比的手机出现，让年轻一代更早地用上了智能手机，推动了中国移动互联网发展的进程。"因此，刘德认为："现在的小米，不再是属于任何一个人，而是社会的财富，是中国年轻一代的精神家园。"在没有开始做手机之前，小米先做了一款软件叫MIUI，并在互联网上开放免费试用，任何一个细小的功能，都会有十万余人提意见，并且这些意见迅速得到了小米工程师团队的反馈，久而久之，所有提意见的人都觉得自己是小米团队的一分子，认为自己得到了尊重和认可，把小米当作自己的心灵家园。关爱年轻人，给予他们足够的社会机会，这既是"米粉"们对小米倍加推崇的原因，也是七零一代中国人对社会责任的承担。

当然，"成功＝背后看不见的辛酸"这个公式也是适用于小米的。为了得到手机元器件供应商的支持，当时负责供应链的刘德在5个月内密集拜访了全球顶级供应商，收集名片达2200多张。现在刘德则主要负责小米"生态链"的建设，移动互联网之后，"智能、互联、云端"的"风口"将会到来，所有的硬件设备都可以在云端互联，体量将是移动互联网的若干倍。通过投资的方式，小米已经开始进入上述领域，符合以下6条标准的团队和产品将获得小米的"青睐"：1.必须是面对消费者的产品，并且有足够大的市场；2.必须有痛点；3.可以被"粉"，被迭代；4.用户背景为20~30岁的理工男；5.团队足够强；6.团队领队和小米有共同的价值观，即针对90%的人群，不赚快钱，不谋求暴利。

本次沙龙还特设"智能硬件Panel"环节，邀请到了5位长期关注智能硬件领域的校友和刘德进行了深度对谈，他们分别是北京思源科安信息技术有限公司总经理陈平、苏州汉朗光电有限公司董事长孙刚、北京泰科汇博科技有限公司合伙人肖兵、狮鼠文化传媒（北京）有限公司CEO邱杰、新明星高级工程师张玉成。就小米未来投资的布局、小米对于生物识别的看法、建立生态圈是否应该从开放标准入手、智能硬件的"门槛"到底高不高等问题进行了深入的探讨。

北理工青年汇第 12 期沙龙

和"侯政委"一起在股市中赚大钱
——中国股市如何折射中国经济

2014 年 12 月 28 日,北理工青年汇本年度最后一期沙龙完美收官!近 50 名校友齐聚北理工国际交流中心 406 室,聆听"股市空军司令兼红军政委"、北京理工大学 84 级校友侯宁讲述中国股市行情。

侯政委以"有钱就任性"的中国时代开始了本期分享。无论被抓的尹相杰,还是近期爆出"大老虎"的贪腐都大大超出公众的想象力,更有温州老板公司年会 80 万元现金任大家随手抓,这种土豪级的行为除了阿拉伯富翁,只有中国人。另外,马云刚刚创建了全球最大的 IPO,近日中国股市一天的成交量就达到 1.2 万亿。如此超乎想象的交易量,很多人惊呼,钱从哪儿来。诺贝尔经济学奖得主斯蒂格利茨更断言,2015 年中国的世纪元年到来。

在这样一个"有钱就任性"的中国时代,如何成为股市中的赢家呢?

首先要认清中国股市。中国股市有三个特点:一是,中国股市不是市场经济自然发展的产物,是小平同志"拍脑袋人造出来的",市场经济基础薄弱,行政色彩浓厚;二是,中国股市发展时间到目前只有 24 年,经历了几次牛熊轮回,散户比例依然占八成,位居世界第一;三是,中国股市有强大的政府成分,近八成是国企,这也是世界上独一无二的。

但是很多情况也正在变化中。从 2014 年上半年至今,雨后春笋般地跳出 3000 多家私募基金,再加上创业板的创立,使中国股市中的私募成分明显增加。

其次要适应中国股市。股市就是赌场，全球股市所有的市场中都是"两赢一平七赔"，这是铁律。在中国，这种投机性的、群众运动式的思维和"羊群效应"远强于国外。在中国这种高度群众化的市场股市中，要想赚钱，必须做到"不贪"和"管住自己的手"，更要有"曰慈曰俭曰不敢为天下先"的圣人境界。

股市投资是一门综合的艺术，不是一门技术，要能看懂大趋势，对于个股的介入，更要有至少五个充分的理由。

股市中赚钱的奥秘不在于获得多大暴利，而在于坚持复利。另外，侯政委认为："2015年投资上要慎重，尤其下半年。"但是这一轮行情很有可能走出中国以往没有的牛长熊短的趋势。推荐玩股票的校友购入券商金融股、节能减排股和军工股。

北理工青年汇第 13 期沙龙

听杜昶旭讲互联网教育创业

2015 年 2 月 1 日下午，北理工青年汇第 13 期沙龙、新年第 1 期沙龙在北理工国际交流中心校友会举办。承此重任的嘉宾是我校 99 级校友、新东方 20 年功勋教师、朗播网创始人兼 CEO 杜昶旭。

杜昶旭说，自己的经历不同于很多人的按部就班，而是交织而混杂的。1999 年他考入我校计算机系，后保送清华大学，2009 年获工学博士学位。尽管学业繁忙，但是因为和父亲"18 岁后不拿家里一分钱"的约定，他从大学起就一直在干各种赚钱的"营生"，2002 年，他"阴差阳错"地走上了新东方的讲台，开始了自己的英语教师生涯，也认识了很多大家耳熟能详的好朋友，如罗永浩、李笑来等。2007 年，他拒绝了在新东方晋升校长的机会，创立朗播网。

杜昶旭认为自己是有互联网基因的一代人，这一代人随着互联网的发展，切身地感受到了生活方式的改变。而谈起在新东方的经历，杜昶旭则笑言自己是理工男"沦为"民办教师，你很难想象他居然能用流程图和树形结构去讲英语，而且效果显著，因为他永远都"标榜"自己是用最理性、最务实的方法去解决问题。就是这样一个既有互联网基因又懂教育的人，在 2007 年的时候，不甘寂寞地创办了朗播网。他说他不是为了钱，要是为了赚钱，公司就不是这么一个玩儿法，自己是一个有创业情怀的人，他创业是因为看到中国的英语教学现状停滞不前，而之前自己太人微言轻，因此需要做点事情，需要出来发声。

抛开那些让人眼花缭乱的概念不谈，杜昶旭认为互联网其实就是解决了信息流动更快、信息获取速度更快、信息传递方式更便捷的问题。未来互联网教育的发展会有三个方向：第一个方向是C2C平台，提供工具、交易和流量；第二个方向是B2C系统，以内容为核心，内容的呈现形式将多种多样；第三个方向是B2B2C的技术工具，这个领域将出现悄悄赚钱的土豪公司，因为无论做工具、交易、流量，还是做内容，都需要一家垂直领域技术公司的支持。最后，杜昶旭也分享了自己创业的几点感受：用平和的心态面对成败、用未来的情怀面对产品、用坦诚的态度面对同事、用落地的思想面对行业。

北理工青年汇第14期沙龙

顾玮：做事要有主线，做人要有底线

2015年3月28日，北京理工大学青年汇羊年第1期沙龙，总第14期沙龙在京举办。本期嘉宾是青年汇现任轮值主席、97级电子工程系校友、百度战略合作伙伴部总监兼移动游戏副总裁顾玮。现任轮值主席孙达飞校友担任主持，德丰杰基金合伙人曲敬东校友和方正安全总经理孙国富校友作为重量级嘉宾参加了本期沙龙。

沙龙伊始，顾玮用三个关键词总结了他对于互联网的理解，即连接、范式和自由。连接提高了效率，互联网思维对传统行业范式产生了颠覆性的冲击，互联网使得人类获得了更多的自由。

谈到个人经历，顾玮认为自己是一个随心而动的人。在北理工读书期间，他做过辩论手，参加过篮球队，还推动过北理工足球队的发展。研究生毕业后，他进入中国移动市场部门工作，曾伴随一代人成长的动感地带、亲情号码、音乐套餐、网聊套餐就出自他的手笔。29岁的时候，他获得了一个去英国读书的机会，这段异国他乡的生活对他的影响很大，开阔眼界的同时，使他明白自己无论在世界哪个角落，都可以有办法很好地生存。留学期间，他不但做过Top5的销售员，还游历了美国和埃及，中途还回国当了奥运会的志愿者。结束学习后他被调任至中国移动办公厅综合部工作，后来又被委派到合肥移动担任副总经理。而最终选择离开国企加入百度的重要原因则是希望和年轻人在一起工作，学习和体验更多的东西。

除此之外，顾玮还跟大家分享了自己的职场心得。首先，做工作应该有一条主线，要围绕一个方向，把事情了解透彻需要付出时间和精力。其次,干成一件事情,需要有人跟随,不只是利益上契合,而且是理念上的认同。最后,要干自己喜欢的事情。

曲敬东校友不但对顾玮的演讲做出了精彩点评,也分享了自己的人生经历,他说:"做人既不能做违心的事情,面对财富更不能迷失自我,要做人生的常青树。"孙国富校友也表示赞同:"做人要有骨气,要坚持自己的原则,尽管短期内会有所失,但最终你会得到自己追求的东西。"

北理工青年汇第 15 期沙龙

何晓阳：SAAS 在中国

2015 年 4 月 25 日下午 2 点，北京理工大学青年汇羊年第 2 期沙龙，总第 15 期沙龙在京热烈举办。本期特邀嘉宾是享誉"中国 APM 行业第一人"、ONEAPM 创始人及董事长何晓阳（ONEAPM 公司从事企业级服务，短短 1 年时间快速完成四轮融资）。2000 级电子工程系徐淳校友和北理工青年汇现任轮值主席孙达飞校友分别担任主持。

沙龙伊始，本期特邀嘉宾何晓阳校友先向大家简要介绍了自己及 ONEAPM 公司。围绕着"互联网+"大背景下的中国企业级服务前景，从中国新三板及注册制创业板、"互联网+"改变生活、技术创新领域机遇、B2B 四方面变化重磅开启第 15 期沙龙活动，除此之外还详细地介绍了 SAAS 行业生态、中美企业级软件商业模式的差异和问题以及如何从"互联网+"大背景下的不确定中找到机遇。

何晓阳认为创业公司的创始人要对自己所在的行业有透彻理解，学会进行深入的行业分析，对比国内外模式的差异，要有很好的学习能力，并深入了解投融资市场，把企业基础做扎实。

何晓阳还跟大家分享了自己的职场心得。从大学时期的资深游戏爱好者和游戏编辑到毕业后进入企业级软件领域，在不断学习和思考中，分析基础软件领域的知识和投融资相关技巧，后发制人，拼搏出 APM 行业的一片天地。他认为，"互联网+"改变生活及云计算产生了共享经济，要学会改变思维，适应"互联网+"背景下的变化与创新。

> 北理工青年汇第 16 期沙龙

孙国富：男儿当尽责

2015 年 5 月 31 日星期日，天气格外晴朗。

华澍资本 CEO、国家电子文件管理专家委员会委员、方正科技集团副总裁、方正宽带公司董事长、方正信息产业集团助理总裁……一系列耀眼的名头背后，孙国富师兄只愿淡淡地称自己为一个"尽责的父亲和负责的丈夫"。

孙师兄所讲的"男儿当尽责"是指什么？背后有着怎样的故事？

今天我们的北理青年汇便邀请到 93 级校友孙国富师兄进行了深度访谈。

工作责任：
"糊弄世界上的任何东西，最终都是糊弄自己。"

1993 年，孙国富师兄考入北京理工大学机械工程系攻读硕士学位，在校期间他边工作边读书。

工作责任，最大的体现就是驾驭工作，能够胜任，为企业创造价值。

"混日子""旱涝保收"是国企人常有的心态，"糊弄事儿"也是国企人常见的做派，孙国富师兄说，看似你在糊弄领导、糊弄工作，而最终荒废的是自己的时间和生命。因为当你投入生命在这个地方，而你没有得到历练和成长，那么这段时间就是虚度，就是没有意义的，还谈何尽到工作责任呢？

育儿责任：
"全身心地陪子成长，哪怕时间不长。"

"你付出了多少心血陪孩子，他们很小就懂得。孩子虽然不言，但孩子是有灵性的。"孙国富师兄面对师弟的提问如是说。

说到家庭责任，是我们每一个人都要面临的问题，如何处理家庭内部关系？孙国富师兄的观点是"主动承担责任""与孩子深度交流"。其实家庭中有矛盾并不可怕，重要的是什么样的矛盾，产生的是否是"价值观意义上的矛盾"，而"愿意担当""不藏私""永远不要在钱上跟人计较"这些最浅显的道理，正是我们所需要向孙国富师兄学习的。

孙国富师兄更是根据自己的育儿经验撰写了新书《如此爸道——用心陪子成长手记》，在书中他分享了对孩子教育的细节，这是爱的力量，这是爱的教育。

社会责任：
"责任感是一种传承。"

我们经常说到社会责任，那么什么是社会责任？孙国富师兄告诉大家，"责任心"不是"大张旗鼓"，反而是"举手之劳"，是从身边做起，比如不随地吐痰、不乱扔烟头，如果这些基本的义务都做不到，又何谈更大的社会责任呢？用这句话形容孙国富师兄的观点再恰当不过："一屋不扫，何以扫天下。"

而责任感，是一种传承，不是一时之念，它是由祖辈传给父辈，父辈传给下一代，代代相传，代代延续，而我们能做的，就是给身边的人做一个榜样。

最后，孙国富师兄说到养生，他说，其实最好的养生就是"心地纯净""心无恶念""相信未来有光明"。说到在清华读取了博士学位，低调的孙国富师兄不太愿意提及，他诚恳、踏实的品质，让我们联想到一句话：

"活在世上，我们终究会明白，善良比聪明更难，因为聪明是一种天赋，而善良是一种选择。"

再次感谢孙国富师兄精彩的沙龙分享，在这阳光明媚的日子，教会我们相信未来的力量，追逐内心的梦想，更教会我们男儿当尽责，北理人当尽责！

北理工青年汇第 17 期沙龙

易快修创始人王正坤：创业时的那些坑

6月28日，北京理工大学青年汇第17期沙龙在京举行，本期沙龙主题为"创业时的那些坑"，主讲嘉宾为2005级计算机学院校友、易快修创始人王正坤。王正坤校友无私地分享了自己在创业路上遇到的十大坑，还豪气十足地为校友送出福利大礼包，4.5折即可购买易快修创新型车险产品"车保保"。40余名校友参加了本期沙龙。

2013年，王正坤投资了一家汽车修理厂，扎扎实实地学了一年业务，在形成对汽车后市场的基本判断后，次年6月，易快修正式成立，并开始了飞速的增长。易快修是国内第一家"上门＋实体店"模式的互联网快修连锁品牌，相比4S店，易快修透明化的服务更加方便快捷，而售价只是4S店的一半。

王正坤也告诫年轻校友不要让梦想停留在远方，要做行动派，不要被创业潮流所蒙蔽，要选一片蓝海，并成为一个细分领域里的老大。王正坤坦言，即使是成功人士，在创业过程中也会犯低级错误，犯错不要紧，重要的是吸取经验，并且能把经验分享给大家。

创业路上的十大坑

坑一：股份平均。股份平均在国外有可能，在中国机会不大。股份平均后不但没有人真正为公司负责，在谈融资的时候也很不利。

坑二：兼职创业。兼职创业会错过项目的风口期，一个项目的风口期也就3~6个月，因此一旦决定创业，就要勇往直前。

坑三：不重视VI。易快修希望为客户提供最专业的服务，但最初令王正坤困惑的是，虽然招了最牛的技师，使用最专业的配件，但用户就是不夸你。深层原因是用户对服务的感觉是纯感性的，工人的精神面貌、小细节的叠加形成了客户对服务的总体感觉。

坑四：由于缺人放松对关键岗位的要求。首先要对自己的组织架构有清晰的认识，每个岗位需要什么样的人，如果没有合适的人，宁愿把岗位空着。一定要找比自己优秀的人，一旦发现优秀人才要不惜代价去搞定。

坑五：害怕暴露秘密推迟PR（公关）。这是一个给王正坤带来过惨痛教训的坑。易快修是全国第一家做汽车上门保养的公司，但因为害怕商业秘密曝光而没有及时公关，现在要花3~10倍的精力才能达到相同的效果。后来王正坤醒悟商业没有什么秘密可言，并衷心地建议青年校友一旦确定自己是蓝海里面的第一名，就要赶紧出来做PR，所有的媒体都会开始研究你，根本不需要自己做很多的推广。

坑六：闭门造车。圈子的信息量很大，但这些信息的门槛也很高。如在你在VC（风险投资）的圈子之外，想融资就融资是不可能的。如果你在互联网的圈子之外，这些一线公司"借力打力"的玩法你也是不会知道的。

坑七：用户产品与后台产品是一码事。最早，王正坤认为用户产品和供应链产品有一个产品经理全通就够了，最后却教训惨痛。因为用户产品经理的思维要感性，强调灵性和对市场感觉、用户心理的把握，但这样的人去做供应链管理就很糟糕，所以后台的产品经理要找精通行业知识和逻辑严谨的人来做。

坑八：不会借势。易快修一直很低调，但是从今年开始，逐渐地开始认识到借势的重要性。借势的方法很多，比如和大品牌联合把自己托起来，还有一种就是直接打大品牌。顶尖的创业者都擅长借势。

坑九：不锻炼身体。锻炼身体很重要，会帮助创始人保持旺盛的精力，创始人健康地活着，公司才能走到最后，才能最终从竞争中胜出。

坑十：没融入校友圈子。校友资源相当丰富，而且师兄们都很热心地帮忙牵桥搭线、出谋划策。校友之间是类血缘关系，王正坤笑称自己以前意识不足，以后一定补上。

> 北理工青年汇第 18 期沙龙

周咏岗：互联网金融·财富人生

2015 年 7 月 25 日，北京理工大学青年校友会第 18 期沙龙在北理工国际交流中心如期举办。本期嘉宾是蚂蚁白领创办人周咏岗，曾任摩根士丹利财富管理事业部副总裁兼企业客户集团总监、摩根士丹利国际金融顾问委员会委员，曾是花旗环球金融企业事业部董事、NACSE 天使投资基金 GP&CFO、北京华人华侨科技协会理事副会长，曾就读于北京理工大学机械工程系 71841 班，之后去 San Jose State University EE 拿到 EcomMaster。

炎炎夏日，幽默风趣的他与同校的师弟师妹进行了一场别开生面的交流，来自各行各业的数十名北京理工大学的职场校友，以及不同专业背景的本科、硕士学生群体参与了这次沙龙，与周咏岗共同享受了一场金融智慧之旅。青年校友会最帅御用主持人徐淳担任主持，现任轮值主席孙达飞以及顾玮校友作为重量级嘉宾参加了本期沙龙。

周咏岗用了三个关键词总结了他丰富精彩的财富人生故事，即求学生涯、职场之路、创业之旅。

谈到求学经历，周咏岗认为自己是一个喜欢求新求变、勇于追求梦想的人。1984 年，他由满洲里推荐至当时还是北京工业学院的北理工，因不喜欢冷冰冰的仪器和实验室而提出转到自己喜欢的管理学院，当然最后以失败而告终。但是他并没有放弃一直的兴趣爱好即经管专业，利用业余时间坚持学习喜欢的课程；同时，还推动过当时奄奄一息的京工通讯社，由接手时的五六人发展为后来的九十多人，居然还采访过时任国务院副总理的李鹏先生。用现在的话来说，这算是师兄的第一次创业经历，他觉得最获益良多的也是受用终身的是人际沟通能力的锻炼以及不同思维方式之间火花的碰撞。其间，周咏岗感叹大学时光的美好，他后来的合作伙伴好多都是当时的校友，也劝勉同学们珍惜青春，把握机遇，追求梦想，最终实现自我。

随后，周咏岗谈起了自己的职业生涯。从响当当的天字第一号国企职员，到叱咤风云的华尔街银行家，再到归国弄潮的初创公司CEO，周咏岗的职业生涯充满了传奇色彩。1996年，周咏岗从中国机械设备进出口总公司辞职，赴美国圣何塞州立大学深造，深造期间曾经拿到第一笔风投资金50万美元。1999年至2000年先后进入美国花旗银行和摩根士丹利，开始了长达十二年的金融深耕之路，期间亲历并且见证了两次危机，遇到过911事件，也接触过当时中国首富的施正荣先生。谈及摩根这些年的经历，周咏岗感慨良多，也正是在金融领域的这段深刻经历，让周咏岗看到了中国金融市场潜在的巨大商机，"在中国，真正服务于中小企业的金融机构还很少，而他们为中国创造了30%的GDP，这可能是一次机会。"抱着对中国金融市场的巨大信心，2012年周咏岗从摩根士丹利辞职，归国创办了圣天财富（北京）投资管理有限公司，创下了营业三年零风险的傲人成绩，成为风险管理界的翘楚。

最后，周咏岗重点讲述了蚂蚁白领的服务模式。2014年，周咏岗紧跟时代浪潮，与自己来自富国银行、谷歌、对外经贸大学等精英之地的"大牛"伙伴们共同创立了蚂蚁白领（北京）投资管理有限公司，建立了一个主要面向大学生、年轻白领，服务于中小企业的互联网金融平台。周咏岗向各位校友详细介绍了蚂蚁白领极具创新精神的"P2B2P"模式。这是一种资金由投资人到企业再到融资人的流转方式，先由企业对融资人的信用进行严格的审核评定，再由企业将融资人的合理融资需求交由蚂蚁白领再次审核并立为标的，投资人通过投资标的获取收益。在这种模式中，风险经企业和蚂蚁白领双重审核、双重担保层层稀释，将风险限制在可控范围，最大限度地保证了投资人的资金安全。

感谢周咏岗师兄精彩的人生财富故事分享，在这个自由奔放的时代，告诉我们一定要坚持追逐心中的梦想，相信坚持不懈的努力，更教会我们有梦想要勇敢追逐，勇于实现。

北理工青年汇第 19 期沙龙

何鹏：爱游戏、爱工作、爱人生

2015 年 8 月 29 日，北京理工大学青年汇第 19 期沙龙活动如期而至，本次沙龙的地点设在了环境优美的白石桥 7 号咖啡厅。本期嘉宾是名副其实的明明可以靠颜值，却偏偏要靠实力来证明自己的 2000 级公共管理系校友何鹏，也是中国最专业的电脑外设发烧友聚集地——外设天下的掌门人。

夏走秋来之际，有着自然诚意的微笑，散发着文人特有优雅气质的何师兄与同校的师弟师妹进行了一场火花四射的交流，来自不同行业的数十名北京理工大学的职场校友和在校才俊共同参与了这次沙龙，与何鹏一起见证了他多年以来丰富精彩的游戏人生。青年校友会幽默风趣的御用主持人徐淳继续担任本次沙龙的主持。

在一个被大多数人，尤其是家长和女孩子认为是"不务正业"的行业里，何鹏师兄却因为内心狂热的喜欢和一如既往的追求做到了极致，用互联网的话语来说，说他是"极客"是实至名归。整个沙龙分享，何鹏用三个关键词分享了他与游戏结缘的人生故事，即爱游戏、爱工作、爱人生。

10 年：从玩家到经理人再到创业者

"我自己也是一名狂热的游戏玩家，一直想进入这个领域，而且我终于做到了。"何鹏如是说。

刚刚从大学毕业的时候，何鹏并未直接进入赛睿工作，而是选择了一家优秀的传统快消品的集团公司，从事的工作和销售相关。但毕业后何鹏依然对 CS 这样的游戏保持着热情,午休期间都会去网吧激战半个小时,这份热情最终让他放弃了这份传统的工作,并进入一家游戏杂志,这时的他才算真正进入了这个行业。

"平时每天会花四五个小时在游戏上面,非典期间,更是一天有十七八个小时陪着游戏度过,并在大学时我组建了人生第一支战队,没有毕业时我就已经接触了很多游戏外设。后来我认识到兴趣才是最好的工作动力,所以在充分接触到这个行业后,我凭借传统快消品行业的销售经验和在游戏媒体积累的行业资源,又对游戏有充分的了解,就进入了赛睿工作。"总结上学到工作,何鹏告诉我们生活百分之五十时间都用在游戏上了,在聊到自己的工作经验时,何鹏非常兴奋。

如今中国不缺游戏相关的外设品牌,不过像赛睿那样在国际已经有 14 年历史的,屈指可数。在赛睿 14 年的历史里,赛睿真正进入中国只有 10 年,而何鹏任职超过 8 年,帮助赛睿在国内实现了年营业额翻了几十倍,他自己更是因为对游戏执着的热爱和卓越的工作能力,8 年的时间做到了赛睿中国区的最高负责人,并且在缺乏总部足够资源支持的情况下,把赛睿中国区做到了全球最大的单体国家市场,甚至超越了美国,这样的格局在一般外企几乎不可能出现,这样的经理人可谓是凤毛麟角。

从曾经对行业"大牛"的崇拜,到工作后给冠军颁奖;从往日的崇拜者变成了现在的合作者;从曾经仰望偶像,到和偶像吴大维在颁奖台中相遇。何鹏坦言,因为热爱,从不觉得辛苦;工作带给他很强的成就感,所以很享受和感激工作带给他的这一切,实现了很多昔日的梦想。所以说梦想是一定要有的,万一实现了呢?

顺势而为,水到渠成

现在,何鹏是中国最专业的电脑外设发烧友聚集地——外设天下的掌舵者。谈到外设天下,何鹏说自己其实并不是外设天下创始人,外设天下创建于 2007 年 12 月,是由河北一位大学生所拥有,这是一个以电脑外设产品为主题的论坛。2009 年,听闻该学生有意转让外设天下,凭借自己行业经验积累和市场敏锐的洞察力,何鹏觉得外设天下这一论坛本身的影响力和平台资源未来的市场潜力是不可估量的,于是毫不犹豫买下了论坛。但当时并没有想好要怎么更好地利用外设天下,而是以兼职管理员的身份和其他几个兼职版主一起跟着平台往下走。

一直到今年，何鹏观察到，电商带给人们生活的巨大改变，越来越多的消费者通过线上去购物，购物渠道也更加扁平化和垂直化，这也为购物平台带来了更多的机会。同时游戏市场也越来越大，据不完全统计，中国有三四个亿游戏玩家，游戏用户达到总人口将近四分之一，游戏公司营收往往能达到 N 个亿规模。比如腾讯，大家普遍会认为这毫无疑问是一家互联网公司，但是其百分之六十的营收来自互动娱乐部门，全国排名前十的游戏，腾讯自有游戏就占六七个，其游戏营收更是创下全球第一的傲人业绩。随着市场越来越大，品牌越来越多，竞争也更加激烈，消费者的选择也更加多元化，市场由品牌导向转变为渠道导向，使优质渠道的影响力更加强大。何鹏对游戏未来的市场充满信心，他自信游戏行业将来会有更大的发展空间。基于以上两个原因，何鹏毅然决定辞职，开始创业，目的是给游戏用户提供完整的服务链，使外设天下的用户在网站获取资讯信息，以及在论坛与各个论坛大神讨论完之后，可以不用再跳出到京东、天猫等线上购物平台去购买心仪的周边产品，而是能够直接在外设天下的电商平台上方便快捷地买到自己想要的外设设备。同时，在这个全民创业的时代，何鹏劝诫各位跃跃欲试想要辞职创业的校友们，创业不是头脑发热的盲目之举，他自己是基于行业快十年的行业资源积累和充分的市场调研后才决定创业的，要顺势而为，学会借势而为。

做全球最大的综合游戏外设服务站

谈到外设未来的发展目标，何鹏用坚定的眼神和笃定的语气告诉我们，他最大的梦想是在未来几年，能够做出更多更好的基于游戏外设行业的互联网产品，同优秀的行业品牌合作，在目标领域取得一定的销售市场然后上市，并且立足中国，将更多优秀产品输出海外，长远目标是做全球最大的外设综合服务平台。问到外设未来的发展方向，何鹏从以下几个方面来规划他至爱的游戏外设。

1. 用户通过门户各个内容产品了解品牌和产品，高级用户通过论坛发布精华帖子，提供有价值的分享内容，让用户能看明白，想明白。

2. 从用户出发，做专业垂直的购物网站。提供更专业更全面的产品信息和服务，引导用户讨论产品和服务信息，同时讲述产品背后的故事，通过故事化的文案和视频内容引导用户消费。

3. 产品定制化服务。和优秀的品牌方合作做专属论坛用户的定制产品，论坛很多用户都很有才华，建立 Idea 众筹，从用户需求出发生产定制化的外设商品。

4. 情景式消费。比如通过游戏和赛事相结合等内容来引导用户消费，而不是只介绍产品本身信息。

5. 二手产品置换服务。比如通过外设平台，用户之间置换游戏设备交易，以及免费二手维修置换服务等。

6. 数据服务。当在目标领域占据市场一定份额时，可以根据平台用户的使用痕迹，收集用户数据，从而提供更多的数据服务。从整体上来看，何鹏对市场抱有足够的尊重，基于用户需求，始终坚持生产用户导向的产品，为用户提供更多贴心的服务。

未来挑战和机遇并存，而何鹏一路从发烧玩家到职业经理人再到现在热血创业者，唯一不变的就是"执着"二字，不论玩游戏、做管理还是搞创业，他以自己的态度和热情，带领着外设团队不断前行。

北理工青年汇第 20 期沙龙

刘驰：我的 7×24 小时创业人生

2015 年 9 月 26 日，北京理工大学青年校友会第 20 期沙龙在中关村校区国际交流中心校友会举办。章鱼网联合创始人、97 级工业外贸专业校友刘驰以创业、B 轮、博彩为主题标签，分享了自己创业和融资道路上的思考。扎实的准备和幽默的演说博得了现场校友的阵阵掌声。

从"桀骜少年"到"霸道总裁"

章鱼网成立于 2013 年，是一家以安全、专业、诚信为宗旨的互联网竞彩服务平台。作为一名"霸道总裁"，刘驰却自爆在读大学的时候是一名"不羁少年"，时常穿着一身迷彩、染着紫发，出入于健身房内。记忆中的校园时光五彩斑斓、自由自在，同时培养了他自律和自学的生活习惯，这正是创业不可或缺的素质，从研究生毕业到成为章鱼网联合创始人，创业的血液一直在他身体里流淌。刘驰认为，创业如同追女神，以下每一个条件都缺一不可：第一，基本的生活资料；第二，家庭的支持和配合；第三，有一件如魔鬼般萦绕的事情；第四，百分之百的投入；第五，需要至少一个合伙人。

刘驰认为："一个好的创始人应该偏执、坚定、有执行力、胸怀广阔且善于学习。"俗话说"一个好汉三个帮"，单打独斗总不如有人相助，他将优秀的联合创始人分为四类，即综合能力型、资源型、稳定型和挑战型。联合创始人既要和创始人互补，也要充分地尊重和承认创始人的地位。

如何融资：不烹鸡汤炒干货

在经历了从天使轮至今的快速发展后，刘驰从何时拿钱、拿谁的钱、怎么拿钱、用不用FA（财务顾问）、拿人民币还是美金、如何提问投资人、如何做BP（商业计划书）这七个角度切入，分享了自己从天使轮到A轮，再到B轮的融资心得。何时拿钱取决于产品实现速度、资本市场环境、盈利模式、规模驱动因素、个人实力和信心以及创业经验。而融资来源也多种多样，可以是个人借款、天使融资、股权融资、可转债或者股权质押，但拿谁的钱很重要，好的天使应该具备战略、经验、资金和人脉，战略投资者则应该和创业者一拍即合，同时要警惕战略投资者过分夸大手上的资源。

刘驰建议，初次创业的融资者可以选择一家好的FA，帮助推荐投资人、规避恶意投资人、梳理BP、前期培训、获知投资人反馈和约到真正的决策者。同时，刘驰也总结出对投资人的十大问，即基金成立时间、规模、人民币还是美金、投资方向、成功案例、投资方式、创始人背景、投资周期、内部决策速度和投资体量。最后，刘驰分享了BP的制作秘诀，一个好的BP应该控制在15页之内，尽量使用比率和图表，引用要清晰，概念要明确，内容包括行业、定位、阶段、特色、模式、独有资源、数据、资金使用预算、附录（公司介绍、团队组成、股权结构、获得资质）。

北理工青年汇第 22 期沙龙

科研、创业中的知识产权那些事儿

2015 年 11 月 28 日，北京理工大学青年校友会第 22 期沙龙在中关村校区国际交流中心校友会举办，本期青年校友会迎来首次三人行活动。

以第一作者身份在著名学术刊物《Nature Material》发表论文，首次揭秘动物磁感应受体基因的我校 2007 级生命学院校友覃思颖，携手宽石量投创始人、2000 级信息工程专业校友杨晓静和北京智汇东方知识产权代理事务所合伙人、1995 级物理系校友康正德，分别分享了科研和创业中遇到的知识产权问题以及自己的思考。沙龙由嘉宾分享和校友问答环节组成，现场气氛热烈，三位校友的经历分享幽默风趣又充满智慧，为现场校友未来的创业道路和职业、学术生涯给予了很好的启发和借鉴。

覃思颖：我的科研经历及论文抢发风波

覃思颖校友 2007 年考入北理工生命学院，作为拓荒者在良乡经历了两年的学习时光。大三回到中关村校区后，覃思颖校友进入实验室开始科研生涯，在此期间发表第一篇学术论文，并因此获得参加北京大学生命科学学院夏令营的资格，进而师从北京大学生命科学学院谢灿教授。

覃思颖校友 2012 年 2 月接手磁感应课题，经过近 4 年的努力，研究成果终于于 2015 年 11 月 16 日在《Nature Material》发表。课题组首次发现了一个全新的磁受体蛋白（MagR），该突破性进展或将揭开被称为生物"第六感"的磁觉之谜，推动整个生物磁感受能力研究领域的发展。

这篇论文背后的抢发风波更是耐人寻味。谢灿教授在论文发表前曾与清华大学—北京大学生命科学联合中心学术带头人张生家分享研究成果，让人意外的是，2015年9月15日，《科学通报》（英文版）率先发表了一篇关于动物磁感应受体蛋白方面的论文，论文的通讯作者正是张生家。

论文刊出，即在同行学术圈内引发争论。质疑方认为，张生家与北京大学生命科学学院教授谢灿课题组存在事实上的合作关系，张生家论文中提及的磁蛋白基因正是由谢灿实验室发现的，而谢灿等人的相关研究论文已投递《Nature Material》，并正在审稿过程中，因此张生家"提前"发表的论文有"抢发"他人成果嫌疑。

目前，北京大学已经完成对"抢发"论文事件的独立调查，北大调查委员会认定，清华大学此前正在引进的研究员张生家违反合作协议，违反道德规范，并已将该调查结果提交给《科学通报》编辑部，要求其撤稿。《科学通报》编辑部回复称，正在等待清华大学的调查结果，然后再决定是否撤稿。另外，清华大学已决定停止引进张生家，不允许其入职，理由之一是他违反学术规范。

对此，康正德校友从知识产权保护的专业角度给出建议。康正德校友认为此次论文抢发风波影响较大，曾经也发生过类似事件，这说明科研工作者的知识产权成果保护意识有待加强。在科研成果还未发表或申请专利的情况下，建立对外合作时最好签订关于文章署名权、知识产权权利归属的协议以便规范合作，一旦对方违约，可以从法律角度追究责任。

如果事先没有签订协议，更多讨论的则是学术道德问题。同时，康正德校友也认为我国高校群体的知识产权意识普遍在提高，但是专利成果管理等方面还存在较多不规范的情形，知识产权管理之路任重而道远。

杨晓静：创业公司涉及的知识产权问题

创业公司由于资源、资金、人力匮乏，经常会将技术类知识产权作为公司资源。杨晓静校友认为将技术转化为知识产权有四个作用：首先，将技术申请专利后可以保护自有技术，如软件著作权，申请后他人不能拷贝，发明专利保护期限为20年，在保护期限内使用发明需要向发明人付费；其次，垄断性质的专利可大量获利；再次，知识产权可以用作技术入股；最后，知识产权估值后可以到银行抵押贷款。

然而事物总是存在两面性，知识产权用作公司资源对创业公司也有负面影响。第一，如果创业公司正在研究的技术已经被申请知识产权，需要考虑是否继续，是否要付费使用。建议向高校教师或其他对象寻找已有专利技术，通过合作节约时间和资源。第二，员工技术入股公司，公司没有在任何文件中约定该员工未来发明技术专利属于个人成果还是职务发明，容易产生纠纷。第三，以知识产品估价融资时可能涉及高额税法问题。

杨晓静校友提醒创业的校友，在涉及知识产权问题时提前做好计划。并以柯达胶卷破产、淘宝的兴起举例，认为知识产权是消极的保护措施，要在商业社会取得成功需要更注重创新。

对于杨晓静校友提出的公司员工技术入股时未来知识产权归属问题，康正德校友指出，根据国家专利法第6条，公司员工在完成公司任务中或利用公司资源完成的成果都属于职务发明，成果属于公司，作为发明人的员工可享受署名权及公司奖励。如当事人有异议可申请法律诉讼。

康正德校友认为知识产权对于创业公司的影响有以下三个方面。

首先，在法律层面，专利法立法的原则在于激励发明创新。个人将成果向社会公开，政府授予一段时间的垄断的权利，进而使专利持有人获得市场上的优势壁垒。其次，知识产权如果不能和生产经营相结合，只能产生成本，却不能创造效益和利润。对高校而言，也是如此。相关部门机构需要推动知识产权成果转化，后续工作不到位会影响申请知识产权的积极性。最后，如果缺乏知识产权意识，在公司发展到一定阶段时会遇到各种麻烦。

康正德校友举例说，一个在苹果商店下载量较大的 App 由于没有及时申请专利，面临侵犯专利权的指控，导致 App 在苹果商店下架。对于创业公司，知识产权是攻击对手的武器，也是保护自己的盾牌。及时将自己的品牌与技术以商标、专利等知识产权形式固定下来，可以避免很多麻烦。

精彩互动环节

Q：小企业过分强调竞业条款，可能需要支付大额补偿。是否对小企业来说实施竞业条款并不现实？

A：企业可以仅对掌握公司核心技术的岗位执行竞业条款，与员工商谈可以接受的成本。风险无处不在，建立内部的保密制度十分必要，具体可以因岗位而异。与生产经营的竞争相比，竞业条款给公司的成本负担是值得的。

Q：对于生产工艺相关的方法性专利，完成其工作需要100~200个步骤，是否一两个步骤有细微的变化就可以重新申请专利？

A：专利申请文件中，不会放进所有步骤，特别是权利要求里只需要记载解决某一技术问题所必要的工艺步骤（即技术特征）。专利保护范围根据技术特征的组合确定，特征越多，专利保护范围越小。一两个步骤的变化是否能够申请新的专利，需要考察所述变化是否具有专利法意义上的创造性，即这些变化是否是大家意想不到的，是否有突出的效果，等等。

何鹏校友分享案例

何鹏校友曾任丹麦赛睿有限公司中国区销售及市场高级总监，随后创立外设天下，也是青年汇第19期沙龙活动嘉宾。何鹏校友在赛睿任职期间，赛睿旗下西伯利亚（Siberia）游戏耳麦深受客户欢迎，占据中国90%的份额。因为知识产权意识不足，没有对产品名称"西伯利亚"注册专利，他人抢先注册西伯利亚（Siberia）游戏耳麦中文名，并生产相似产品，导致赛睿无法使用其中文名称，对市场造成极大负面影响，目前仍在抗诉中。何鹏校友认为知识产权的作用非常强，建议大家一定要重视，很多知名品牌成功的产品型号没有意识到需要注册，要尽快做预防措施。

························ 嘉宾简介 ························

覃思颖校友，于2011年由我校保送到北京大学生命科学学院攻读博士，并作为第一作者在著名学术刊物《Nature Material》发表"诺奖级"科研成果——首次发现动物磁感应受体基因的论文。

杨晓静校友，本科毕业后赴英国南安普顿大学通信专业学习，之后曾在德意志银行、美国雷曼兄弟公司、日本野村证券公司及新闻集团旗下英国NDS公司工作。曾于2009年获得德意志银行投资银行部首席信息官挑战赛全球第一名，随后回国创立宽石量投科技有限责任公司，是北京市海外高层次人才、北京市特聘专家。同时也是青年汇第4期沙龙的主讲嘉宾。

康正德校友，1995年获得我校应用物理学学士学位，2002年获得我校物理电子学硕士学位，2010年在美国John Marshall法学院研修美国专利法。曾于2002—2006年在国家知识产权局专利审查协作中心任专利审查员，2006—2011年在中国专利代理（香港）有限公司担任专利代理人，随后在2011年作为创始合伙人创立北京智汇东方知识产权代理事务所。

北理工青年汇第 23 期沙龙

陈明杰：傲游的人生，创业永不眠

2015 年 12 月 26 日，北京理工大学青年汇第 23 期沙龙在北理工国际交流中心校友会如期举办。本期嘉宾是 98 届工业自动化专业校友、傲游浏览器的创始人兼首席执行官陈明杰，他分享了自己创业过程中的思考。沙龙通过嘉宾分享和校友问答的形式组织，陈明杰校友的经历分享朴实亲切又风趣幽默，对于现场校友们的创业道路起到非常好的借鉴和指导作用。

傲游，是这样炼成的

1998 年，陈明杰从北理工毕业后被分配到老家郑州的一家军工企业，但实际上陈明杰并未到这家企业上班，而是去了中科院自动化所下面的北京汉王科技有限公司，从事软件开发工作，当时汉王也就只有 5 名软件开发人员。

2000 年，陈明杰赴新加坡从事软件开发工作，主要工作是写代码。在新加坡工作期间，陈明杰把所有业余时间都用在浏览器的开发上。当时有一款开源的 MyIE 浏览器，比较好用，但还有很多不足，陈明杰就花大量时间去做改进。后来 MyIE 原作者失去了联络。由于个人对技术的钻研及对浏览器软件的爱好，陈明杰便接手了优化工作。为了让更多的爱好者分担 MyIE 的优化工作，陈明杰建了一个论坛，在上面寻找志愿者从事新功能测试、各国版本的翻译、技术支持、产品推广等工作。爱好者报名非常踊跃，一度保持在 40~50 人。陈明杰根据志愿者的能力和精力将他们分成不同的层级，并将核心人员写入开发者名单。

2005年，MyIE的用户发展到了几百万人，有投资人主动找到陈明杰，表示愿意给他投资把产品做好、做大。于是，北京傲游天下科技有限公司正式成立了，并从MyIE的用户中招聘员工，其中包括北理工的校友。从2005年至2009年，公司用户数量发展迅速，MyIE成为仅次于IE的第二大浏览器。

当谷歌的搜索业务起来后，大家对浏览器非常重视，认为这是搜索业务的天然入口。3721公司的周鸿祎很早的时候就请陈明杰来北京谈推广合作，但由于不认同3721的做事风格，双方没有达成合作。此后，百度公司也找上门来，双方曾进行了一些合作。后来，很多公司都涉足浏览器，但大部分产品在用户体验上都不如傲游，如腾讯的TT浏览器。周鸿祎当时也打算搞浏览器，就先找公司谈合并，陈明杰没有同意。后来周鸿祎收购了世界之窗浏览器，并更名为360浏览器。360之后，搜狗也开发了浏览器。由于国内市场的不规范竞争，傲游的国内市场占有率下降了，目前保持在一个比较平稳的水平。而国外市场比较规范，傲游发展比较快，用户持续增长。随着手机App的发展，现在各大公司又不重视浏览器了，如360公司只保留了几个人负责浏览器的维护。

寻找产品的核心价值

陈明杰认为有竞争力的产品是满足用户需求的产品，有差异化的产品，差异化是基于对用户的深度理解。陈明杰不赞同"人人都是产品经理"的说法，他认为市场上优秀的产品经理很少，需要谨慎选择。产品经理能通过调研分析，理解大多数用户的需求，而不是自己的需求。产品经理的每一个决定都会对公司产品有重大影响，所以需要深思熟虑。陈明杰将自己设为产品经理负责人，参与傲游的产品定义。只有将产品想得很明白后，他才让开发部门编写代码。

傲游的主力产品是浏览器，浏览器必须做得有差异化。2005—2006年，公司的产品优化特别大，比如做标签、广告过滤、在线收藏系统等，后来开发了很多版本，也推出了移动端产品，2013年公司又推出云浏览器，之后产品就没有多大改进了。近一年来，公司对浏览器有了深刻的思考。明年年初，公司将推出一款新的浏览器，产品思路与IE、Chrome等传统浏览器完全不同。

陈明杰还说，一个互联网公司往往具有主力产品和辅助产品，主力产品是一个公司的核心，得有差异化，没有差异化很难突破。以360为例，该公司的主力产品是安全卫士，安全卫士特别有差异化，比如商业模式上是免费的，用户体验上非常贴心，软件与用户互动频繁。而浏览器是360的辅助产品，360公司将安全卫士的用户引导到360浏览器上进行盈利开发，所以产品上反而不能太特别，以便让安全卫士的用户不知不觉地用上360浏览器。所以360浏览器大量抄袭了IE、傲游、火狐狸等浏览器的功能，而且装上后很难卸载。360安全卫士有80%的市场占有率，上述策略行之有效，拿下了大量"小白"用户。后来搜狗也用了这个方法，将输入法的用户引导到浏览器上来。

陈明杰认为产品的核心价值不是品类的使用价值，而是你的产品的独特之处。每个产品都要有一个核心价值，核心价值是深度用户使用你的产品的原因。深度用户是指那些强烈依赖该软件的忠实用户，比如付费用户。找到核心价值后，公司应该不断打造更有利的核心价值，将更多的普通用户变成深度用户。

管理复盘：不要盲目地一视同仁

陈明杰认为，在互联网行业，产品是最重要的，直接影响业务。管理为业务服务，起到锦上添花的作用。比如百度高管变动频繁，但对百度业务影响不大。陈明杰认为管理是带一群人做正确的事，最重要的是把事情做成，可以有各种管理方法和管理风格。陈明杰称自己的管理风格是"心慈手软"，而身边有"心狠手辣"的人作为补充。

公司持续发展是基于满足用户需求（如老干妈），满足员工的需求。员工需要赚钱，需要有成就感。员工是分层的，能力和追求有别，不能一视同仁。每个公司都需要有几个"盲目信任"老板的人，因为创业过程比较艰难，会遇到各种挫折，一般人很难坚持。此外，"铁打的营盘，流水的兵"，公司需要不断补充新人来推动企业发展，类似"鲶鱼效应"。

陈明杰希望傲游保持比较"苗条"的体型，每个员工都有较强的战斗力，保持公司活力，而不愿看到懒散员工和办公室政治。去年，傲游员工一度达到200人，后来进行了人员精减，劝退了一些对公司贡献不大的员工，现有员工 150 人左右。

融资 欠债：想清楚了再融资

陈明杰表示，傲游融资过两次，每次融资时都不缺钱，融资后也没怎么用，今年以 7~8 倍的代价将投资人股权买了回来。所以陈明杰认为融资前应该想清楚钱干吗用。此外，对财务投资人不要有不切实际的幻想，他们一般只能给钱，其他不用太在意。如果是战略投资人，或许可以提供业务方面的资源。

最后，陈明杰认为，老板有想法，企业才有发展。一个创业者应该通过学习、思考，不断改造自己。陈明杰表示自己以前不爱讲话，现在改了，多接触一些人，才能碰撞出一些想法。工作中创业者要不断实践、不断总结。

精彩互动环节

——股权比例分配方面。陈明杰不提倡几个创始人平均分，因为可能后期贡献不一样，导致内部股东心理不平衡。可以考虑在公司设立时，设立一个股权池，后期分配给对公司贡献大的人。

——知识产权方面。在一些行业，创业公司应该重视专利申请，通过专利制造壁垒，防止对手挖人或抄袭。

——关于 IT 销售工作。创始人应该自己参与销售，而不能指望找一个牛的销售员。IT 行业，销售的前提是产品要好，所以老板必须参与。IT 行业，采购周期较长，销售模式是先用后买，所以公司招聘的销售人员得是项目经理。

——对于互联网相关行业的创业，如果创始人不懂技术，那应该找一个懂技术的合伙人。一个不懂技术的老板不要与技术员讨论技术。

供稿：2002 级校友冯超群

北理工青年汇第 24 期沙龙

王双师兄畅谈互联网创业

新年伊始，2016 年 1 月 30 日，北理工青年汇精心准备的 2016 年开局沙龙（总第 24 期）在北京理工大学国际交流中心如期举办。

本期嘉宾是 81 届光电专业本硕连读的大师兄王双，白手起家的他创立了九城集团，并成为中国最早一批在 NASDAQ 上市的公司，目前是中国电子通关业务的绝对垄断者。看到中国口岸通关服务的原始落后和进出口企业交易成本的居高不下，就花了 7 年的努力让中国的口岸告别了"纸与笔的时代"；在"三聚氰胺事件"之后，深深为中国的食品安全而忧虑，于是创立了中国第一家有机生鲜品牌电商——沱沱工社；而现在，又开始发力孵化创业者和创业投资。他分享了自己创业过程中的各种经历与思考。沙龙延续以往采取嘉宾分享和校友问答的形式组织。王双师兄的经历分享真诚而朴实，对于现场在创业路上的校友们有非常好的借鉴性和指导性。

王双谈创业的定义

尽管王双师兄自己是一个连续创业者,但还是再三告诫学弟学妹们要谨慎对待创业。他说创业是社会发展的一个不可逆的过程,其中有着经济学和社会学方面的内在原因。中国的经济发展驱动,已经走过了要素驱动和投资驱动阶段,开始面临如何有效开启创新驱动的引擎,进一步推动中国经济的增长,以顺利跨过"中等收入陷阱",挑战极大。而中等收入陷阱能否越过,则取决于投资驱动能否顺利过渡到创新驱动。

王双还谈到现阶段的社会阶层固化问题。他说,职业世袭化,"层级固化现象"越来越明显。青年人很难通过上大学便完成职业的发展和地位的改变,就像古代的科举制度来实现"知识改变命运"。只有通过"大众创业,万众创新",才能让接近一个亿的受过高等教育的智力工作者打通从底部向上层的通道,这不仅是为了国家选拔创新创业人才,还可以起到促进社会安定团结的作用。

王双毕业后,一人来到深圳,在一家贸易公司承包了一个部门做部门经理,而这个部门里只有他一个人,事无巨细,都是他自己一个人做。面对屡次被报关员打回来的外贸单据,他萌生出做一套报关软件以节省企业时间、提高效率的想法,而这个想法一想就是 7 年,7 年后的他开始着手做这件事情。于是 90 年代初,王双和马云同时找到外经贸部数据交换中心负责人,结果两人都碰了壁,那时马云看到的是中国黄页,王双看到的是外贸出口便利化。这件事情告诉我们,在创业路上,每个人看到的机会点是不一样的,这种观察角度的差异,不仅来自创业者的平时的积累和思考,也来自他们的本心和性格。

王双谈到自己的创业,认为 1995 年之前的他所做的事情并不算作是真正的创业,那只是谋生的一种手段。在中关村混战多年后,他积累了人生的第一桶金(2000 万元),他内心难以忘掉他曾对自己的发愿,1995 年,他创办了九城集团,1997 年他倾其所有,开始了自己的实现凤愿之路。这是发自内心、全本色的出演。接下来又是 7 年的煎熬,如果不是碰上 2000 年中国加入 WTO 的这个"风口",命运将从此改写。所以他认为这才是他的第一次创业!

王双认为每个人选择创业目标的时候,需要考量的因素和权重是不同的,如果要达到"快乐指数"3 颗星以上的,至少应该符合以下三个条件:

首先在整个创业成长周期中能够等到一次"风口",尤其是在中国你往往会先期遭遇因市场发展及社会变革而倒逼出的"政策松绑"带来的红利;其次是你应该选本色出演,你的事业推进顺利与否往往取决于这个业务的特点是不是匹配自己的性格特征;最后,就是你有没有心为所动,内心发愿,你对这份事业有梦想、有情怀,是你事业低潮时不放弃,事业顺利时不妄为的定海神针。

当初王双做沱沱公社的初衷是 2008 年"三聚氰胺事件"出来后,长时间跟进出口打交道的他,就下决心用出口海外的食品标准来做国内消费者也能吃上的安全放心的食品,沱沱工社秉承"有机、天然、高品质"的理念,开始了生鲜电商这个市场的探索。

沱沱工社之所以成功,是因为它一直有三个坚持:

一是从开始就是做品牌商。通常市场和资本的看法是电商就是做入口、做流量、做渠道的,而沱沱工社则不做渠道,坚持做的是产品和品牌。

二是沱沱工社坚持最严格的食品安全标准。在每一个细分品类中,首先选择有机标准,其次是生态食品或自然农法食材,及进口高品质食品。

三个是沱沱工社坚持为"非平民意识"的用户群服务。沱沱工社的发展,走过了前天、昨天,来到了今天,在昨天曾因没有严格遵守这一铁律,而慢待了自己忠诚的"沱粉",在"消费升级"和"品质消费"风口来临之际,就更加感到自己的核心用户群,即母婴家庭和品质家庭的可贵。

王双对创业的建议

在移动互联网催生的商业社会组织形式变革的未来,"平台＋个人"的去中心化及扁平化组织模式即将到来,继就业、创业后,介于"中间态"的职业形式,即"执业"形式也是一种比较好的选择。"执业人"首先是自由的,不用去为自己构建一个事业平台,只要有一项专业技能或者一门手艺,就可以在别人搭建的平台上开展业务,甚至可以同时为多个互联网企业工作。

对于创业方向的选择,和个人的知识机构、经验积累、秉性性格有关。人会不断改变,但骨子里的东西很难改变,比如说理工科的思维是根深蒂固的,不经意间就会发挥作用,影响你的思维模式和行为风格。

所有有创业情结的人都是有担当的人,他们的典型思维就是"Be the

change that you want to see in the world",即"我希望世界是这个样子,那么就应该让它发生"。作为企业家,典型的行为就是通过自己的努力,主动让它发生。他们都在尝试改变:让这个世界上某些人的生活方式发生改变;让某些领域的企业运作模式发生改变。你真的有愿望去实现改变的时候,这个才是你创业的开始;而不是你发现了一项业务、一个产品、一项服务能赚到钱、能够让你发财,你就去做了,这些机会是短期内存在的,可能过一段时间之后如果不那么好了,你会迷失。

德鲁克说,企业的使命就是创造顾客,他并不是指满足过去已经有的需求,只有创造出新的需求和客户,才是创新型企业。

随着互联网的发展,2016年是一个分水岭,人和人连接起来的成本越来越低,那么如何满足用户需求的更好的产品和更好的服务才是根本。下一个风口一定是"告别平民时代"的"品质消费黄金十年"。

最后,王双认为当一个人把创业当成人生的一个选项时,那创业就是人生积累的自然结果,不用刻意,该来的时候自然就会来。每个人都有属于自己的创业,也会找到属于自己的一份成功,不要攀比,不必急躁,需要冷静的观察,谨慎的行动。如何降低信息对称的热潮已经接近尾声,在座的同学们如果没有赶上这次风口,那么我们应该静观整个行业的发展,选择适合自己的。既然我们没赶上时代之风,就更没必要去追逐灰尘,我们应该把踏踏实实做好自己,不慌不忙地开始自己的探索,静静等待下一个风口的到来。

精彩互动环节

用人选择标准:会根据公司不同阶段的发展,选择不同的人群。之前更倾向于有经验的人,现在更倾向于年轻有活力的人选。

合伙人:创业初期,找到一批合伙人至关重要,需要有共同的目标和价值观,需要做很多的游说工作,当然前期定位一定要明确,自己到底想要做什么。

供稿:2006级公共管理系研究生校友王俊红

北理工青年汇第 25 期沙龙

高云峥：不要为了创业而创业

2016 年 2 月 28 日，北京理工大学青年汇第 25 期沙龙在中关村校区国际交流中心校友会举办。无忧互通创始人兼 CEO、2001 级北理工计算机科学系校友高云峥，分享了创业过程中的经历及思考。沙龙通过嘉宾分享和校友问答的形式组织。高云峥校友的经历分享充满了激情和智慧，对于现场校友们的职业规划和创业选择起到非常好的启发作用。高云峥校友本科毕业后在布里斯托大学获得计算机硕士学位，之后在思杰、IBM 磨炼，创立的 51MYPC 被奇虎 360 收购后任奇虎 360 技术总监，2013 年创立无忧互通，并于 2015 年实现新三板上市。

做游戏也能做首富激励了我

由于从小喜欢玩游戏，所以后来选择了计算机系。刚入大学的 2001 年传奇游戏正火热，并且陈天桥以游戏创业成为中国首富的经历激发了当时的高云峥，于是他成立了游戏开发兴趣小组，和大家一起做游戏，其中就有北理工的同学。毕业后高云峥去英国留学，读书一年，工作了两年，工作内容和游戏无关，但学到了英国人如何做产品的精神。后来机缘巧合，被 IBM 挖回国。工作一年后，投身奇虎 360，并担任第五任产品经理。2012 年，他发现手机游戏火热，于是怀揣着创业梦想，从奇虎 360 离职开始做手机游戏。然而创业初始并非一帆风顺，前期投入的资金并没有取得好的回报，在不断的坚持下，去年无忧互通的营收已达到 2 亿元，利润超过 7 千万元，今年有望继续上一个台阶。

创业是商业行为，赚钱是首要任务

高云峥表示："任何事情要先逆向思维，先考虑结果，创业是商业行为，需要赚钱，这是主要目的。"他认为，在最开始自己对这个问题是有错误认知的，像很多中国互联网公司那样先考虑商业模式、先讲故事，这种错误的认知在开始并没有得到 VC 的认可。创业的本身是做企业，企业的本身是为股东创利润，为员工改善生活，这是最重要的。当企业的利润模式可以扩展，VC 才愿意投资，股民才愿意买公司的股票，企业才能够得到更大的发展。

创业本身是一个内行人赚外行人的钱的过程，成为内行人之前需要交很多学费。很多人认为一个 CEO 靠管理取得成功，但在他来看，任何成功的 CEO 一定是这个领域的专家，这是毋庸置疑的。如果开始不是专家，经过公司的成长壮大，他也一定能够成为专家。高云峥表示自己每天一定玩三四个小时的游戏，因为需要时刻关注市场的方向。CEO 最重要的是带领方向，如果你不是专家，就无法带领准确的方向，所以 CEO 一定是内行。创业初期一定是先选择战场，很多领域看似蓝海，但首先要考虑自己比其他专家强在什么地方，如果发现这个领域不属于自己，果断放弃。他坦言最开始在大学时候做游戏，后来从事的工作一直和游戏没有关系，这也是第一次创业失败的原因之一，因为当时自己不是游戏的专家。高云峥认为过分强调方法不是创业应该首要考虑的，关键是专业性，团队专业、资本充足、了解市场，这样成功的概率是很大的。

如何选择创业的方向？首先要有热情做自己擅长的事情，有热情才能成为专家，无论阿里、百度还是腾讯都是各有专长，专长是得以发展的基础。创业不仅仅需要头脑发热，同时需要审慎思维。审慎选择，爱这个行业，才能坚持下来，创业的过程是毫无快感的。

人生"成功"的三条路径

高云峥认为，作为一个技术人员有三条道路可以成功：第一条路是去大公司做到 CEO，但是这条路成功概率极低，可以忽略不计；第二条路是加入一个中小型公司共同成长，选择一个团队尤其重要；第三条路是自己创业。第三条路难度介于第一条路和第二条路之间，劳心劳力，一周六天工作制，付出很多，但是成功比第一条路容易。

如果一个CEO在中小型企业靠产品取胜，那么最开始靠的是CEO的专业性。高云峥从一个做技术的人到做产品的人再到做经营的人，是不断学习的过程，管理是需要学习的。随着企业的发展、团队的扩张，如何管理团队，开始占据高云峥一半的精力。20~30人的团队不需要管理，可以直接控制，200人左右的公司，就需要十几人帮你管理。创业初期，CEO的言传身教最重要，创业高速发展时期很难建设文化，创业期最认可你的就是了解你的人，往往是同学或同事，在这个过程中需要不断引进新的血液，把有能力的人放在合适的位置上，任人唯贤，而且优秀的人才需要靠人脉获得。

综上所述，高云峥总结出创业成功的三点经验：专业，创业就是内行人赚外行人的钱；人脉，第二次创业成功的根本原因是在各个领域有人脉，在各个领域的人脉均是负责人，为创业成功提供了保障，人脉积累尤其重要；资本，失败之后能够进行第二次创业。

最后，高云峥表示，创业是讲究浪潮的，一浪接一浪总是存在机会，永远都会有大机会，关键问题在于机会来的时候是否属于你。因此积累尤其重要，等待和忍耐也是一种艺术，不要为了创业而创业。

供稿：2009级化学系　张帆舟

北理工青年汇第 26 期沙龙

无人机的梦想家和实践者：
专访中航智掌门人田刚印

2016 年 3 月 26 日，北京理工大学青年汇第 26 期沙龙现场人潮涌动，本期做客嘉宾是北京中航智科技有限公司创始人田刚印，他毕业于北京理工大学 2001 级宇航学院飞行器设计与工程专业。沙龙由嘉宾分享和校友提问两个环节组成。从本科学习经历到萌生创业想法，从管理创业初期的 4 人到如今的上百人团队，从无人机当前的主要用途到未来的发展前景，从给学弟学妹创业建议到与北理工共建无人机所。田刚印不慌不忙，微笑面对各方提问，侃侃而谈，现场不时爆发出欢笑和掌声。

学校生活——做感兴趣的事

在北理工读书的日子，田刚印并不算特别突出的学霸一类，他更专注于自己感兴趣的事情，比如参加航模协会，认识相同爱好的朋友，搜集学习飞行器相关知识。本科期间，虽没有想过要创业，但通过亲身实践和参与，找到了自己感兴趣的技术方向。实习期间，他就加入了日本雅马哈无人机的外场调试团队。相比大多数毕业后还茫然不知道自己该干什么、喜欢什么工作的学生来讲，努力的田刚印无疑是幸运的。

创建企业——累并快乐着

在雅马哈的一段经历，让田刚印见识到了日本领先的无人机技术。离开雅马哈后，田刚印萌生了制造无人机的念头。公司创立之初，团队只有4个人，麻雀虽小，五脏俱全。尝试做了一些无人机相关产品并成功卖出后，田刚印开始琢磨制造300公斤的无人机。经过几年的努力，300公斤的无人机成功制造出来，欣喜的同时他们并没有懈怠，而是加快速度，开始做更大载荷的无人机……

当主持人问及：创业过程，是否有碰到觉得特黑暗的日子？田刚印笑着答道：可能老一辈的企业家背负的担子较重，他们会有心灰意冷、彷徨无措的时候。可是我作为新生代的创业者，一直做的是自己感兴趣的事情，有兴趣和责任支撑我，虽然在外人看来累，但我不觉得，反而觉得很快乐。即便最后创业失败，我也没有遗憾，因为我总做了对社会有所贡献的事情。

招兵买马——必须德才兼备

对于一个快速增长的团队，如何管理是个令所有企业家都挠头的问题。田刚印对此有自己独特的看法：不论在小学，还是中学，抑或是大学，班级里总有成绩优秀又表现好的学生，也总有淘气闹事的差生，还有占比最多的中等学生，公司里也一样，不管是小公司，还是大公司，那么我们作为管理者能做的，就是引进淘汰机制，设置合理的"考试"环节，保证每次"考试"都留下相对优秀的人才。要经常"考试"，企业才能在这样的新陈代谢中，稳定快速前进。

至于如何选择人才，田刚印认为必须德才兼备，缺一不可。德，是指要能主动为集体利益考虑。而才，是指具有解决问题的意识和能力。具体要看职位招聘要求。

技术展望——无人机的未来

很多听众问到无人机的未来发展，田刚印认为：我国在无人机工业技术方面确实落后于发达国家，但我们成长速度很快。发达国家里搞无人机技术的很多也是华人，所以只要我们努力，终有赶上并超越的可能。未来三到五年，无人机在动力方面发展不会太快，但控制和人工智能很有发展潜力。无人机会变得越来越智能化，越来越易用、好用。

因此中航智未来的发展路线是：产品方面，在现有基础上尝试做更大载荷的无人机，说不定多年以后，无人机也能涉足物流行业。另外，还设立下属公司，专门提供无人机租赁等服务。设置下属基金公司，帮助合作伙伴与之共同发展。与北理工成立"无人飞行器自主控制研究所"，希望培养相关人才，积累技术，争取参与无人机技术标准制定等。

访谈的最后，田刚印总结道：无人机是现代工业的缩影，融合了各种前沿技术，是顶级的高端制造，也欢迎更多的有志之士能加入中航智的大家庭。

供稿：2001级电子工程专业　余彦

北理工青年汇第 27 期沙龙

伍疆：实业精神 × 投资逻辑——我的创业公式

2016 年 4 月 23 号（周六）下午，国际交流中心 406 房间内人头攒动，本次青年汇沙龙的分享嘉宾是担任 Vector Telecom 创始人、董事长，诺辉投资合伙人、副总裁等多个职务的伍疆校友。

在未与伍疆谋面之前，大家对伍疆的认识仅仅停留在企业家二代、合伙人、董事长和创始人这些头衔，但当他拎着行李箱风尘仆仆、衣着朴素地出现在大家面前时，我们看到的则是一个以实业起家的低调、朴素的企业家的姿态。

在主题分享阶段，伍疆用风趣的语言和严密的逻辑思维为大家娓娓讲述了他作为文艺而又上进的继业者和创业者的成长经历，将自己是如何走上做实业的道路、如何涉足投资的历程以及自己在创业中的经验和心得皆分享于此，展现出他丰富的人生阅历和独特的人格魅力，令在场的近 40 名听众如沐春风。

伍疆是必须将自己的诗歌整理完才投入高考复习、为老狼和高晓松如痴如醉的文艺青年，研究生在读期间为追寻诗和远方毅然退学并远越重洋奔赴澳大利亚求学。时至今日，翻过山河大海也穿过人山人海、来到不惑之年的他，依然认为能安安静静地弹几首最爱的吉他曲目是最大的生活乐趣。

伍疆是为了达到目标可以住在临时建造、砖墙还未风干的破房子的上进青年，他曾在工厂装灌过洗发水，在餐厅做过服务员，也曾为了谋生被人指着鼻子斥责。用他的话来说,这些宝贵的经历都如同贝壳砥砺酝酿的过程一般,最后这些磨难都将化为珍珠,并且在某一个时点串成美丽的项链。

伍疆是一个孝而不顺的继业者。孝,体现在伍疆硕士毕业后得以进入了半导体领域内的顶尖企业,但为了孝敬老人毅然决定回国。不顺,体现在伍疆是一个有追求的企业家二代,在父亲的光环下砥砺前行,用努力证明自己不但能够继承父辈的衣钵,而且还能将之发扬光大。

伍疆也是一个兼具实业精神和独特投资逻辑的创业者。他发扬了从事实业期间培养的勤奋务实的行事作风,始终让努力支撑梦想。多年的实干经历以及对音乐和哲学的热爱,都在他身上留下深深烙印,共同内化为独特投资逻辑。可以说,实业精神和投资逻辑在他身上合为一体,恰如他本人信奉的一句话:"以实业的精神做投资——深耕细作、不存侥幸;以投资的逻辑做实业——高效率地创造价值。"

北理工青年汇第 28 期沙龙

刘旭东：跨界玩出一座城

"时代可以穿越、艺术需要混搭、跨界玩出乐活。"北理工青年汇第 28 期沙龙的嘉宾刘旭东校友的历程印证了上述总结。

校友刘旭东是当下火得一塌糊涂的晋江文学城的创始人，是一个标准的理工男，2003 年从一名邮政系统的职员变成女性文学网站的总裁，如果说当年的选择是折腾，那么今天可以时髦地说是华丽转身。

5 月 28 号下午北理工青年汇第 28 期的沙龙座无虚席，满怀好奇的校友们听刘旭东娓娓道来，揭开晋江文学城神秘的面纱。

中国男足抗韩喊了快 30 年，到现在还是遇韩哆嗦，但是在影视剧里我们看到一部部电视剧把抗韩进行到底，《芈月传》《花千骨》《欢乐颂》等已经占据半壁江山。这些火爆的电视剧能有今天的市场，没有晋江文学城的孕育是不可能的。

晋江文学城网站创立于 2003 年，是目前中国大陆最大的女性文学网站，以女性言情等原创网络小说而著名。网站日均页面浏览量 5000 万，日登录固定用户 240 万，有 200 万部作品。在访问晋江的国内用户中，有 67% 以上来自上海、北京、台湾、香港、广州等经济活跃省市。现共有 213 个国家和地区的用户在访问晋江的网站。其中美国、加拿大、澳大利亚等发达国家占到很大比重，海外用户流量比重超过 15%。从 2003 年到 2016 年，晋江获得了数十项荣誉，在女性文学网站中独领风骚。

在竞争惨烈的文学网站市场，为什么晋江文学城能够独步江湖十几年而不败？用刘旭东的话讲：

（1）定位清晰，女性文学网站，做好文学土壤，替作者当负责任的经纪人。

（2）坚持独立网站人格，不拒绝商业，不为商业媚俗。

当然最重要的还有一条：用北理的精神踏踏实实地熬。

北理工青年汇第 29 期沙龙

郑福仁：把腾信经营成一家百年企业

2016 年 6 月 25 日（周六）下午，国际交流中心 406 房间内人头攒动，青年汇第 29 期沙龙如期而至。本期分享嘉宾是刚在新三板上市敲完钟的郑福仁校友。作为一名在北理工本硕博连读，曾任中国传媒大学动画游戏学院副教授、游戏教研室主任的校友嘉宾，他身上少了很多刚在新三板上市的公司老板的光辉，给我们留下的印象是低调、朴素以及勤奋。

简单的选择很幸福，坚持做一件事就更幸福

郑福仁校友谈道，来北京 20 年，就做了两件事情：读书和创业。他直言简单的选择很幸福，坚持做一件事就更幸福。在大学期间，除平时的学业之外，郑福仁校友还担任了《九歌》新闻社主编、计算机学院学生会主席及团支书。在读硕士期间，郑福仁校友因为机缘巧合走向了创业之路。2002 年，第一个项目只有 2 万元，赚了一半，与大家想象的千百万元的"第一桶金"并不太一样。

创业就像西天取经，九九八十一难

郑福仁校友的创业之路并非一帆风顺。在赚到"第一桶金"之后，郑福仁校友开始自主研发 CRM 产品，但最后一套都没卖出，因为在研发的过程中对于市场关注不够。因此不要为了一个流行的概念去创业，

你能想到的点子总有人能想到。后来，紫金大厦体育馆信息化项目失败，2003年非典导致所有客户项目终止，公司现金流断裂，核心团队解散。郑福仁校友谈到，创业就像西天取经，九九八十一难，各种困难总会出现，过程有很多坑，一定会摔跤的，折腾你的人和欺负你的人早晚都会遇到，早经历这些是一种财富。

勇敢追随自己的内心

2005年之后的事情，郑福仁校友鲜有谈论痛苦的经历，更多的是体会。业务从哪里来？没有任何资源找客户，就给客户发邮件，一个月发300封，最后总是有好的结果的。面对客户，尊重和履行契约的精神是很重要的。无论客户需求来自哪里，对于靠谱有价值的客户，都要想尽办法拿下，做好服务，咬住不放，千万不要放弃。面对之后的成功，郑福仁校友自豪地说，老天让其该经历的挫折都经历过了，也该给他些应得的东西了；勇敢追随自己的内心，想起软件和外包自己内心就很激动。

北理工青年汇第 30 期沙龙

张东：比肩国际巨头，践行中国创造

"坚持自主创新，依托核心能力，践行中国创造，打造国际品牌。"2016 年 7 月 28 日，在北理工青年汇第 30 期沙龙上，来自革命老区山东临沂的青年企业家、山东力士德工程机械工程股份有限公司总经理张东校友向我们讲述了几代中国重机人的强国梦。

发展历程

山东常林机械集团股份有限公司始建于 1943 年，是以工程机械、精密铸件、液压产品、机电液成套装备、农业机械等生产、研发、销售为一体的，多元化发展的大型民营股份制企业。公司下设力士德工程机械股份有限公司、山东中川液压有限公司等8个子公司，占地150万平方米，是中国500家最大的机械工业企业之一。从1943年至今，常林集团先后经历了艰苦努力的创业阶段，多元发展的成长阶段，研发核心突破的升级阶段，到现在打造产业航母的扩张阶段，每一步都走得踏踏实实，凝聚了几代重机人的艰苦与奋斗！公司一直以掌握大型工程机械核心技术、追赶并超越国际先进为目标，经过十余年不懈探索、数十亿研发投入、近千名中外工程师的艰辛努力，一举突破制约中国机械产业数十年的高端液压研发制造瓶颈，其自主研发的高端液压产品在国产化关键技术应用方面取得了突破，产品填补了国内空白，这是中国液压行业里程碑式的事件。

三大系列

身为常林集团力士德分公司总经理，张东谈起力士德三大系列重型机械，娓娓道来，如数家珍。从性能卓著、装备"中国芯"的"行天下"系列挖掘机、装载机、压路机，到独步全球的"盈天下"节能系列重机产品，再到依据客户具体工况要求设计调校的"汇天下"客户定制机，包括两栖挖掘机、林业机械、港口物料装卸机械等。从每种型号挖掘机的发动机系统，液压系统，控制系统，细致到每台机械的驾驶室和核心零部件的独特工艺讲述，张东向我们展示了中国重机制造人对行业的热爱与匠心精神。

走出去与引进来

在谈到重机制造业的转型发展，张东认为，有利于低端制造的时代已经一去不复返，现在用工越来越规范，重机企业必须将走出去与引进来相结合，对外进行产业并购来获取核心技术和海外市场机会，通过招商引资，成立合资企业，用市场换取先进技术。目前常林集团先后与德国Hofer公司、德国道依茨公司、瑞士宝默特公司、意大利赛迈道依茨法尔公司等国际行业巨头建立科技合作关系，并在日本、德国等地设立了研发中心，实现了国际前沿技术的引进、消化、吸收和创新。同意大利赛迈道依茨法尔公司合作的高端智能农业装备项目、同德国道依茨公司合作的高端发动机项目等均已开工建设，即将投产发挥效益。

企业传承与二代接班

常林集团现在正面临企业传承与二代接班的实际问题，老一辈企业家以厂为家，谱写了家长制的集体主义文化，注重对人的管理和对权的控制，而今这样的管理模式导致部门普遍协作性差，造成执行力两极分化，已经不能适应现代企业的发展需求。张东从北京理工大学毕业后，远赴澳洲悉尼大学攻读商科硕士，后去复旦大学 EMBA 班深造，拥有全面的先进的现代企业管理专业知识。张东认为，企业二代接班人不要急着揽权，不要急着发现管理漏洞，一切要从实际出发，其中资金管理、人力资源管理、运营管理是二代接班人理解制造业企业的钥匙。张东认为，精益生产是现代制造业规范发展的第一步，财务方面可以从预算管理开始推进企业财务体系建设，人力资源秉承二八原则，即 20% 引进人才与 80% 自我培养相结合，从而改变人力资本构成，等等，每一个管理与传承的细节问题，张东都尽量讲述详尽，并列举多个实例加以说明。

张东校友的分享，向我们展示了中国重机制造业的百年发展画卷，深度解读革命老区制造企业发展的转型之路，与时俱进，任重道远。在张东校友身上，没有任何自我吹嘘，没有任何浮躁膨胀，有的只是北理工学子的求是精神。踏实，务实，勤勉，追求卓越！比肩国际巨头，践行中国创造，祝愿张东校友带领他的新一代重机团队谱写新的辉煌！

北理工青年汇第 31 期沙龙

张皓：深耕还是跳槽，让你不再迷茫

2016 年 8 月 28 日（周日）下午，国际交流中心 406 房间内人头攒动，青年汇第 31 期沙龙如期而至。本期分享嘉宾是现任美国科尔法集团中国公司总经理的张皓校友。张皓嘉宾跟在座的校友分享了工作 30 年的经历与期间的得与失，从朴实无华的语言中我们能看到一位爱钻研、脚踏实地的理工男从技术到管理的转变，从央企到外企的跳槽，给我们职业规划提供些许借鉴。

10 年央企积淀、背景资本、工作习惯、思维习惯

张皓校友，北理工毕业后被分配到中国运载火箭技术研究院总体设计部，同样经历了实习、转正、设计员、工程师的技术之路，之后调到计划部，从助理员到项目经理，真正完成了从技术到管理岗位的变化。更是在央企工作期间，时常听英语，工作中遇到不会的英语，就查询再学习，到熟悉掌握，为后期直接跳槽到博士伦打下了良好的基础。真是应了一句话："机会总是留给有准备的人。"

在问到张皓校友这十年央企的成长对未来职业是否有影响时，张皓校友表示，十年的央企工作给了自己成长的时间和机会，工作背景也是一种资本，另外养成的工作习惯和思维习惯也影响到以后的工作。

危机意识

张皓校友与我们分享了在博士伦任生产经理时的经历。他分析了最初

博士伦迅速占领中国市场的宣传策略，竞争对手强生等企业新产品对博士伦的冲击，以及后期公司变动，告诫校友们在职场中要时刻有危机意识。

为什么要选择一个知名大型企业？

张皓校友谈到 IBM 任制造经理的 5 年。他说，入职的第 1 个月，IBM 就对个人做好了职业经理人起步的培训，大型企业对战略层面往往会有更好的规划，可以提供个人更好的发展。

一份工作是否值得长期坚持？

张皓校友说，请问自己对这份工作是否有使命感？请问自己是否跟对了老板？请问公司的发展前景如何？

如果答案都是肯定，那么你可以深耕！

是否选择跳槽？

请问时间长短，时机合适？频繁跳槽会对个人信誉有影响。职业定位是否已规划好？利弊取舍是否已考虑好？

如果答案都是肯定的，那么你可以跳！

领导者看重的员工素质

第一条，责任感。是否能观察到变化，虽然面对的信息不对称，不完整，却要求尽可能做出合理的判断以及采取正确的行动。第二条，学习能力。快速学习的能力，以及不断持续学习的能力。

张皓校友在分享完个人职业生涯发展道路之后，就十位同学的问题进行了答疑解惑。对在央企工作一年多的校友的迷茫，给出指导：先将目前工作踏实做好，重点是多学东西，然后逐渐发现身边可聊的人聊聊工作等，再找圈外人聊工作规划，工作规划会逐渐清晰。并对我们在跨行业面试时给出建议：展示自己的优点，认识到确实是新领域，表示如何去学习适应。

北理工青年汇第 32 期沙龙

杜江涛：成长的周期和烦恼

2016年10月30日，金秋十月的最后一个周末，北京理工大学青年汇第32期沙龙在中关村校区七号教学楼报告厅举办。本期沙龙的嘉宾是全国政协委员，上市公司君正集团董事会主席，事业版图横跨金融、能源、医疗、房地产领域的87级校友杜江涛。作为2016年度最重量级的嘉宾，杜江涛校友和大家一起谈古论今，分享了他在不惑之年对"生长的周期和烦恼"的观察和体会。

人生是不是计划出来的？

很多年轻的校友在追求人生价值最大化的过程中常常会迷惑于如何制定自己的人生规划，杜江涛校友则用47年的人生阅历告诉大家，人生不是计划出来的，而是随着时代的变迁随遇而安，但是回头再看却是有规律可循的，这个规律就是取势。

自然界有春夏秋冬，植物有开花落叶结果，动物有繁衍生息，那人生有没有规律呢？孔子曾说"吾十有五，而至于学，三十而立，四十而不惑"，杜江涛校友结合自己的人生阅历对此进行了阐述。15岁是一个人最关键的时刻，此时人开始有独立的想法，出现困惑，立下志向，这个阶段的教育对个人人格的全面发展有着巨大的影响；22岁的时候，离开了学校开始走向社会独立生活，开始精进自己的能力和业务水平，30岁的时候则更加成熟；到了40岁的时候，因为经历过很多的挫折和困难，则活得更加内在，不会轻易为外界的诱惑而变。杜江涛校友告诉年轻的北理工校友们，能够努力地把知识转化为能力，那么未来的20~30年就是你们折腾的时代。

做事要顺应时代的大潮

杜江涛校友认为自己是幸运的，因为自己的每一个选择和转折都顺应了时代的大潮。1991年本科毕业后，他放弃保研的机会来到中国最早的四个经济特区之一深圳；2000年他创办了后来的上市医疗企业博晖创新；2003年为了响应西部大开发的政策，他回到内蒙古搞能源建发电厂，而此时当地政府也迫切地希望发展经济，可谓是天时地利人和。

在杜江涛校友眼里，中国在改革开放后短短的30多年间，发生了翻天覆地的变化，这期间也产生了很多卓越的企业，它们都是时代的产物。1992—2002年这十年是中国轻工业快速发展的十年，出现了长虹、春兰、海尔这样家喻户晓的企业，这个阶段是解决吃穿用的阶段。从2002年开始，房子和车子等成为家庭的刚需，带动了中国重工业，如钢铁、机械、水泥行业的高速发展。满足了吃穿住行的基本需求以后，新的机会将出现在文化、旅游、现代服务业领域。

在经过了引进、消化、吸收的过程后中国正在面临产业转型升级的关键阶段，科技类的人才将会大有作为。杜江涛校友寄语"90后""95后"学弟学妹："未来，父辈拿来就用的优势将不复存在，年轻的北理工人要勤奋学习、打好基础，直面和美国、德国、日本等发达国家年轻人的竞争。"

财富可能变"财负"，快乐是正确分配财富

面对北京高昂的房价、沉重的医疗和教育成本，如何积累财富是"70后""80后""90后"共同关心的话题。杜江涛校友首先坦诚地表示："君子都爱财，但取之要有道。"他出生在一个普通的知识分子家庭，因为兄弟姐妹三个一起上大学，大学期间经济并不富裕，但在他读研究生之前，就已经完成了原始财富积累。他认为个人消费型财富的需求是有限的，社会更加关心创造型财富，即是不是在正确的时间，在正确的地点，做正确的、可以对社会有价值的事情，如果不是，那么财富很可能变成"财负"。以君正集团举例，在能源化工行业整体亏损的情况下君正集团仍然保持盈利，

对他来说君正集团是创造型财富，但在不懂行业、不懂经营的人手里，就会变成"财负"。

在如何看待幸福这个问题上，杜江涛校友表示，要向两位朋友学习，一位是海底捞的创始人张勇，还有一位是西贝莜面村的创始人贾国龙，他们都管理着人力密集型行业，但是这两个企业的员工都特别快乐，这就是他们从管理制度上，从财富分配上，做到了让员工快乐。

本期沙龙在校友们的踊跃提问中被推上了高潮。校友们的提问从和个人生活紧密相关的职业选择规划、子女家庭教育，延伸到中国的房地产究竟有没有泡沫、下一步有致富机会的行业领域，体现了年轻一代北理工人在柴米油盐酱醋茶的琐碎生活中，对国家宏观经济、金融、科技政策的关心。

最后，青年校友会轮值主席孙达飞寄语在场的所有校友："从全球的角度看，中国和美国一样，没有皇室、没有世袭制度，是一个允许社会阶层纵向流动的国家，我们应该感到幸运；并让更多身边的校友知道和加入青年校友会，一起分享智慧、助力成长。"而青年校友会志愿者们的无私奉献精神，也感动了许多校友。

有校友留言说："这是一群平凡的人，坚持在做一件不平凡的事。"这句最简单、最朴素的话，是对这群最可爱的人最好的夸赞。

北理工青年汇第 33 期沙龙

贾冉：坚持的力量

2016 年 11 月 27 日，北理工青年汇第 33 期沙龙在北京圆满落幕。本期沙龙以坚持的力量作为主题，邀请到了果酷创始人、2001 级校友贾冉，分享他以水果加工为切入口，10 万元本金创业，到深耕企业级市场，服务包括腾讯、百度、新浪、优酷在内上千家知名互联网企业，坚持独立思考、坚守赚钱的商业本质的创业历程。

创业，为梦起航

贾冉校友是北京人，创业圈里面，北京人不多。从读书到工作，他都是不落人后的。本科就读于北京理工大学信息工程专业，然后赴清华大学深造，毕业后，曾在 IBM、淘宝网等知名公司任职研发工程师。这样一份漂亮的履历，已经是大多数人眼中的人生赢家了，为什么还要选择创业这条既"苦逼"又充满了不确定性的道路呢？贾冉校友坦言，首先打工的工作缺乏挑战性，其次，受到了"四大"女孩猝死新闻的震动，认为应该有人做一些积极的事情，给国人宣导健康的生活方式。

作为工程师，贾冉观察了自己和身边的同事。公司虽然发水果，但一发就是一整个，还得自己洗，大家在办公桌前一坐一天，经常是桌子上堆着六七个苹果和梨，然后烂了扔掉。经过两年的反复思考，他认为把水果切好装盒送的生意，简单，既有经济附加值，又有社会效益，在国外是一个成熟的细分市场，而国内又相对空白。在强烈的创业冲动的驱使下，他以十万元积蓄作为初始投入，租下一个两居室居民楼，叫来自己做家教时补过课、后来在神州数码做 HR 的学生作为合伙人，把雇来做保洁的两个小姑娘挖来切水果，又招了四个配送员，2010 年，初具雏形的果酷扬帆起航了。

转型，浴火重生

虽然初创团队和环境略显粗糙，但是贾冉一再强调，我们要相信，我们做的事情肯定是有机会的，大家要坚持。为了拓展客户，果酷印制了 DM 宣传单在地铁口发放，虽然平均一天能有一百多单，但是运营成本却节节高升，接单越多，反倒亏得越多。一天晚上，从新发地市场上完货回来，一场严肃的会议在居民楼召开，会议的主题也格外沉重，要么转型，要么就别干了。还好小伙伴们都表示，还是要继续干下去，但是应该转向何方呢？C 端的市场虽然不可持续，但是也让团队明白了两件事情：第一，市场对切好的水果是有需求的；第二，大单的生意有钱赚，一单的生意要亏钱。因此，自然而然，果酷选择转向企业级市场。一周后，果酷谈成了第一单企业客户。2012 年，果酷的年销售额突破百万元大关，浴火重生。贾冉校友也传授了如何挖掘企业级客户的一些秘诀：首先，可以把公司的前台作为突破口，这种自下而上的客情关系维护比自上而下的靠谱，生意持续得也更长久；其次，做企业客户要抓四个率，即覆盖率、转换率、复购率、渗透率。

坚持，步步为赢

在年销售额突破百万级大关以后，贾冉正式告别兼职创业的生活，开始了看书、跑会、参加创业沙龙的职业创业生涯。果酷的第一笔天使投资来自中央电视台的《给你一个亿》栏目，当时投资人对贾冉的评价是方方面面都得体，而且项目是实实在在赚钱的项目。2012 年 8 月，拿到天使轮的果酷开始了正式的公司化运营，首先解决了资质和合规的问题，其次租赁了正式的生产厂房，组建加工团队。2014 年，果酷的销售额逼近一千万元大关，贾冉希望可以多融一笔钱，做更多的尝试。这一年，正值生鲜电商 O2O 大潮涌起，果酷也难免受到影响。一方面，销售上遇到阻力，客户质疑为啥别人都免费了你还卖钱；另一方面，受到了拿钱、烧钱、砸规模、再拿钱的模式影响，果酷在拿到易果生鲜的千万级融资后，三个月内在西直门、国贸、中关村、望京拿下了五家店，昂贵的门店成本和陌生的经营模式，让贾冉在2014年倍感痛苦。经过反思，他认为：首先，创业要有自己的节奏，多问问自己想要什么，怎么做，不要轻易受到资本和热点的影响；其次，不要盲目地追求速度，为了快速扩张而招来的兵马，往往不如自己内部培养的核心成员靠谱。拿到A轮后，果酷做的最正确的两件事情，第一是在北京房山建了5000平方米的工厂，第二是拿到了QS生产资质。2015年，果酷关闭了所有的门店，重新聚焦企业级市场，坚守自己的核心产品和核心策略，围绕自己的节奏，一步一步稳扎稳打，以水果加工产品为核心拓展多元销售渠道，销售额进一步稳健增长。

2016，升级再出发

为了加深果酷的战略纵深，挖掘更多的业务线，2016年，贾冉和团队围绕办公场景，开始寻找高频、高粘、非标的产品线，并开发出团餐业务。贾冉认为，现在人们每天在办公室的时间要比在家的时间还多，谁能更好地覆盖办公场景，谁就有机会。团餐业务营收三个月突破100万元，取得这样的成绩，与六年的积累和坚持分不开。B端的生意，不但对供应链的灵活性要求很高，客情关系的维护也很重要，积累时间越长，生意越感性。果酷从送水果切入企业级市场，逐渐拓展到水果、年会、生日会、茶歇会议、餐饮等场景，以供应链思维服务企业用户，虽然资产重、速度慢，但是步步为营，将会走得更远。

这期沙龙，贾冉校友无私的分享了自己创业六年的心路历程和许多外界报道看不到的运营数据，也以自己亲身经历的那些教训，告诫各位正在创业和打算创业的校友，创业一定要想清楚怎么赚钱，不要被风潮和热点带跑。

北理工青年汇第 34 期沙龙

分享智慧·助力成长——北理工青年校友会印迹

陆海：生命在于折腾

2016年12月24日（周日）下午，北理工青年汇第34期沙龙在北理工中关村校区圆满落幕。作为2016年度沙龙的"压轴大戏"，本期特邀的重磅嘉宾、2000级校友、三行资本联合创始人陆海如期而至，为大家做了一场关于"生命在于折腾"的主题分享。现场校友们欢聚一堂，与陆海热情互动，不断将沙龙气氛推向高潮。陆海也给大家提供了很多职业规划方面的启发和借鉴。大家在热烈的气氛中度过了一个难忘的平安夜，为2016年北理工青年汇沙龙写下了浓墨重彩的一笔。

坚持和毅力，为事业起步折腾出扎实的专业基础

陆海在"御用"主持人徐淳的幽默开场中开始了沙龙分享。陆海给我们的印象是踏实、自信以及做事追求卓越的态度。他的人生履历既漂亮又踏实妥妥的，说是人生赢家一点不为过。拥有着北理工硕士学历，又拥有北大MBA，清华EMBA，在ST-Ericsson一干就是8年，在君联资本5年，然后与达飞师兄顺利开启三行投资的创业，他是如何做到以优秀卓越的姿态一路顺利闯关的呢？

陆海首先回顾了自己的读书生涯。初到北理工，周围刻苦的学习氛围，男女比例悬殊，与民族大学完全不同的学习氛围和娱乐活动，刚开始他觉得特别不适应，不过他做任何事情都比较坚持和有毅力，这是他性格中的一部分。他每天坚持学习12个小时。他在勤奋学习的同时，坚持自己的业余活动和兴趣爱好，他从大四开始健身到现在都一直坚持没有中断。在北理工读硕士的那段充实的求学经历，为他后面的事业起步打下坚实的专业基础，他毕业后凭借自身的优势，顺利进入当时环境最好的外企工作。

2003年陆海毕业顺利就拿到了外企的Offer，在当时算在同学中拿到了最好的Offer，一干就是8年。进入外企后他的事业发展得很不错。他每天坚持不懈地提高英语听力，凭借卓越的工作能力，突出的外语能力，很快在那些优秀的工程师中脱颖而出，获得了领导和同事的认可。当时公司在北京的团队大概有300人，除几个Leader之外陆海的英语听力是最好的。在外企，除技术业务扎实，做事认真，做事有方法之外，就需要有好的英语听力及沟通能力。商场是很残酷的，如果中国区Leader争取了新的工作资源放到中国来做，就要接得住。

个人的发展得和兴趣结合，才会有足够的动力去追求卓越

陆海对法律比较感兴趣。既然感兴趣，就经常看看书看看案例。于是2008年他参加了司法考试，在突击了4个月后，顺利通过。当时正值奥运会，4个月忙得都没有睡觉的时间。司考结束后，陆海很快又考了MBA。他认为读MBA有三个收获：其一是人脉积累；其二是增长见识；其三是增长了信心，这是最大的收获。大家水平都差不多，无论智商情商，做事成功与否的差别就在于信心。最后一个附带的收获，收获了爱情，找到了自己的爱人。

人生既要有战术上的勤奋，也要有战略上的勤奋

陆海还建议校友们人生要早做规划，强调人生既要有战术上的勤奋，也要有战略上的勤奋。虽然事业发展很顺利，但他认为自己当时在战略上偷懒了，当时没有用投资的眼光去分析行业前景，在工作满了 8 年之后才考虑进入投资领域，没有在工作满第 5 年时候就进入，浪费了几年的时间。陆海为这次进入投资领域提前做好了行业调查，他发现联想投资在行业里属于 Top 级别，毅然放弃外企的高薪以新人姿态进入投资领域。当时他没有任何投资背景和经验，除了扎实的专业基础。能被联想投资招入麾下，原因有两个：为人很踏实以及具有丰富的社会活动。陆海还特意引用了施瓦辛格的例子来说明人生需要战略规划。投资领域每天要与各行各业的人接触，作为投资人，有时可能经常熬夜，当凌晨四五点钟整个城市已经在沉睡，开车回家路上看着建筑一栋栋地经过，会有自己比别人更勤奋的感觉，会感觉自己比别人的成功概率更多一点，不会觉得这种折腾难受，反而挺有成就感的。

选中目标，集中火力，专注地去实现

做投资人大部分的时间都是和项目混在一起，不像外企，上班像打仗，下班后就可以做自己的事情。陆海在生活中与达飞师兄相识，沟通中有很多默契。陆海自评自己属于相对比较踏实的人，做事有条不紊，说到做到。达飞师兄属于敢想敢闯的性格，两人刚好互补。于是陆海和达飞等三人联手一起开创了三行投资。作为初期公司如何选择大方向？做投资时，对大的行业和市场的判断，需要很强的战略性眼光，要站在一定的高度。他们对自己的要求是规范及提前部署，这得益于以前在君联比较正规的职业训练。对投资人来说，选哪个大方向，是一个专业性话题。做任何事情，尤其是做投资，是需要行业积累的，需要不断转变，不能太浮躁。陆海提到自己虽然在外企坚持了 8 年，在君联快 5 年，没有换过太多的工作环境，不过他的人生做了很多的尝试，折腾了不少事情，比如按照自己的兴趣考过了司法考试。他内心保持不断前进的热忱，一旦选中目标，就专注地投入。

创业最好从熟悉的领域开始

谈到创业这个话题，陆海强调创业最好从熟悉的行业开始，没有必要逃避目前的行业，跳到不熟悉的领域去。随着国外经济形势一般化，国内的资本越来越强。这两年成功上市的企业也比较多，人民币力量和美元的力量差不多，看项目适合什么。陆海对正在创业或者即将创业的人的建议：

1. 考虑创业的资源。
2. 考虑创业的难度。

创业的目的是什么？先得把创业当成小生意，先得盈利。企业纯靠资本的力量，很难成功。如果态度端正，又精通行业，有现成的团队，有自己积累，那创业还可以。比如 ofo 这一类的创业项目，最早是骑行俱乐部，之前一直融资融不到。后来遇到投资人，于是先做了校园里的分享，后来又做社会分享，小黄车就出来了。共享经济是今年最火的话题。几个巨头，迅速地砸钱，但如何实现盈利，这个还得观望，摩拜有可能会成为市盈率很高的公司。

陆海师兄认为人生苦短，不能偷懒。并表示青年汇沙龙是一个非常好的分享平台，在服务校友方面做得比较周全，促进了校友之间的合作与交流。大家针对自身情况做出新的改变和调整，开拓了自己的事业，尝试了更多的事情，折腾出更精彩的人生。

> 北理工青年汇第 35 期沙龙

分享智慧·助力成长——北理工青年校友会印迹

庞鑫：技术大牛奇遇记

2017 年 2 月 25 日，青年汇第 35 期沙龙在北京理工大学中关村校区圆满落幕。本次特邀的重量级嘉宾是 1996 级校友、北京可玩可乐科技有限公司联合创始人庞鑫，他为大家带来了"技术大牛奇遇记"的主题分享。庞鑫校友就自己的职业发展道路与创业经历进行了精彩的分享，并针对游戏行业的创业给出了自己的建议。现场的校友们也相互交流，热情互动，一同度过了一个难忘的周末。

追随兴趣，另辟蹊径，开启技术大牛的修行之旅

庞鑫很早就接触到了电子产品，从小便对计算机产生了浓厚兴趣，在高二的时候便经朋友介绍，开始接触游戏软件设计。进入大学没有因学业任务的束缚而放弃自己喜欢的工作，用三年时间完成了人生第一款游戏的设计，同时该游戏也获得了四万份的可观销量。大三的时候，庞鑫经朋友介绍接触到了诺基亚公司，并在一次诺基亚的游戏设计比赛中，凭借前期积累的知识与经验脱颖而出，帮助团队取得了第一名的好成绩。随着经验与能力的不断提升，2001 年庞鑫被调到广州去担任技术顾问，一年后回到北京帮助诺基亚完成了一款卡丁车类的游戏设计，并在公司内部软件的评比中获得游戏类的第一名。

庞鑫在分享中多次提到，自己的团队正是凭借在前期游戏设计中不断的积累，才能在后来的工作中顺利地解决一些技术难题，使自己设计的游

戏脱颖而出。因此也建议校友们要相信坚持的力量，即使是重复地做一件简单的事，时间的积累往往也会带来提高。

坚守本心，扬长避短，做一个有情怀的创业者

在诺基亚的经历不仅加深了庞鑫对整个游戏行业的理解，同时也给予了他创业的信心与勇气。在选择创业方向时，他没有跟风去做当时很火的大型网络游戏，因为网游的制作往往需要一个很大的团队，而他对管理方面不是很感兴趣，所以扬长避短地选择了坚持去做手机游戏。此外庞鑫还提到，其实一直以来，自己对网游通过各种成瘾性设计吸引用户从而实现盈利的模式不是很认同，所以他更希望设计有趣但不依赖成瘾来盈利的游戏。

随着公司的发展，他们在2005年的时候看到了社交网络未来的巨大发展前景，因此团队开始尝试去做游戏社区类的业务，也正是从这时开始，整个公司遇到了一些困难，从资金周转问题到与投资人意见不合，再到团队内部对未来公司发展方向产生分歧，庞鑫与团队克服了一个又一个的困难，并在这个过程中机缘巧合地发现许多新的机会。终于，2011年公司实现了持续盈利，整个团队也由过度理想化的状态开始转变，开始切实考虑用户需求，开始知道怎么去做一个好的产品。

庞鑫还分享了自己在游戏行业创业的理念——假如一类游戏在历史上是广受欢迎的，而现在的市场上又没有很完善的同类游戏，那么去做这样的游戏自然就更容易成功。此外，庞鑫还特别提到，其实很多机会或解决问题的方法都是在创业过程中偶然发现的，而在同一行业做得越久，遇到这些偶然性的概率自然也就越大，但是这些需要建立在一个基础上，那就是所做的东西必须保证是有价值的，这样的情况下抓住机会，才有成功的可能。

精彩 互动环节

在互动环节，大家充分交流了自己的想法，庞鑫校友也耐心地为大家解答了很多疑惑。这一期分享的内容不仅涉及很多对游戏行业干货满满的分析，同时也不失幽默风趣，现场气氛轻松愉悦，大家在欢声笑语中度过

了一个美好的下午。

Q：庞鑫师兄作为一个在游戏行业深耕多年的专业人士，认为在这一行业要想取得成功，什么因素最为重要？专业技术、创业团队还是要赶上游戏行业崛起的浪潮？

A：想要在游戏行业取得成就有三点很重要：第一点，时机很关键，自己的成功离不开整个行业发展的大趋势；第二点，在抓住时机的基础上，团队要有特长，光是专业还不够，只有专业的团队才更有可能在竞争中胜出；第三点，团队价值的积累也很关键，最简单的事做得够久，也会有很大的提升，所以整个团队在这一行业坚持探索，必然会积累宝贵的团队价值，才有可能做出最好的产品。

Q：作为一个创业者，创业合伙的份额是否在开始创业时就已经确定下来了？之后又是否有所变化？

A：我们团队的份额是开始时就确定下来的，后来，初始团队的领头人曾在2008年的时候因与整个团队关于公司发展方向上意见不合而离开团队，但保留了自己的股份。而在之后空中网收购我们的公司时，确实可以采取一些方法将这个人持有的股份收回来，但出于良心，还是经过双方的协商选择给了他一定的股份。所以我认为其实有时候在选择合作伙伴的时候，要很关注一个人的品德，这样即使是在股份分配产生分歧时，大家出于良心，也都会选择一个讲道义的处理方法。

Q：如何看待VR游戏行业未来的前景？

A：关于这个问题，我给出一个思考的角度，就是看未来VR可以替代掉我们生活中的哪些时间。首先它不可能替代掉我们社交的时间。因为刷朋友圈一般都是坐在车上或者吃饭的时候，而玩VR游戏最多也就是可能会替代掉看电视的时间。所以个人认为其实VR不是一个很好的方向，但是AR却是一个很要命的东西，因为AR可以极大地扩充人的知识库，将搜索引擎与人的意识相结合。而且它几乎会存在于生活的任何时间，因为人们很有可能对其产生极大的依赖，就好比现在有些人不用导航就没法开车一样，未来也很有可能不带着AR眼镜就没法出门了，甚至连洗澡的时候也得带着AR眼镜。

Q：游戏几乎是每个人从小到大都要去玩的一个东西，所以我认为它其实是一个刚需，自己也希望能做一些好玩而健康，不大量耗费用户钱财的游戏，想听听您的看法。

A：我认为这个其实不太好说，因为这个行业里有一句话"下限靠品质，上限靠运营"，真正好的产品，其实也需要营销，而且当下推广一款游戏又很困难，所以一般游戏如果不吸金的话其实很难生存下来，但是做一款真正好的游戏，起码能保证收入不会太差。

Q：如何看待现在利用一些游戏的IP反向去做电影等娱乐行业的现象？

A：首先关于正向地用电影或娱乐节目的IP去做游戏的这个方式，要看获取这个IP版权的价格，因为IP其实最大的用处就是能够获得用户。假如花同样的钱可以直接获得更多数量的用户，那还不如直接做一款其他游戏，然后将资金用于营销从而获取用户。但是游戏的IP反向去做电影，其实个人不太看好，因为游戏虽然产值似乎有赶超电影的趋势，但游戏常常是因为需要玩家大量充值而获取高产值，就其本身影响力而言并不如电影大，所以它的IP可能并不能带来很多的观众。同时对于一些需要大量金钱投入的游戏，玩家的认同感往往很差，这类的游戏一般玩家离开的时候都是恨，所有用一些单机版，不吸金的游戏IP去做电影可能会稍好一些。

Q：作为一个游戏行业的资深人士，如何看待腾讯仿制其他游戏抢占市场或者霸道收购各类游戏的现象？

A：腾讯的做法其实就是一种生意，因为它的能力在此。微信、QQ那么大的流量，它也需要变现，所以其实这就是商业环境，是没有办法改变的，不可能因为大家都去骂腾讯就不用它的产品，所以其实也无须抱怨。

北理工青年汇第 36 期沙龙

分享智慧·助力成长——北理工青年校友会印迹

桑硼飞：在纷扰的世间深情行走

导读

结束了几天的阴雨，我们终于迎来了草长莺飞的春天周末，在这样一个煦日微风、万物生长的日子里，我们邀请到了桑硼飞师兄，听他分享了智慧人生，也收获了满满的能量。

桑师兄是我校1999级机电工程学院本科生、2010级管理与经济学院博士生。在校期间曾任校辩论队队长、校乒乓球队队长、机电工程学院第4届学生会主席、第27届校学生会常务副主席。毕业后留校，先后在机电学院、校长办公室工作,曾任校党委宣传部(新闻中心)副部长(副主任)。2011年4月后,调任到北京市西城区工作,先后任西城区委大栅栏街道工委副书记、西城区委办公室副主任、西城区西长安街街道工委副书记、街道办主任。同时,他也是北理工青年校友会11位发起人之一,今天精英校友们能够有这样一个平台齐聚一堂,真的也要感谢他这位缔造者。

一路走来,桑师兄的每一个足迹都熠熠生辉,人生的每一个路口都顺风顺水。而这些辉煌的成绩背后,他又有怎样的努力付出,又包含着多少人生智慧?带着这些问题,我们聆听了他的故事。

桑师兄1980年出生在吉林长春一个普通的公务员家庭。作为改革开放后的第一批"80后",他从小就接受传统文化的教育和培养。当年有一部万人空巷的评书《岳飞传》深入人心,他名字里的"飞"字就是来源于此,从小他就立志精忠报国。母亲激励他一定要奋发努力,做一个有利于社会的人。在他幼小的心中,"我爱北京天安门"已经成了座右铭。因此,他从小学到中学,一路都在本省本市顶级的学校就读,1999年,他如愿以偿地考入了北京理工大学。从大一入学的第一天起,他就明确了自己的人生目标,就是要成为一名国家公职人员,为推动社会公平正义和实现自身价值而奋斗,为扶老携幼、温暖社会毕尽全力。为了早日实现自己的理想,他发愤努力,孜孜以求,从来没有虚度过一天的光阴。他笑称:"我一个电脑游戏都没有玩过,一部剧都没有追过,因为时间真的不够用啊。"凭着他对人生理想勇往直前的执着,和对短期计划的科学安排,他在忙碌的奋斗中完成了一个个目标,也成为今天我们大家所钦佩和欣赏的年轻有为的处级领导干部。从本科生到博士生,从辅导员到行政干部,他在理工大学十二年,度过了最美好的青春年华,也奉献了最真挚的感情。他的夫人也是理工校友,从入学时就一路携手,至今相濡以沫;他的儿子今年六岁,现在是理工大学幼儿园的学生。他常说:"一家理工人,一生理工情。"虽然现在离开了学校,走上新的工作岗位,但他总是在各个场合都主动自报家门,自豪地告诉大家:"我毕业于北京理工大学!"北京理工大学,已经成为校友们的品牌,成为一枚熠熠生辉的勋章。

他曾在自己的随笔中写道:"但求尘世无离苦,岁岁年年济苍生。"作为基层父母官,他心系百姓疾苦,甘为人民公仆。赴任以来,在桑师兄的带领下,一个个历史遗留问题迎刃而解:老弱病残群体的利益得到了维护和保障,社区便民服务深入千家万户,市容市貌得到了大力整治,防火防汛隐患逐个被清除，教育卫生等成果惠及更多的群众……面对工作他毫不犹豫地冲锋在前，然而面对荣誉他总是再三推让。在街道办的主页上，我们很难找到宣传桑主任个人的新闻报道，在评优获奖的名单上，我们也找不到他的名字。也许这就是领导由衷欣赏他，同事由衷敬佩他，群众由衷认可他的根本原因吧。

桑师兄出身宣传干部，"能说会写"自然是他的看家本领。他的文章不仅多次在《人民日报》《北京日报》等著名党政报刊上发表，他自己也以"松泽"为笔名，将自己的工作心得、生活感悟都记述下来，分享给更多的朋友。作为优秀的校友前辈，在沙龙现场，大家都纷纷求教，想得到成功的秘诀。桑师兄也敞开心扉，毫无保留地向大家传授了这些宝贵经验。

北理工青年汇第 37 期沙龙

卢航：一个风雨飘摇的朝阳行业

2017 年 4 月 22 日，北理青年汇沙龙活动迎来了重量级嘉宾——84 级机械工程系校友卢航。

大学篇

卢航师兄首先回忆了自己在北理工的快乐生活。谈起为什么来北理，师兄坦言当初为了能离家远一些，去看看外面的世界，所以决定选择离福建老家较远的北京学校，高考第一志愿就填的是北理，而第二志愿、第三志愿填的是清华、北大，且不接受调剂，破釜沉舟，一定要来北京，来不了北京就得回福建，最终得偿所愿来了北理。当年北理还叫北京工业学院，军工特色特别明显，从入学报到还要求带《毛选》第五卷就可见一斑。

忆起在北理的事迹，卢师兄称那是一段非常快乐而充实的时光，自己担任京工艺术团的团长，同时还是院校几个俱乐部的领导人，手底下管理 200 多乐队成员，经常给北京各大高校的周末舞会现场伴奏，贴补生活费用。还经常有人找卢师兄索要各大高校舞会门票。

在校期间，卢师兄就在管理方面崭露头角，给乐队成员做思想工作，以非物质方式激励乐队骨干成员，取得大家信任，为乐团活动筹集经费，增强团队的凝聚力。

同时，卢师兄自称在学校有两点收获最大。一是自学能力，因为平时忙乐团事务，对学业难免顾及不足，卢师兄常常在考试前几天突击发愤，竟每次都能顺利通过各科考试。这种方式培养出卢师兄强大的自学能力。二是面对问题不退缩，善于快速学习，想办法解决困难的能力。这在后面学英语时帮了很大忙。

工作篇

面对毕业择业，卢师兄结合自己所学专业及乐器特长，毛遂自荐，敲开了星海乐器公司的大门。工作期间，因为有想出国看看的念头，师兄苦学英文，经常去当时的北京图书馆（现国家图书馆）查找各种资料进行充电，加上敢于表达，口语很好。由于单位有乐器出口的业务，经常与外宾交流，更加锻炼了口语水平，同时工作能力得到了领导的认可，顺利进入单位的外贸部门。

1990年后，卢师兄考取了经贸部的外销员，入职中国医药保健品进出口总公司，负责欧洲市场外贸业务。工作几年之后，卢师兄发现做外贸技术含量不高，没有竞争壁垒，虽然单位收入高、福利好，但是发展前景渺茫，于是毅然辞职去了外企。后来又去了美国工作、学习，获得了美国新泽西州立大学罗格斯商学院的硕士学位。

对于如何规划人生道路，卢师兄建议应充分认清自身长处，分析自己擅长什么，喜欢什么，给自己一个明确的定位，不能盲目选择，因为只有选择自己喜欢的事业，才可能坚持不懈。

创业篇

在美国期间，卢师兄购买写字楼时接触到地产经纪公司，虽然以40万美金的佣金购得总价700万美金的写字楼，但是他觉得这笔钱花得值，不仅因为经纪公司提供了地产信息，还因为他们提供了优质的服务，因此卢师兄看上了地产经纪业。经过一系列的考察，决定将全球知名房地产服务品牌21世纪不动产引进中国市场，1999年与21世纪不动产签订了品牌的永久合作合同。

过去的20年，是中国房地产经纪行业从萌芽到快速发展的时期，中国的二手房交易量从最初的几个亿成交额，发展到近7万亿的成交额。在这个过程中，经纪公司也经历了洗牌。最初一批"胆大心黑"、吃差价为生的经纪公司早已被淘汰，真正留下的是把经纪业务当成事业和梦想的一批"理工党"，而他们在之前都是被人们称为"傻"的一拨。现在这拨人虽然是同行或者竞争对手，但还会经常聚在一起喝茶聊天，相互交流，共同探讨和推动行业的发展。

可以说，走正道，阳光交易，不吃差价，已经是今天经纪行业的潮流。目前，北上广深、南京、杭州等地二手房交易均已超过新房，中国即将步入一个巨大的存量房交易市场，经纪行业正成为受到资本市场青睐的高增长行业。

卢师兄澄清了一些外界对房地产经纪不正确的看法。就北京而言，与大家普遍认为"炒房客""投资客"居多相反，北京二手房去年成交27.2万套，占全部成交的85%，全部成交中75%的交易是改善性刚需，也就是换房。而房地产界的大主体是经纪公司，基本所有的大公司都不存在吃差价等违规现象，社会之所以对经纪公司有刻板印象，是因为媒体对它的妖魔化报道。

21世纪不动产从2000年发展到现在，已进驻了全国42个城市，拥有1600家门店，超16000名经纪人，未来的目标是开到1万家门店，进驻中国100个城市。与其他房地产经纪公司的商业模式不同，21世纪不动产是一个创业平台，为创业者提供资源和支持服务，采用加盟门店，直营管理形式。

2010年，21世纪不动产登陆美国纽交所，成为首家在纽交所挂牌上市的经纪公司。伴随互联网技术的革新和二手房的崛起，21世纪不动产完成私有化，重回国内资本市场，大刀阔斧进行加盟模式的创新，2016年一年新增500多家门店，增长率达60%。目前，21世纪不动产正广泛推行房源共享系统，对互联网平台进行升级再造。

供稿：常文娟

北理工青年汇第 38 期沙龙

刘晓伟：消费升级背景下的新零售销售机遇

卷首语

葡萄美酒夜光杯，欲饮琵琶马上催。在一片欢声笑语当中，北理工青年汇的沙龙现场迎来了 90 级软件工程系刘晓伟校友和他特意为现场校友准备的美酒。在美酒的芬芳和零食水果的环绕下，现场的校友亲切地交谈着，同时也等待着刘师兄分享的沙龙讲座。

求学经历篇

刘师兄当年是保送至北京理工大学的，并且家中父亲和哥哥均是保送至北京著名高校，所以可谓是家学渊源。刘师兄听取当年的李校长的建议，进入了软件工程专业。回忆起当年学校学习的情景，刘师兄称那是一段非常快乐而充实的时光，同时也对日新月异的计算机科学产生许多感叹，90年代价值上万的"苹果机"、长城 0520 电脑、基于 BASIC 的操作系统，这些都是一代人宝贵的回忆。

职业经历篇

和飞速发展的计算机技术一样，刘师兄也在自己事业的道路上不停地探索与发展。从 1994 年毕业进入央企负责化工贸易，到如今成为歌德盈香等多个公司的董事长，刘师兄先后经历了央企的业务经理、贸易行业创业、投资公司总经理等多个阶段。现场有校友问道：为什么选择这些行业，并且都做出了耀眼的成绩？ 刘师兄坦言道：有时候不是你选择了生活，是生活选择了你。我们更要将手中的牌打好，不辜负于生活。

现如今，歌德盈香股份有限公司已经是酒类流通领域领头企业，拥有全球最大的葡萄酒电商——也买酒。同时还是国内规模领先的酒类实物基金管理公司，现已发行十余支陈年白酒亿元级基金。刘师兄用不到 4 年时间，打通了整个产业链和资本链。几十年的收藏老酒通过贸易业务、拍卖业务来做；十几年的存量名酒通过如京东收藏酒频道来做；而具有收藏价值的新酒则通过酒类投资基金、酒银行业务来布局。

新零售

刘师兄对酒行业在移动互联时代消费变化有着更深层次的思考。他认为，传统酒类流通模式是单向、节点式的链条结构，从经销商到零售店再到消费者，其核心点在于提供消费者需要的产品。而今在移动互联网时代和消费升级的背景下，仅仅提供快捷优质的产品还不够，要增加用户黏性，就必须满足消费者对服务和体验的需求。

结束语

三个小时似乎是难以置信的短暂，仿佛许多亲切的老友刚见面一样，大家还有许多睿智的思想、宝贵的经历和精彩的故事没有诉说。对于平易近人的师兄，大家都积极地提出问题，刘师兄也妙趣横生，生动形象地一一解答，将多年来的工作心得和行业信息交代给大家，为在座校友上了生动精彩的一课。

最后，感谢刘晓伟师兄一直以来对北理工青年校友会的大力支持，祝愿刘师兄在未来工作中取得更大的成就。

供稿：2011 级生物工程校友　朱汉

北理工青年汇第 39 期沙龙

"乐车邦"联合创始人卢五波：
不积跬步无以至千里

欢声笑语中，北理工青年汇第 39 期沙龙迎来了"乐车邦"联合创始人卢五波。

职业经历篇

卢五波，2005 年毕业于北京理工大学机械与车辆工程学院，并于 2013 年获得清华大学 MBA 硕士学位。本科毕业时，他凭借在北理工扎实的专业知识，一脚踏入汽车行业，先后担任北京吉普汽车有限公司的技术经理、北京奔驰汽车有限公司的战略与项目管理项目经理、劳斯莱斯汽车（中国）的大中华区售后区域经理、长久汽车经销商集团的运营管理部总监。

2015年他果断进入互联网行业，与同伴创立"乐车邦"——致力于整合4S店服务网络的售后电商交易平台，通过互联网化汽车售后模式，完全避免了传统汽修行业中低效、相互不信任、欺诈现象，既满足了车主对价格、品质、时效的终极要求，也让4S店得到了不断的订单，填补了空闲时段。乐车邦在2015年5月正式推出首款移动端产品，为用户提供接近综合维修厂价格的原厂、标准化维修与保养服务。并获得了红杉资本种子轮的投资，乐车邦在过去2年时间，先后获得均胜电子、博汇源、百度、车音网、淡马锡集团全资子公司祥峰、远翼投资，以及凯辉中法创新基金等资本的青睐，累积融资金额已超过5亿元。

个人成长——坚持中求变

本科毕业找工作时，卢五波一门心思找汽车行业的技术类工作。在几个Offer之间徘徊取舍后，他选择了北京吉普，留在车间，做了一名售后技术工作人员。从修车的一点一滴做起，他逐渐成长为销售市场部售后服务的技术经理。几年后，正是凭借扎实的一线技术积淀，他在北京奔驰的应聘中脱颖而出。

转到北京奔驰汽车有限公司，他担任战略与项目管理部的项目经理，工作重心由技术转向了管理。当他犹豫是否转向管理时，一名资深的汽车行业前辈告诉他："我一辈子干技术，技术专精，但去战略与项目管理部，会频频和各部门打交道，了解整个产业链，同时和管理层打交道很多，从技术走向管理。"前辈的一席话，点醒了卢五波，让他放平心态，不再坚持走技术路线，全身心投入具有挑战的管理工作中。

他在奔驰的上司是典型的工作狂和细节控，要求极其严苛，会细致到纠正文档里一个小小的细节处理。卢五波努力提升英语水平的同时，也逐渐在上司一丝不苟的要求下成长起来。四年时间里，经历了不少，救火队员的事情时时有。不过，付出越大，锻炼收获也越多，沟通协调、润滑关系等各种软技能都全面提升，尤其是在跟高管们的沟通中，慢慢理解并学会从他们的角度来思考问题。毫无疑问，这一步为后来的职业发展打下了坚实的基础。2012年6月，卢五波离开工作7年之久的北京奔驰，加入劳斯莱斯汽车（中国）担任大中华区售后区域经理，在将近两年的工作时间里，卢五波不但了解了整个劳斯莱斯的区域运营及管理，在工作之余，还全面了解了宝马的区域体系化运营，在走访劳斯莱斯4S店之余，卢五波还时不时走访宝马4S店，把宝马体系精细化的运营引入劳斯莱斯的管理，同时，自己也在这个过程中学习到更多4S店运营管理的体系。2013年年底，卢五波收到了来自长久汽车经销商集团的邀约，出任运营管理部总监，从经销商集团层面了解和熟悉4S店运营管理体系，参与和制定了近170个4S店体系化运营管理的流程和方案。在朋友集会时，卢五波经常提及，没有在北京奔驰战略与项目管理的历练，他做不了长久汽车经销商集团运营管理部的工作，没有在长久经销商集团的锻炼，他不可能走出创业这一步。

回想整个职业发展历程，其中以下体会比较深刻：

第一，一定了解自己的优势；

第二，跟随公司主流发展；

第三，看清未来趋势；

第四，跟对一个合适的领导或搭档。

创业之路——脚踏实地无捷径

卢五波感慨："本来汽车行业职业发展一般是两条线：一是生产技术，二是销售市场。我比较特别，两条线都跨了。"

2015年，曾经的老朋友老领导拉卢五波一同走上了创业之路。短短两年时间，"乐车邦"发展迅猛，大量资本追逐，创业团队稳步扩充。创业路上的艰辛不必多说，卢五波与大家分享了几点深刻感悟。

创业第一重要的是：找方向。

在很多人看来，汽车行业没有创业的机会：要么技术导向型，要么资金密集型，这都不是一般创业者能承担得起的。当初，一起分析汽车行业哪个环节能下手，逐一分析下来，找到了售后服务的环节。"人们可以不买车，但是要用车。该环节利润较高，相对高频，又存在专业性盲区，符合网购人群特征，还有一些待解决的痛点。"卢五波说。

创业第二重要的是：合作伙伴。

合伙人的重要性不言而喻。"创业的人跟老婆或者女朋友待的时间，恐怕都没有跟合伙人待的时间长。"卢五波笑道，"因此，一定要知根知底，大家对公司未来的规划，以及价值观要一致。最后还要优势互补。"

组建团队也是创业的重头戏。

组建团队时，主要看候选人是否有成功的经历和背景，这些成功的经历实现的格局和落地细节，以及充分的背景调查。

最终，高标准的苦心坚持没有白费，"乐车邦"团队的优秀和稳定性在创业公司里屈指可数。

结束语

毕业十二年，卢五波从基层技术人员，到项目经理，再到运营总监，最后组建团队创业，环环相扣，每一步付出都为后一步的成功奠定了坚实的基础。这正应了一句古话："不积跬步，无以至千里；不积小流，无以成江海。"

最后，感谢卢五波师兄一直以来对北理工青年校友会的大力支持，祝愿卢师兄在未来工作中取得更大的成就。

供稿：2001级电子工程系校友　余彦

北理工青年汇第 40 期沙龙

张楠：每一次挑战，都是寻找更好的自我

提起 96 级张楠师兄，那可是在理工大学学生工作领域无人不知晓的明星，可以用"身经百战，出类拔萃"来形容。2017 年 7 月 29 日，他应邀来到北理工青年汇第 40 期沙龙活动，与大家分享精彩的成长经历和心灵感悟。

理工大学——梦想起航

每个人都渴望实现自我价值，而有些人在学生时代就已经展现非凡的才华，锋芒毕露。1996 年，张楠师兄考入北京理工大学飞行器制造与设计专业。由于家庭原因，他从小耳濡目染，也极富艺术天分，一入校，他就吸引了老师们的关注。艺术特长加上热心负责、踏实勤奋的工作态度，还有似乎与生俱来的领导气质，很快他就脱颖而出成为机电工程学院学生会副主席，进而被选拔为校学生会主席。担任校学生会主席期间，他组织过无数学生活动，但印象最深刻的就是 1999 年组织同学们去美国大使馆抗议游行。5 月 8 日清晨，以美国为首的北约悍然使用导弹袭击了中国驻南联盟大使馆，造成我国三位同胞牺牲。当时，整个北京的高校学生都群情激愤，而北理工的同学们也想用实际行动表达愤怒和抗议。为保证大家的安全，学校安排大家 5 月 9 日早上统一行动。在 5 月 8 日当晚，张楠师兄一夜未眠，带领校学生会和各学院学生会的干部，深入每一个院系、每一个班级、每一间学生宿舍做安抚和引导工作，注意每一处可能存在的隐患，

保证学生安全平稳地待在学校内,并且带领学生干部们详细地规划第二天的活动方案。5月9日一早,誓师大会在学校东操场隆重举行,4200多名同学在张楠师兄的带领下浩浩荡荡地走出了校门。由于是第一次大规模行动,他们做了多种应变措施。为保证每个学院的院旗始终紧跟队伍、保持队形,张楠师兄要求扛旗的一定是各院的学生会主席。而他走在队伍的第一排正中间带领同学们高呼口号,保持游行队伍的秩序和安全,随时观察和处理各种情况,随时向校领导请示报告。经过四个多小时的步行,队伍到达了美国大使馆,同学们用一句句的口号和标语,表达了理工学子的爱国热情和对美国霸权主义的强烈谴责。返回学校已经是下午四五点钟,整个游行抗议活动安全顺利地结束了,张楠师兄也从中收获了校领导的认可和同学们的支持。他笑称自己的"气质"其实是摔跟头摔出来的,吃亏吃出来的。担任校学生会主席虽然给自己创造了更大的平台和更多的机遇,但其实也是在一个非常年轻幼稚的情况下被摆在了一个相对高的位置,很容易迷失自我,容易犯错误、走弯路。

毕业后,张楠师兄留校担任校团委干事,继续在学生工作岗位上历练和奉献。2000年,学校首次组织同学们到宣化炮兵学院军训,张楠师兄作为刚参加工作的年轻干部,就成功组织了军训的大合唱并担任指挥。2001年世界大学生运动会在北京召开,张楠师兄负责组织北理工的同学担任志愿者。大运会被视为2008年北京奥运会的预演,各级领导也高度重视此次活动的组织工作,而张楠师兄面临领导带队出访和学生暑期放假两方面困难。但是他把困难当作自己的机遇,以此来加速成长过程,独立面对解决。他多次直接向杨宾副书记直接汇报工作进展,协调各学院副书记稳妥做好学生思想工作,而担任校学生会主席时积累的人脉和经验也成为他的强劲助力。在他的不懈努力下,同学们克服了考研复习的困难,放弃了假期休息,全身心地投入并圆满完成了大运会的志愿服务工作。通过这项工作他也深刻体会到:所有领导,特别是级别比较高的领导,关注的都是工作本身的质量,在工作中也都对事不对人。工作中与比自己层级高的领导接触时,要摆正心态,把精力集中在工作本身,从对工作有利的角度出发思考问题,就能把工作做好。

在工作中,张楠师兄也并非一路顺风顺水,但他总是能把挫折变为重新出发的起点,迎难而上,再创辉煌。2006年年初,学校开展岗位调整和竞聘,在这次调整中,由于原工作岗位被取消,他也从竞聘前的正科级,变成了待岗人员,而当时却有比他年龄小、资历浅的同志提拔为副处长。此时的他并没有怨天尤人、消极懈怠,而是调整心态、继续努力,相信组织不会亏待任何一位踏实负责、积极进取的同志。之后,他被调到珠海学院负责团委学生工作。在珠海学院他一如既往地保持了热情和干劲,做了许多开拓性和建设性的工作,特别是参与筹备完成了珠海学院第一届党员代表大会。再后来,他后来居上,29岁提拔为副处级、32岁提拔为正处级。然而,职级的提升对于张楠师兄来说并不是自满的基础,而是重新出发的新起点,不断用新的要求来提高自己,用新的挑战来磨炼自己。

青年工作——磨砺淬炼

2007年,张楠师兄离开了高校系统就任共青团北京市宣武区(今为西城区)委副书记,开始了新的征程。由于在理工大学工作期间就已经具备了国际大型赛事活动的组织运营经验,2008年北京奥运会期间他被委以重任,负责奥运交通运行及城市运行的两项志愿者服务工作。城市志愿服务工作平凡而琐碎,不像赛会志愿服务那样"近水楼台"接触奥运,但是张楠师兄带领志愿者们在一个半月的时间里,废寝忘食,夙夜在公,亲手搭建起一个个"蓝立方"志愿者服务活动平台。从宣传奥运到信息咨询,从语言翻译到应急服务,历经烈日炙烤、酷暑桑拿,一直到残奥会后的秋风乍起,他带领志愿者们用最真诚、最灿烂的微笑向大家传递着帮助和关爱。特别令人感动的是奥运会闭幕前夜,张楠师兄意外受伤造成左腿粉碎性骨折,然而仅仅14天后他就坚持回到了工作岗位,坐着轮椅参与残奥会的志愿服务组织工作。这种顽强拼搏、牺牲奉献的精神也令我们由衷地钦佩和叹服!

2009年张楠师兄又迎来了人生中的一次全新的挑战——担任国庆60周年群众游行13方阵执行指挥,以及载有时任最高领导人画像的彩车指挥长。这辆彩车在整个活动中的特殊重要地位不言而喻,而由于这辆车的特殊性,导致车子绝无被备用车替代的可能,必须保证绝对不出任何问题。他所带领的这个团队中有来自不同行业的成员,比如来自部队的副车长、负责驾驶车辆的司机、负责车体装饰的广告公司人员、汽车生产厂家的维修保障人员、推车的工作人员等,还要与彩车指挥部随时保持联系上传下达要求。国庆阅兵的规格档次之高、活动场面之大、训练要求之严、安全防范之慎远超我们普通人的想象，这辆彩车又是整个活动中的重中之重。而第一次担任国家级庆典活动的张楠师兄，正是凭着对工作的高度负责、对事业的拼搏奉献、敏锐的防范意识、日常工作的积累、不断思考的灵感甚至是下意识的工作习惯，圆满地完成了彩车的演练和后勤保障工作，从此也与大型广场活动结下不解之缘。

从2009年到2016年期间，每一次天安门广场的活动几乎都有他的身影，而且许多工作都是在他就任团市委事业部部长之后完成的。从国庆60周年阅兵到每年的烈士纪念日向人民英雄纪念碑献花活动，还有"抗战胜利70周年纪念大会和阅兵仪式"，他都在不同的岗位上扮演着不同的角色，但相同的是他的全情投入和刻苦努力都为整个活动的圆满成功做出了最大的支撑。2013年10月1日是"党和国家领导人向人民英雄纪念碑敬献花篮"首次举行，张楠师兄担任仪式总协调员，而不巧的是天气预报当天有大雨。9月29日晚上级要求立即准备4500件透明无商标的雨衣，同时要求9月30日10点之前必须准备到位。只有短短24小时必须快速响应，而整个北京市找到的符合要求的雨衣数量远远不够。在这时候张楠师兄又迸发出了工作的灵感，他从"什么样的人需要用雨衣、手中有雨衣"这个源头倒推，又凭借自己多年的资源积累联系到了一家夏令营公司的负责人，进而直接与扬州的供应商取得联系，当天按照要求的数量并且保证质量地将符合要求的雨衣运抵天安门广场。通过举办大型活动他也体会到，要善于团结各个不同层次的人才能众人划桨开大船，齐心协力完成一个又一个艰巨的任务。

在完成一系列国家级的大型庆典工作任务中，张楠师兄与国家领导和北京市的领导直接接触，亲眼看见了他们的工作方法和作风，亲耳聆听了他们的指示，这又是一笔巨大的精神财富。张楠师兄告诉校友们他所见到的高级领导，工作中都是无比细致、亲力亲为、平易近人、诙谐幽默，而对待同志们也总是嘘寒问暖、亲切关怀。在这些活动中他也更加真切地体会到了党和国家的强大，感受到了相信组织和依靠组织的踏实，感受到了领导们的率先垂范和群众的勤劳智慧。在工作中他也完成了对自己的淬炼和提升，树立了更加清晰的目标，把个人理想的实现融进事业的发展进步，把"办大事、办好事"作为职业生涯的奋斗方向。

志愿服务——飞跃升华

2011年，张楠师兄就任北京市志愿服务指导中心副主任。在新的岗位上他不断创新进取、拓展思路、改进方式，制定并启动了全市志愿者实名制注册管理制度的推广运行工作，创建了10个市级志愿者服务示范项目，有效地搭建了全市应急志愿服务体系。通过这些工作最终引领整个社会，将"志愿服务"作为一种时尚。上任之初他把"蓝立方"引入了毛主席纪念堂，在"为主席站岗、为人民服务"这句誓词的鼓舞下志愿者每天清晨六点到岗服务至十二点半，提供人流疏导、信息咨询、语言翻译、扶弱助残、团队预约、简单应急等服务，将毛主席纪念堂志愿服务项目打造成为首都志愿服务的示范项目、青少年理想信念教育的重要阵地、首都青年志愿者风采的展示窗口。他搭建的市级志愿项目"青春伴夕阳"助老志愿服务，一直是北京志愿者重要的服务内容之一，招募选拔优秀青年志愿者组织和志愿者与辖区内各级各类养老服务机构"结对"，进行结对服务并形成长期有效帮扶；他主导的"志愿北京之蓝天行动"以全市高校与125所农民工子弟学校"结对"为重点，为农民工子女的健康成长优化环境、创造条件，帮助他们更快、更好地融入首都生活。

2012年7月21日，北京及其周边地区遭遇61年来最强暴雨及洪涝灾害，张楠师兄第一时间组织志愿者进驻全市重灾区——房山区周口店一带，组织开展救援抢险工作。2013年4月20日早8点四川芦山发生了7.0级地震，当时张楠师兄正在海淀公园组织突发事件应急救援演练，灾情就是命令，他立即带领北京应急志愿者总队11名专业志愿者携带铱星电话、红外夜视仪、生命探测仪等20余件专业救援设备，于21日凌晨2：10抵达灾区芦山县展开救援工作。经过舟车劳顿又徒步行走15个小时，终于到达了距离震中仅有5公里的太平镇下坪村，作为第一支且是唯一一支到此的救援队开始工作并救出了227名群众。紧急救治、转移伤员、安置灾民、提供物资，这些工作已经非常艰巨繁重，而且还时刻面临余震和山体滑坡的威胁，更是用生命在参与救援。有一次遇到6.7级余震，张楠师兄在睡梦中被一位志愿者从车上拖了出来，"捡回了一条命"；还有一次，救援队进山的路上发生了塌方，兄弟救援队发生了伤亡，而这次塌方仅仅发生在张楠师兄所在车队经过半小时之后，真可谓死里逃生。在经过了自然灾害的生死考验、艰苦危险的救助工作以及见过了灾区群众的家破人亡后，他体会了救援工作的自豪与无助、累到极限时的难以入眠，更是用实际行动诠释了"生命高于一切，志愿救在身边"的应急志愿服务理念。

经济工作——新的挑战

2013年张楠师兄就任团市委事业部部长，全面负责全市共青团兴办实体和自筹经费工作的政策研究和规划指导，指导全市共青团活动场所的建设，负责团市委系统各直属企业事业单位及全市青年创新创业工作。2015年他组织的"首都青年创新创业大赛"股权融资规模达到人民币13亿。通过在团市委事业部的工作，他也完成了从青年工作、志愿服务工作到经济工作的一次转型，个人的职业生涯也再次迎来新的飞跃。

2016年年底，张楠师兄就任北京青年报社副社长兼北京青年旅行社股份有限公司董事长。在上任后的短短半年内完成了对传统国企的转型升级、资产重组、融资发债等一系列重要举措，使一家拥有33年历史的企业重新焕发了生机。张楠师兄笑称北青旅很像《人民的名义》里的"大风厂"，是一个老牌国企但是缺乏活力，而领导派他到这里工作也是为了让他把改革创新的精神带到这里，让老树开出新花再次迎来春天。目前张楠师兄已经带领北青旅解决了一系列历史遗留问题，接下来将会开上"快车道"，完成并购、建设、投资、合作等项目，注入更加高效的市场化资本力量，盘活国有资产开展战略投资。他说现在的线上旅游产品大多数都是标准化、模式化，容易导致参团游不尽兴、自由行太辛苦，互联网的旅游产品"靠流量"的时代已经过去，而"个人旅游"的"私人订制"是自由行的个性化，能够提供更加符合客户需求的服务，而这种形式显然是门店的面对面服务更有优势，也预示着了旅游服务将从线上回归线下，从网络回归传统。

人生感悟——三条原则

张楠师兄非常谦虚，他一再表示自己并没有太多的"心灵鸡汤"可以分享给大家，因为他始终认为自己还处于干事创业的时期，远远没有到"感悟人生"的阶段。不过他也给大家分享了几条经验：

一是因势利导原则。也就是工作中"想清楚、搞明白"，胸怀大局、把握大势、着眼大事，找准工作切入点和着力点，做到因势而谋、应势而动、顺势而为。

二是方向永远比速度更重要。每个人的职业生涯主线都不同，而选择真正适合自己的、真正热爱的事业，并且锲而不舍地为之努力，相信总有一天你必然会达到目标。

三是做任何事情低起慢热。不要立刻给自己制定过高的目标，不要盲目追求刚开始的速度，给自己留下熟悉工作的空间，也给工作留下缓冲转圜的余地。

此外，张楠师兄还给我们透露了一点校友"福利"：未来持理工大学校友卡在北青旅消费，将会享受校友的特别折扣！我们也相信，北京青年旅行社将会在张楠师兄的带领下乘风破浪，鼎力创新，期待着每一位北理工校友都享受到北青旅的优质服务，并引以为豪的那一天！

最后，感谢张楠师兄分享了自己充满挑战、激动人心的成长之路，一路走来不忘初心，祝愿张楠师兄在未来事业中取得更辉煌的成就。

供稿：管理与经济学院 2000 级校友　张涪涪

北理工青年汇第 41 期沙龙

刘峰：军民融合在路上

2017 年 9 月 10 日，北理工青年汇举办了以"军民融合"为主题的第 41 期校友沙龙活动，有幸邀请到 95 级校友刘峰、97 级校友吕盛、09 级校友史晓刚三位高科技公司 CEO，以及 93 级校友华澍资本创始人孙国富博士作为点评嘉宾，对军民融合这个热点话题展开了讨论。

活动前半部分，刘峰、吕盛和史晓刚三位校友以学习工作经历为基础，结合公司发展情况，重点介绍了目前工作中军民融合方面的思考与实践。

刘峰校友，95 年入读北京理工大学信号与信息处理专业，博士研究生学历。现任雷科防务科技股份有限公司总经理、北京理工大学雷达技术研究所副所长。理工雷科是以毛二可院士创新团队为基础，推动科研成果的产业化发展所诞生的混合所有制高科技企业。在学校的大力支持下，2015 年理工雷科完成与常发股份的并购重组并更名为雷科防务，同年 4 月成功登录深圳中小板，2016 年税后产值达 3.38 亿元，成为高校科研成果向市场转化的标杆型企业。理工雷科现致力于雷达系统、空天遥感、卫星导航、数字系统、模拟仿真等产品的研发和生产。

刘峰校友以公司的反无人机案例讲述了军工技术在民用领域的发展机会，同时还列举了机场跑道检测解决方案、高精度形变检测解决方案在民用领域的成果。今年 8 月 28 日贵州毕节市纳雍县张家湾镇普洒社区发生 60 万立方米重大山体崩塌地质灾害，理工雷科"勇士"救援队，携带虎眼 AB21 型地质形变监测雷达系统第一时间赶到滑坡现场，在救援工作中发挥了重要作用，保障了人民生命财产安全。刘峰校友表示，在"军民融合"的发展道路上，除了对企业效益的追求，更多的是一份家国情怀的体现。

吕盛校友从初创公司的角度，介绍了理工全盛科技的创建思路，以及在军民融合大背景下公司的产品发展路径。理工全盛科技由两名理工校友创立，公司取名"理工全盛"彰显了对母校的殷殷情谊。理工全盛专注于反无人机系统的研制和开发，具有自主知识产权的反无人机系统，通过声、光、电多种侦测技术融合，利用大数据、云计算和机器学习技术形成远近结合的低空防御系统，可对低空无人机进行有效侦测、识别、跟踪和管控。吕盛校友将这套系统主要定位于民用，重点服务政府部门与大公司，将会在监狱、机场、会议场馆等地进行铺设，做低空安全的守卫者。目前公司已经收到第一批订单，并正在积极筹备融资。吕盛校友相信，随着未来技术的发展，反无人机系统在军方市场也会有广阔的前景。

史晓刚校友作为最年轻的嘉宾，跟我们分享了枭龙科技与军民融合的关系。从小就对科技、军工感兴趣的他从高中就接触了各种各样的科技创新大赛，并取得骄人成绩。2013年毕业后，史晓刚校友入职华为技术有限公司。两年后创立北京枭龙科技有限公司，专注于AR设备的研发，开始了自己的创业之路。

史晓刚校友结合公司产品发展的三个阶段探讨对军民融合的看法，他认为AR相对于VR会更加普及，具有更多的应用场景。公司第一代产品和第二代产品从民用出发，适用于运动人群和工业巡检等场景；第三代则从军用出发，利用AR技术，解决陆军单兵作战接收信息时，无法解放双手而产生的用户体验不足和危险性的问题。第三代产品还会根据军队的需求不断改进，实现实时分析处理，拓展新功能。在谈及军民两类产品的研发差异时，史晓刚校友认为它们的设计思路是完全不同的，民用更趋向于大众化，不会为了满足个别用户而改变产品，而军用则趋向于专业化、定制化。

活动后半部分，刘峰校友精心准备了军民融合大趋势下对校友公司发展的系列建议，现场嘉宾和到场观众进行了热烈的互动。

刘峰校友就军民融合的讨论从抓住机遇、应对挑战、谋划发展和做大做强四个方面进行了分享：

一、抓住机遇

刘峰校友认为当前正是军民融合的大好时机，国家政策体现了前所未有的开放性，民营企业有更多的机会献身国防。但在机遇来临的情况下，刘峰校友也指出机会越多越要冷静，不要盲目跟风，而要根据自身的能力来确定怎样去抓住机遇。

二、应对挑战

刘峰校友认为军改中政策的不确定性会对企业造成不小的压力，很多项目都无法快速启动，回款周期长，企业的资金压力巨大。面对这些挑战，应该充分考虑公司综合实力和军方的需求等因素来做好相应的准备。

三、谋划发展

刘峰校友认为传统军方需求主要是项目制，而企业的发展更应该以产品为基础，只有把自己的产品做好、做实才能更好地投身军民融合，更好地把控未来发展的方向，因此关注军民融合的企业要在适当时机，尽快从做项目向做产品转型。

四、做大做强

刘峰校友认为要想做大做强，应该充分考虑军工市场的局限性。同时放眼未来，不仅仅在军工市场谋求发展，还要进军更大的市场，通过立足军工，服务社会，实现真正的军民融合，企业进一步做大做强。

北理工青年汇第 42 期沙龙

分享智慧·助力成长——北理工青年校友会印迹

银海：信息工程学院的精酿啤酒大师

导读

"人无啤不可交也"，在精酿啤酒与美食的陪伴下，本期沙龙的嘉宾 99 级校友——银海，为校友们带来他的故事。从知名外企顶级芯片设计专家到北京牛啤堂创始人，银海是中国最早一批精酿啤酒发烧友和精酿从业人员，北京自酿啤酒协会发起人，北京家酿啤酒节、中国极限啤酒节发起人，国内历届自酿啤酒比赛裁判，多家啤酒网站、啤酒杂志特约撰稿人。

精酿啤酒的现状、发展和未来

银海从"酒"谈起精酿啤酒的起源和发展。提及啤酒，几乎所有人都有所了解，国人最熟悉的莫过于工业化生产的"大绿棒子"。

现今精酿啤酒的风靡是源于 40 年前欧美掀起的精酿文化浪潮，全世界过去几十年间在美国人的带领下搞起来大批量的小规模酿酒坊，各式各样的精酿啤酒开始席卷全球。小批量多样性的精酿啤酒，越来越好玩，总有一款适合你。

精酿啤酒之中，各种麦子、不同的处理方式、数百种啤酒花，带来了各种风格的啤酒，而且精酿啤酒的乐趣还在于可以根据自己的喜好添加各种调料。

103

比如牛啤堂的一款生蚝啤酒，真的添加了生蚝；各种瓜果梨桃，甚至调味剂、中草药都可以加入酿造过程之中，形成自己的独特风味。世界上只可能有你想不到的精酿啤酒，没有喝不到的口味。

内心喜爱：伴随青春的酒

一提起酒，银海似乎有说不完的话，他自称"酒鬼"，调侃自己从小"酗酒"长大。银海总结自己大学四年的课余娱乐生活主要是两件事：喝酒和踢足球。他这样回忆道：1999年的大学，没有网络，没有娱乐，而那时男生的娱乐就是喝酒踢足球，喝酒释放压力，正是"烹羊宰牛且为乐，会须一饮三百杯"。

银海的青春没有离开酒，没有离开自己的喜爱，因此从高级模拟集成电路研发工程师转型酿酒师，是一种自然而然的转型，是追求自己喜欢的生活。

校友们问道：这样差别甚大的改变，必定会面对转型的艰难吧？其实对于银海而言，这是他的一次涅槃重生，谁说化茧成蝶没有痛苦，但是放弃当下安逸的生活，追求自己内心喜爱，是一种美好。每个人或许需要这样的改变，需要不断追寻自己独特的人生，没有人规定你的生命，要打破条条框框享受不一样的人生。

北理工带来严谨的工科思维和治学态度，深深烙印在银海的身上，无论设计芯片还是酿啤酒，都要求有严谨的态度和独特的自我视角。

文化多样：接触精酿啤酒

喝酒喝到怀疑人生，说的就是精酿啤酒！银海从小尝遍百酒，并不喜欢千篇一律的工业啤酒。由于工作原因2007年开始经常到爱尔兰出差，偶然品尝到精酿啤酒，银海坦言精酿啤酒的美妙让他怀疑以前的酒白喝了。对于我们而言，啤酒除了哈啤、青岛、燕京等就不曾知晓其他，银海认为，啤酒的工业化生产遏制了啤酒文化的繁衍和发展。

在如今生存压力很大的社会下，人们已经离不开酒，之所以人们看轻啤酒，是因为我们没有真正地了解啤酒文化。精酿啤酒起源于美国，最早是啤酒爱好者自己做自己喜欢的啤酒，如同烧菜，没有固定的材料，没有固定的方法，没有固定的场地，这种灵活孕育了独特的啤酒文化。精酿啤酒的兴起，伴随着啤酒文化的多元化。

提起啤酒，我们会觉得欧洲啤酒最好喝，因为欧洲有自己的啤酒文化，例如德国慕尼黑啤酒节吸引世界各地人们去品尝德国啤酒。传统啤酒世界，最著名的有英式啤酒、德式啤酒、比利时啤酒等，而如今的新世界啤酒依然丰富多彩，不胜枚举。从接触精酿啤酒到开店至今，短短几年时间，精酿啤酒行业如同异军突起，尤其在北京不断壮大起来。银海评价说，北京现在啤酒文化远远领先国内的其他特大城市，其精酿啤酒的多样性和品质也可以与慕尼黑这样啤酒文化深远的城市相媲美。每天都有精酿啤酒的爱好者怀着朝圣的心态来到北京，就为了在北京城享受精酿啤酒和啤酒文化。拥有这样的优异成绩，其中不可或缺银海和他的小伙伴们的一份努力。从2012年开始，银海开始利用微博号召精酿啤酒爱好者开展聚会沙龙、评判赏鉴、比赛等活动，而后演变为自己的独特品牌——牛啤堂。

没有不喜欢喝啤酒的人，只是你没有遇到自己喜欢喝的那一杯啤酒而已。精酿啤酒之所以能够在国家严格管理体制和国内各大工业产酒行业垄断的夹缝中生机勃勃地发展起来，究其根本，是因为消费者愿意接受多样化的啤酒文化。

理工思维：陪伴创业的酒

银海把创业娓娓阐释，没有突发奇想，没有盲目从众，只是做自己想做的事，喝自己喜欢的酒。回顾转型之路，他不认为是件难事，因为作为一名理工男，无论遇到怎样的问题，只需把它看作一个亟待解决的工程问题，考虑如何分析问题，如何设计最优方案，如何得到数据分析数据，如何反馈信息，等等。不论在哪一个行业，遇到问题就解决，对集成电路和芯片是这样，对于精酿酒同样也如此。

提到了牛啤堂，银海也绘声绘色地描述了一下他的小伙伴BT的Partner，先后十余次从不同的地方骑行至西藏拉萨，自己喝出了一座8000余只不重样的啤酒瓶博物馆……就是与这样一位志同道合的疯狂小伙伴在一次线下活动之中一拍即合，"都这么喜欢啤酒，搞呗"，牛啤堂在2013年诞生了——北京城最早的自有精酿品牌之一。

牛啤堂搞起来了，精酿啤酒的文化推广也就正式拉开了大幕，聚会、沙龙、微博、写书、组织比赛，等等。当然创业之中弯路也是不可避免的，其中发出的红包、贡献的啤酒不计其数……但是真性情、会"自嗨"的银海，总是可以从精酿啤酒之中恢复过来。酒精本身就具备可以舒缓神经的效果，银海自嘲地说酒吧创业者很幸福，不论今天如何，明天总会从"醉生梦死"之中醒来抖擞精神继续"嗨"起来。

做精酿吧必须有自己独特的、与众不同的地方，地段、装修、服务、推广、文化等，最重要的是你要热爱这个行业，内心接纳精酿啤酒文化。从大环境来讲，精酿啤酒目前处在高速增长阶段，目前中国庞大的市场之中，精酿啤酒也恰巧搭上了消费升级的顺风车。

牛啤堂　牛啤经　NB 精酿

银海在 2016 年出版《牛啤经：精酿啤酒终极宝典》，被誉为精酿啤酒爱好者、发烧友、精酿啤酒从业人员必读的知识文化普及书。这是中国大陆首部专业人士所著精酿啤酒入门书，中国各大精酿啤酒专业媒体鼎力推荐。在他眼里，世界上的精酿啤酒浪潮，本质上是一场文化运动，代表着创新、反传统和一种生活状态的诉求，银海正致力于精酿啤酒文化的建设和传播，这是一场文化运动。

古有"人无癖不可与交"，今有"人无啤不可交"。青年汇校友们在牛啤堂里听着牛啤经畅饮 NB 精酿，感谢银海为理工校友们带来的精酿啤酒文化体验，也祝愿银海校友的牛啤堂越来越 NB！

北理工青年汇第 43 期沙龙

杨阳：理工向金融的华丽转身

作为理工向金融华丽转身的代表，杨阳校友在回国后创立了上海寰擎信息科技有限公司。该公司是一家专注于债券及同业市场的金融科技公司，旗下主要有 DM 等平台，DM 平台是全国首家实现交易员点对点报价的资金资产报价平台，主要依托大数据解析技术以及人工智能匹配，提高场外交易效率。

2007 年，杨阳进入彭博工作，开始接触金融科技，后被派任伦敦任大投行业务负责人；2012 年，他被任命为中国的固定收益业务拓展负责人，回国以后，杨阳逐渐认识到中国缺少类似彭博这样专注于债券及同业市场的公司。同时这样一家公司又必须具备三个特色：第一，必须是非常市场化的机构；第二，具备一定的国际化视野；第三，具有中国的本土特色。于是，2013 年他离开了彭博，几经周转之后开始了自己的创业历程！

筚路蓝缕

创业伊始，杨阳校友与一位年近六十的美国技术专家合作，然而这位外国友人此时已步入高龄，成长背景的不同以及年龄上的巨大差别造成的价值观差异，让两人的合作龃龉不断。杨阳校友回忆道，合伙人追求快速变现，而他自己则是更注重公司的长远发展，再加上股份五五分造成公司没有一方有绝对话语权，两人的矛盾日益加剧，合伙人最终与杨阳分道扬镳，甚至请外国律师向杨阳提出索赔。虽然最终杨阳校友解决了问题，但回忆往事，仍感叹创业过程的不易。

以启山林

杨阳校友分享天使融资的经验时，他回忆投资人主要通过逻辑验证项目，主要看逻辑链是否合理，还要看团队构成是怎么样的，团队的背景非常重要。杨阳校友还建议天使轮融资时，给出去的股份比例不宜过高。杨阳校友继续分享了后续融资遇到的问题：拿美元还是人民币？杨阳觉得自己的公司一定要在国内上市。如果中国公司去美国市场上市，首先要被打折扣，第一个折扣是美国资本市场的PE就比国内较低，然后中国的企业去客场作战，又打一个折扣，会降低收益；此外，国外投资者对中国公司敏感度非常高，如有负面消息会迅速发酵。

栉风沐雨

杨阳校友谈到国家吸引外资购买中国资产的大背景，他分析，如果人民币资产没有被国际投资者普遍接受，人民币就永远谈不上国际化，只要中国的资产没办法推向全世界，人民币就很难国际化，外汇的自由兑换就无从谈起，不能自由兑换，老百姓出去的钱总是不够。当谈到当下国内企业面临的融资难题，他指出，银行的钱越来越少，是因为监管机构要求银行去杠杆，在这样的大背景下，民营企业未来两三年融资将非常困难，很多优秀的民营企业融资困难，他们的债券发行就会推迟或弃发。这个情况是我们国内很多企业需要面对的，也是金融服务公司的机会。

砥砺前行

杨阳校友对比了国内外债券市场，他相信国内债券市场有很大的发展空间。例如美国国债除了传统的一、二级市场，还有预售市场等其他几种重要的补充市场；同时，彭博对于活跃美国国债市场、提高市场流动性等发挥了积极而重要的作用。随后他感慨，要打破交易中沟通的限制，让交易员更专注于交易本身，通过精简化信息处理，将交易变得更加轻松简单。

杨阳校友的种种追求，也是上海寰擎信息科技有限公司的使命：基于对金融市场大数据的深度挖掘，为各类型同业机构搭建一个透明、专业、开放的报价信息交流平台。

> 北理工青年汇第 44 期沙龙

张博涵：如何把想法变成商业化产品

2017 年 11 月 26 日，北理工青年汇第 44 期沙龙如期举办。本期沙龙嘉宾为 09 级管经学院校友张博涵，作为视感科技的创始人，同时也是福布斯亚洲 30 UNDER 30 榜单的入选者。本期沙龙，张博涵与校友们坦诚地分享创业的心路历程，令在场校友为之动容。

直觉如何被验证？

当有一个好想法时，是否去实施？直觉主要由三个维度来验证：产品与自我、时代土壤和时代特征的匹配度。

——产品与自我的匹配度主要由创始人的人格、性格和能力决定；

——时代土壤是指当前经济、政治、文化等状况为我们提供的机会，例如视感科技目前的成功就是建立在 4G 网络、电商平台、智能手机、移动支付技术和物流服务的发展基础上的；

——当今的时代特征主要是"短平快"的商业氛围、颜值经济和注意力经济。

如何挑选合伙人？

首先，合伙人需要对彼此有发自灵魂的人格欣赏和能力互补，但"合伙"不是"合人"，也不是"合事"，而是在合规则，一套帮助公司成长的规则。

其次，合伙人机制的内核是股权的设计，股权分配的本质，在合伙初期偏重效率，后期则偏重稳定。

产品如何落地？

张博涵校友谈道，产品一定要有 MVP，初期 MVP 无须精致，只需达意。回忆曾经的融资过程，张博涵校友感叹好的最小可行性产品，强于 PPT。当对方拿起智能吉他，轻松弹唱，便更能理解 Poputar 的理念。

融资逻辑是什么？

在资本市场中一定要了解游戏规则，了解基金的投资逻辑，既要有战略思维又要有被战略思维。融资和业绩是公司上升的两驾马车，通过融资加速业务的优势积累，并以此为基础促成下一轮融资，再以融资促成下一轮业务优势，实现公司的稳步上升态势，两只手必须协调发力，不能偏废。

品牌如何成长？

品牌运营本质上是信号学的实践。品牌是标签，塑造品牌就像钉钉子，需要通过一次次的关键合作和价值展示来敲打和磨炼，直至将品牌深深地扎根于消费者心中。

如何在市场上找到破局点？

这需要精准判断时代和经济周期并且加以把握，同时需要找到代表新生势能的合作方，建立相应的合作渠道。

如何在创业过程中保持健康心态？

创业就是渡劫，如何在创业过程中保持健康心态？在团队的压强、产品迭代的影响和激烈的市场竞争中，创始人必须控制自己的情绪，才能在创业这条路上走得更远。切记唯一不变的就是变！

北理工青年汇第 45 期沙龙

曲敬东：从一无所有到纵横商界
——一名北理人的激荡三十年

青年汇 2018 年开场活动，迎来了大家翘首以盼的 83 级计算机专业校友——曲敬东。他在 20 世纪 80 年代就进入中关村创业，曾是三星最年轻的中国籍高管，也是最早进行跨国投资的中国人之一。

在主持人孙达飞幽默风趣的介绍中，曲敬东校友将自己过去 30 年的人生经历娓娓道来，现场近 100 名听众全神贯注，唯恐漏听了精华内容。

学习的十年——选择改变人生

1987 年大学毕业后，曲敬东被分配到 201 坦克研究所。这份工作外人看来清闲安逸，在初出茅庐的曲敬东眼里却度日如年。从身边的领导和老员工身上他似乎看到自己未来的样子。他始终有种感觉：这里不属于我！6 个月后他离开了 201 所，成为所里第一个走出去的军工人！

这个选择改变了曲敬东一生的命运，从此天高海阔。

直到现在曲敬东坚定地认为：一定要找到适合自己的道路，做自己喜欢的事业。这样当你在事业道路上遇到困难时，对事业的热爱才会帮你扛过压力。

从 201 所出来后，曲敬东身无分文，栖身在永定路哥哥宿舍的一个床位上。没有工作，就从众进入了中关村做"倒爷"——卖电脑，很快便淘到了自己的"第一桶金"。

转眼到了1995年,曲敬东隐隐感到卖电脑不是长久之计,便只身前往美国洛杉矶,渴望闯出一片天地。初来乍到,他英文底子薄,只能硬逼自己学习。不久他在洛杉矶机场旁边买下了一家拥有200间客房的西班牙风格酒店,开始经营酒店生意。

回头再看此决定,曲敬东颇为后悔:酒店业是传统行业,利润有限,如果当初去硅谷,赶上90年代硅谷高速增长期,多半能做得更加精彩。尽管如此,90年代走出国门来到最发达国家的所见所闻,对曲敬东的一生产生了重大影响,他看到了中美之间的经济差距,看到了美国社会对"诚信"的珍视,也看到了美国人的自信、积极、乐观,更看到了中国人在阶层分明的美国社会出人头地的艰难。4年后曲敬东毅然回国寻找更好的机会!

成长的十年——付出创造价值

1998年,曲敬东回到国内进入联想,开启了职业经理人生涯。在联想飞速发展的十年里,曲敬东积累了丰富的经营管理经验。在此曲师兄毫无保留地把多年的职场干货分享给大家。

首先,他认为无论创业还是职业经理人,要保持自己始终是独立的一个人,尽职尽责,但从不依附;一个人的价值分为有形资产和无形资产,无形资产是最重要的,它是一个人的品牌价值。我们要注重无形资产的积累,把事情当成给自己干的,自己本事的增长就是竞争力的提升。

其次,对年轻校友来说工作5年后你自身估值多少,取决于过去5年内你在哪做事儿,做什么事儿,怎么做事儿。送年轻校友两点建议:第一是去大品牌公司,因为大公司有完善、规范的培训体系,较开阔的视野,同时大品牌可以为你背书;第二是跟着别人去创业,积累创业经验。刚毕业几年一定要吃点苦,想要做出成绩就要比别人付出更多的努力。如果一开始很顺利,未来多半要栽跟头。

另外,毕业5年内不要把赚多少钱放第一位,选择工作可以看得长远些,更加注重自己的能力提升。财富积累也一定要以10年为周期,不要看每年赚多少钱,要看一个周期能赚多少钱。心态放平和,不那么急功近利,财富和运气也会随之而来。

2007年,曲敬东离开联想,力排众议来到三星。他觉得,作为职业经理人，每个公司都有独特的环境，自己必须具备很强的适应能力，容忍度大一些，才能适应不同的"温度"。至今，他认为这是个非常正确的选择。在三星他学到了世界500强的全球化业务运作模式，看到了三星之所以成功的要素：始终保持比所有企业都大的危机感，使用全球一流的人才，掌控半导体、显示等核心技术。

虽任职高管，曲敬东创业的心却一直都在。2011年时机成熟，他正式脱离三星真正投入了资本市场。

释放的十年——不忘初心，方得始终

很多人45岁遇到了职业生涯的"更年期"，曲敬东却认为每个阶段都可以找到适合做的事。

对于投资，曲敬东给出了一些独到见解。

首先，做投资其实就是投"人"，要找靠谱能干的创始人。选择好了人就应该充分信任，人与人之间"信"很重要，相信别人多一点，别人就会相信你多一点。

其次，投资是精英的行业，需要智商、情商和经验。由于每天经常要看10个以上不同行业的投资项目，曲敬东每天至少要花4个小时学习，更新自身知识储备，他笑称自己比"研究生都刻苦"。

拼搏事业的同时，曲敬东也关注公益，先后发起了中关村天使百人会，帮助企业家进行投资，目前惠及约500名企业家；在北理工校内发起创立白石桥咖啡，给校友们提供了交流平台；反哺母校，对计算机学院进行捐赠；帮助西藏的孩子学习汉语……尽管如此，曲敬东仍然觉得自己做得很少，希望自己60岁以后，会有更大的精力来做公益，以回馈社会。

曲敬东说："过去的30年，每次开花结果时，兴奋是短暂的，但奋斗的漫长过程却更有乐趣。幸福是奋斗出来的，祝愿校友们在奋斗中找到幸福感！"

精彩 互动环节

Q：您做投资，实际也是参与创业，见证了很多公司的起与落，相人百面，您从中可以总结出哪些重要的点？

A：第一，不是每个人都适合创业，只有少数人适合。因为创业需要比较全面的能力，比如独立作战能力、抗压能力、跟人打交道的能力、领导力，等等。第二，创业要做有渊源的事，比如说在大公司工作或者合伙创业后独立出来创业的，我不太喜欢投资做的事跟原来完全没关系的人，因为创业需要准备和积累。我也不太主张一毕业就创业，因为实践经验太少。生命力和生存力是考验创始人最大的要素，所以建议做好技术上的准备，干熟悉的事儿。

供稿：2010 级校友　何旖桦

北理工青年汇第 46 期沙龙

董默：要更努力，才能看起来不太费力

2018 年 3 月 31 日，北理工青年汇第 46 期沙龙如期举办。本期嘉宾为 97 级计算机系校友董默，他凭借俊朗的外形、丰富的人生阅历、多元的跨界经历，一直赢得校友们广泛的关注。在主持人风趣幽默的介绍与引入中，董默校友用"京味儿"十足的诙谐风格娓娓道来自己从求学、入职再到转行期的漫漫人生路。

求学阶段——发现个人特质，奠定职业道路

董默校友自称自己上学期间并不是什么"传统意义"上的好学生，虽然学业成绩优异，但是更喜欢做一些不一样的事情，挑战自己。他拥有广阔胸襟和令人信服追随的领袖气质。

自高中期间于清华附中成为校篮球队队长并带领团队获得 1994 年北京市比赛的亚军后，对于篮球的热爱已经成为生活中不可缺少的一部分。

董默校友说道："篮球让我懂得团队的重要性，并且使我更加坚定、自信和富有进取心，这也成就了我后来在事业上果敢、拼搏、勇于突破的工作作风"。而在篮球中追求的锲而不舍、持之以恒的精神也为他今后职业道路的发展奠定了坚实基础。

在进入北理求学后，董默成立了戒酒协会，并在此结识到了不少朋友还因为酒量大被同学取绰号为"董一箱"。正是由于这些难忘的经历使董默校友对北理工产生了深厚的感情。

探索阶段——不断尝试体验，找到人生方向

董默校友第一次"创业"是利用学校空置的资源，经过老师同意后于投影仪教室放映电影并从中收取门票钱。这段经历使他积累了人生的"第一桶金"。

在大三期间，他主动申请去拓展培训基地当助理。当时拓展培训市场还很小，行业刚处于起步阶段，他敏锐果决地抓住了这次机会，通过这次活动扩大了交际圈，拓宽了眼界。

此外，董默校友曾经还怀有一个"为社会不公仗义执言"的梦想，为此他进入了电视台实习，并且获得了当主持人的资格。但梦想未能如愿以偿，董默师兄也及时调整了自己的方向。他凭借着超强的执行力与专注的精神在奥美四个月实习期间就拿到了"最佳新人奖"。

在大学临近毕业的时期，他通过尝试参加不同的活动获得了初步与社会接触的经验，并发现自己在沟通表达能力与洞察机遇上的无限潜能，逐渐找到了自己人生较为清晰的发展方向。

留学阶段——历练自身能力，重塑人生视角

董默校友发现自己初入职场后，仍需要提高自身才能和全局视角，所以毅然决然赴英国 Strathclyde University 继续深造。

然而他的留学经历并非一帆风顺，由于语言成绩未达到学校录取标准，他先在曼彻斯特读了半年语言学校，再转去 Strathclyde University。

他在留学期间不忘初心，再接再厉，成为英国 Strathclyde University 篮球校队唯一亚裔，获得 2004 年全英大学锦标赛亚军，为华人争得荣誉。

除此之外，他也能很好地兼顾学业，在短暂一年的求学生涯中，克服了语言和环境的重重障碍，毕业论文改了十几遍，终于取得了国际市场硕士学位。

腾飞阶段——勇于突破自我，创造新里程碑

董默校友凭借出色的工作业绩，机缘巧合下被一家猎头公司看重，进入 IBM。2009 年竞选 IBM 工会主席成功。董默校友带领他的团队充分享

受了为一万多人服务,组织春游、运动会、各种晚会的乐趣,也在为员工改善福利的方面做出了很大的贡献。

后进入腾讯,迅速晋升为腾讯的产品总监。2011 年在 Compuware 担任北亚区总监。2012 年年初,秉着在最优秀的平台和最优秀的团队做最优秀的事的理念空降本土互联网公司——万网,负责整体品牌及市场业务。

即便在阿里云做副总裁期间遭遇了一定的争议和风浪,但他始终秉承着"乘风破浪会有时,直挂云帆济沧海"的乐天达观精神,坦然面对来自外界的压力与质疑,最终走出了困境。

董默校友在学生时期参与的体质训练与这些知名企业担任高管的经历也为他创业提供了想法,铺平了道路。

创立"追美互动",本质上也是董默校友向世人传递了自己健康生活、积极生活的理念与态度。

供稿:梁诗培

北理工青年汇第 47 期沙龙

王莉：尽可能多地捕捉确定性

2018 年 4 月 21 日，北理工青年汇第 47 期沙龙如期顺利举办。本期嘉宾为北京理工大学 2005 级管理科学与工程硕士王莉校友，颜值与才华并存的她以幽默的口吻分享了她从北理毕业后开挂般的人生。作为行业顶级分析师，王莉校友在讲述过程中很好地将专业知识通俗易懂地表达出来，向大家毫无保留地阐述了分析师这一行业以及自己对于人生的态度，听完这些满满的干货，校友们直呼受益匪浅。

实习阶段——细节决定成败

沙龙开始阶段，王莉校友分享了她找第一份实习工作的过程。面试中，王莉校友的表现并不是最出彩的，面试生中也不乏来自北大、清华的高才生，而在这些应聘者中，只有她被选中。究其原因，她解释道，面试结束后领导让每个应聘者回去后整理一些资料当天发送到他的邮箱中，而当天反应过来并把资料发至领导邮箱中的只有她一个人。在如此激烈的竞争中，细节和态度，让她从本不具备背景优势的人群中脱颖而出，顺利拿到 Offer。

转换行业——寻找确定性

正当王莉校友的事业发展得如火如荼之时，她陡然选择了转换行业，去了一家私募公司。这个看似奇特的选择,是出于什么样的考虑呢?她原来从事的券商行业研究供给在大幅度增长,而需求却不如从前,当时她虽拿着高薪资,心中却充满了不确定性,并且以她的性格,她所想做的事情应该是可控的,可以把握的,于是便做出了转换行业的选择。而在今天看来,这个决定也让她在后来的事业道路上更上一层楼。

进化迭代——勤奋不等于重复劳动

王莉校友特别重视进化自我。虽然科技股是她的主攻方向,但是她不仅仅局限于关注这方面的知识。她不仅研究医药方面的知识,还在攻读研究生时辅修了中国人民大学的金融学。她不断地学习,不断地积累,保持高的勤奋度但不做无用功,不停地扩大自己的"能力圈"。她说:"我不能让自己停下来,因为这个时代在变。"

巩固自身实力、保持勤奋远比高情商重要。不停的进化与迭代,才是自身可把握的。

由此也延伸到对于公司的选择的话题,她认为仅仅市场需求好、赛道好、风口好的公司并不一定是一家好公司。于她而言,关注这家公司未来的进化以及进化历程更为重要。

精彩互动环节

Q:请问师姐您带实习生的时候,他们什么样的品质会让您感到满意呢?

A:第一点就是勤奋,这是基础。

第二点就是要踏实听话。虽然新人中有很多才华横溢的孩子,但是打一个比方,其实每一个螺丝钉是没有什么本质上的差异的,这些孩子肯定还需要经过一段时间的打磨后才能进化成独当一面的角色。天才对我们的重要性并不是那么大,踏实听话、把自己分内的事情做好、给领导一个好的交代是十分重要的。

第三点就是要开放,在独立思考之外还要学会接受别人的观点。在自己阅历不够的时候,有取舍地听听过来人的建议是非常有帮助的。

Q：请问师姐是怎么判断一个企业的管理层是否靠谱的呢？

A：判断他们是否靠谱其实是有很多维度的，说一些常态化的特点吧。

首先，如果有些企业家经常出来和资本市场交流，那么我会给他们画上一个问号。因为一个企业家，一个经营管理者，要做的更多是管理企业，运筹帷幄，而不是跑出来和我们打交道。尤其对于所有问过我如何把市值做大的企业家，我都会在心中给他们打上一个问号，因为你要问我怎样做市值，而我不会比你更清楚。

其次就是他们的诚信和兑现度的问题，我会看他们承诺的落实情况怎样。

再次就是企业家们的资源、能力与理想是否匹配，是否有足够的实力支持自己的雄心壮志，其合理性是否充分。我会比较偏向于理性、善于分析的人，当你问他某个计划怎么干的时候，他会给你分析这方面的未来市场有多大，告诉你他现在有哪些资源、有哪些人力，要实现这个目标需要哪几步、需要多长时间，等等。

北理工青年汇第 48 期沙龙

李小朵：资深制作人谈戏剧制作幕后的故事

"我要这天，再遮不住我的眼，我要这地，再埋不了我的心，我要这众生，都明白我的意，我要那诸佛，都烟消云散！"

2018 年 5 月 21 日下午，如约而至的北理工青年汇沙龙上，李小朵校友脱口而出《悟空传》的经典语段，勾起了在场听众的回忆，更引发了校友们对背后制片人的浓厚好奇。

误打误撞成为经纪人

李小朵坦言：其实自己从来没想过要做一名经纪人，只是从上中学起，一直喜欢写东西，在网络上分享自己的经历和感悟。2008 年大学暑假找实习，正不知道该做什么的她，被朋友怂恿去唱片公司做一些宣传类工作，既是兴趣所在，也可以发挥所长。她有幸找到了一家公司，规模不大，但两个创始人都不简单，其中一个曾经给崔健等老牌音乐人做过音乐监制，另一个合伙人则是第一代青春美少女战士的创始人。两位老板作为引路人，从此李小朵开始了歌手经纪人的生涯，期间还做过相声演员经纪人。

因缘际会开始戏剧制作

到了 2010 年，朋友邀请李小朵去位于西直门的一个剧院看戏。开场时间还早，出于职业习惯，李小朵在售票处看剧场业务。当看到其中包含相声剧，立即向工作人员了解相声演出的团体及剧目等情况，聊着聊着突然工作人员拍着她的肩膀问："你也喜欢海魂衫呀？"紧接着说道："我们马上要演出一个戏，叫《李小红》，改编自电影《爱情的牙齿》。这部戏很有意思，如果你感兴趣的话我们可以聊下。"就这样一个偶然的对话，李小朵踏入了戏剧制作的领域，一直到现在，前后参与了数十部戏剧的制作。

回顾起这几年的职业经历，李小朵觉得自己是因缘际会进入经纪和戏剧制作的领域，但进到这个行业，她觉得自己是发自内心喜欢的。每部戏其实都像自己的孩子一样，从提报题材到最后呈现在千万观众前，都倾注了大量的心血。

李小朵重点分享了一个大戏《悟空传》，我们可以从中窥一斑而知全豹。

我与悟空传

《悟空传》是今何在先生创作的长篇小说，该书在2000年出版后引起广大网民的阅读高潮，被美誉为"网络第一书"。

彼时李小朵正筹划做一个大剧场的戏，也就是说除了北京，还可以进行全国巡演。当时就有朋友推荐说做《悟空传》，一开始她并没有在意，直到参加了一场这本小说精装版的签售活动，也见到了今何在老师本人。让李小朵感到震撼的是：现场异常火爆，来了近150个书迷，每人至少拿着两本书。其中有个人直接拖了四箱书过来，一问才知道这是老板买来请今何在老师签名后送给员工的，可见《悟空传》在人们心里有多么受欢迎。当天李小朵和今何在老师进行沟通，想把小说改编成舞台剧，两人一拍即合！

接下来，李小朵花了8个月筹备如何把小说改造成舞台剧，邀请了对小说非常熟稔的导演来进行舞台创作。成形的舞场设置很简单，十万天兵实际上仅由两个人来呈现。尽管如此，他们坚信出彩的故事会打动观众。对这部戏剧的热爱和认可很快蔓延了整个戏剧团队，演员们在排练时都进入了疯魔的状态，他们尽心尽力地参加每场排练，逢人便说《悟空传》，为这部戏做宣传，拉观众。《悟空传》上演后，不负众望，获得了观众们的一致好评。

每一场《悟空传》演出，李小朵都不会落下。不管观演多少遍，每次那段台词出现，都让她感到强大的力量，一如自己坚持做好戏的信念！

李小朵在分享戏剧制作经历时，在场的校友们听得兴致盎然，互动非常火热。

供稿：何旖桦

北理工青年汇第 49 期沙龙

宋婷婷：离开学校后，如何活出理想的自己

离开学校后，如何活出理想的自己

她是一个纯正的工科女生，有着骄人的学霸经历：北京市重点 101 中学 6 年的理科生，1999—2006 年在北京理工大学做了 6 年半的计算机系工科生。

曾经，她在世界 500 强公司 Motorola 手机事业部，做了近 10 年的软件研发项目经理……

如今，她是位职业心理咨询师和催眠师，有自己的心理咨询公司，是世界 500 强公司的特邀心理咨询顾问，并且成为多家创业公司 CEO 的特约私人状态调节顾问。

她是畅销书《摆渡——互联网人的解忧密码》作者，该书上线 1 个月就已销售上万册。

她是个拳击手，有马甲线、人鱼线和 4 块腹肌。

她是个小提琴手，至今仍坚持每 2 个月左右参加一次"交响音乐会"演出。

她是 WSET 认证的职业品酒师，喜欢看各种品酒的书籍和参加名庄品酒会。

她是大学客座讲师；并且，爱吃爱玩，在北京生活频道做美食节目的嘉宾。

她坚持写自己的公众号文章，坚持每天看书和学习……

她说自己的主业是妈妈，坚持自己的娃自己带，坚持每天给娃读中文英文法文的绘本……

她的身体里，貌似真有比别人更加强大的小宇宙，才能像八爪鱼一样，有条不紊地完成这么多的事情……

她就是这期青年汇分享嘉宾宋婷婷。在本期活动中，一起聆听她的故事，一起分享催眠的神奇力量。

关于"生病"，人生要分清楚优先级

从研一开始，宋婷婷在 Motorola 做实习生。研究生毕业后，以优异的工作成绩直接入职 Motorola，做软件研发的项目经理。

在刚开始工作的头一年，每天都加班，甚至工作到晚上 12 点，然后第二天早上六七点出门上班。这样的生活一直持续到第一次公司组织的体检，做 B 超时，查出来有胆囊息肉，医生说尺寸大到需要做手术切除的程度！

出了 B 超室，她在外面坐了很久，心想：我这么年轻，这么健康，这么注意身体，连药都没怎么吃过，怎么可能会有胆囊息肉，还要做手术切除？！会不会查错了？带着这样的疑问，她去医院做了复查，结果依然是要做手术……

后来她得知胆囊息肉有三种类型，自己得的是最凶险的一种，还好发现得早，及时切除了。

当时她的领导是一个外国人，平时对她很关照，这件事让她领导充满愧疚，把她请到办公室，语重心长地和她谈话，怎么分清楚工作优先级，比如每天几百封邮件，并不是一定要全部回复，需要先分类整理，优先处理重要的事情，有些不太重要的事情，并没有必要一定要当天加班处理，毕竟身体是第一位的。

通过这件事情，她得到的启示是再努力，也得分清优先级，心态放平和，聚焦重要的事情，这样才能让工作变得有条理。如果分配不好时间，就会变得焦虑，工作如此生活也如此。最重要的事一定排第一优先级，比如对自己来说，身体是最重要的，于是每天坚持五点半起床锻炼身体，就成为雷打不动的习惯，就如同一日三餐一样。以一周或者一个月为单位，对重要的事情进行排序，分别放在每天固定的时间段完成，让自己习惯下来。

谈到时间管理,她又举了个例子:"有一天,早上起床锻炼后,给老公准备了早餐,把闺女送到幼儿园,做了1个小时的头发护理,写了1篇公众号文章,中午约了个朋友吃饭谈事情,做了6个催眠预约,晚上参加了1个初中同学聚会。

"夜里12点到家之后,突然发现我家饮水机的水桶漏了,滴滴答答地漏出来了多半桶的水。大半夜的,我只好拿着抹布和盆,把东西一个一个地挪开,用抹布一点一点地把水蘸起来,拧到盆里,再蘸水,再拧……

"当我确认都弄干净了,2小时已经过去了!如果你在那天早晨问我:'你能不能拿出2个小时,给我讲讲催眠?'我会想都不想地回答你:'不好意思,今天没有空当了,我的日程已经从早晨6点排到夜里12点了!实在是挤不出时间来了。'当我到家发现水桶漏了的时候,我竟然拿出了整整2个小时来做清洁工作!

"由此得到的启示是,我无法选择我一天是有24小时,还是有26小时。我能选择的是,24小时当中的2个小时,我是要分配给'睡觉',还是给'漏水的水桶'。我们没有能力左右时间的'长度',但是我们有能力去安排放到时间里面的'内容'。所以,时间管理的关键,就是要把重要的事情,当作那个'漏水的水桶'来对待。"

关于"学习"——所有的积累都是有价值的

活动现场,宋婷婷问了大家几个问题:一直在坚持学习的请举手,现场有一半以上的校友举手了;为了某个目标达成而学习的请举手,现场有三分之一的校友举手了;没有什么目的,甚至只是处于好奇或者兴趣在持续学习"没用"的东西的请举手,现场举手的很少……

她说:"我之所以做这个调查,是因为想看看大家有多少人在坚持学习一些看似'无用'的东西,想和大家分享一下我的学习心得。从心理学的角度来说,人具有意识和潜意识。意识由大脑支配,比如当我们学习高等数学、化学等学科知识时,是大脑在工作,这些记忆相对较短,所以会出现考完就忘记了的情况;当我们出于好奇、兴趣去学习一些目的性不强,看似不太有用的东西时,用到的是心,是通过潜意识在吸收学习,记忆的时间会很长。因此多学一些看似无用的东西,从人生的长度上看,效用会更大。"

从来不存在"学了也白学的知识",只要积累到一定程度,它总会在生活中发挥让你惊喜的作用,而且看似完全都不搭边的技能,往往能起到相互借力的效果。比如:结合自己的音乐特长,当她在给客户做"巴赫Style 催眠""海顿 Style 催眠"时,客户的感受比普通催眠好得多,原来,"音乐"和"催眠"是可以互相助力的,这也成为她心理咨询和催眠的个人特色。

再比如,现在高考结束,很多考生来找她咨询填报志愿的专业,因为他们不知道自己的兴趣点在哪里;其实答案在每个前来咨询的人心里,而她通过催眠等专业方法,在来访者的意识和潜意识之间,搭建了一座桥梁,让来访者听到自己内心的声音,结合自己的专长和性格做出心的选择。

有的人会目的性很强地学一些"硬货",有的人会很随性地学一些"没用的东西"。在时间有限的情况下,她建议应该多分配一些时间,来学不带功利色彩的、自己感兴趣的"没用的东西",在此过程中,一个人才能够真正地沉浸下去,去享受和感受。这些 Soft Knowledge,才能有机会触达心灵,提高生活质量、价值感和存在感。

关于"转行",做人做事要从心出发

关于转行,宋婷婷的心得是:如果你有转行的想法,但是迟迟没有付诸行动,并且你还在时不时地纠结、考虑和犹豫,那唯一的原因就是你还不够痛!

很多人好奇,她一个纯工科女生,在世界 500 强企业耕耘那么多年,有高薪,有股票,有团队,为什么要放弃舒适区,转行从事心理咨询和催眠师的工作呢?

对她来说,转行也不是拍脑门做出的,之前有长时间积累。

26 岁,因为兴趣,在工作之余,开始接触心理学。

27 岁,考下了"心理咨询师"证书,考这个证书,完全是出于"好玩"。

她回忆道:"我完全没有预料的,这个会成为我之后的职业。之后,我对心理学的学习,一直在断断续续地进行着。很迷《Lie To Me》的那阵儿,觉得 Lightman 那种'一切尽在掌握,我一直都能看透你'的样子很牛,脑子里时不时就会想,如果我做个心理咨询师,会不会也很帅?但是

想归想,从来没有考虑过真正的转行。因为我在 Motorola 做得很快乐,老板和同事对我都很好,再加上外企的福利和收入很好。我对现实如此之满意,对心理学的兴趣,不足以构成我打破现状的动力。

"接着,我结婚了,怀孕了,生宝宝了。像每一个妈妈一样,从怀孕起,就开始看各种心理学书籍,当时我觉得,心理学的书目,我看都看了,不如再专业些,所以就去中科院,读了个心理系的研究生。

"随着学习的深入,我更加懂得,父母的有效陪伴是多么的重要,而所有这些陪伴的需求,都和项目经理的工作性质相冲突。近十年的工作经历,让我明白,如果我继续做现在的工作,我将会在女儿起床前,离开家去上班;在女儿睡觉后,下班到家;甚至连周末,都可能需要加班。每想到这些,再想到这几年来学到的心理学案例中,父母缺失对孩子造成的影响,我就会很纠结,很痛苦。

"每每看看女儿有妈妈陪伴时的幸福样子,想想之后的工作对于陪伴时间的影响,我只觉得心越来越痛。突然,一天夜里,我想到了'心理咨询师'这个职业,毫不纠结地下定了决心:我要转行!我要的工作是时间完全归我掌控的工作!"

她,32 岁决定转行,34 岁成立了自己的心理咨询和催眠工作室,35 岁成立了公司。从内心出发,获得了时间自由、财务自由和心灵自由。

工作之外,她是谁?她说:"我首先是我闺女的妈妈,我老公的老婆。其次,我是个品酒师,喜欢从品酒中,体会更丰富的人生;我还是交响乐团小提琴手,音乐和舞台,让我能够在沉静和张扬中,不断得到提升;我也是大学的客座讲师,不断地接触年轻人,让我的心灵和头脑,也能够永葆青春。除此之外,我喜欢美食和健身。我认为:吃美了才有心情健身,健帅了才有资本狂吃。"

她感慨道:"当看到很多人一边纠结'我要不要转行',一边抱怨'现实让我不满意'的时候,我其实是替他们由衷的高兴的。只有一次一次地,现实让你感觉到不满意、难受、痛苦的时候,才是你心底那座'梦想的火山'开始酝酿,并且积聚力量的时候。当那个让你'痛彻心扉'的事件发生了,你心底那座火山,才会瞬间喷发出最绚烂的火焰!"

至于为什么要写"宋婷婷 Vivian"这个公众号?她说:"把我成长路上的经验教训和我做过的咨询案例分享出来,他山之石,可以攻玉。"

"后来在读者群跟大家交流,发现有很多共同的困扰,所以我把过去十

127

几年工作、生活的经验以及第一手咨询案例，总结成书《摆渡——互联网人的解忧密码》，用谈话形式答疑解惑，从事业抉择、爱情婚姻、亲子关系、自我成长等多个方面，希望能帮助你解决生活的烦恼困扰。无论你是处于互联网行业疲于奔命的职场人，是焦虑迷茫找不到方向的年轻人，还是面对家庭、婚姻、孩子焦头烂额的父母，在这本书中你都能找到对症下药的'良方'，找到通向幸福的方向。"

精彩互动环节

Q：日常生活中，如何排解负面情绪？

A：较为突出的负面情绪多为焦虑和抑郁，还容易导致心理情绪躯体化。比如焦虑到达一定程度就容易出现肩部酸痛、便秘、腿疼、心脏难受，甚至类心梗等身体反应；抑郁则多表现为情绪过于敏感、泪点低等，可能以前不太会哭的场景，现在看到就会泪湿眼眶。

遇到这些表征，就得提醒自己找到对自己有用的方式调节，比如对我来说，打拳击、跑步、拉小提琴等就是有效的发泄方式。如果症状持续时间较长，可能就会向焦虑症或抑郁症方向发展，就得及时求助专业心理医生。

结束语

通过一下午的分享和互动，我们惊喜地认识了一位如此率真、阳光、勇敢、有趣的美女校友宋婷婷，大家争相购买她的著作，和她合影留念……

如同她所说：我承认，单一领域里面我不是最牛的那个，但是，我可以看交叉领域呀，我可以交叉两个、三个、四个、五个……

我从不要求自己要"取长补短"，"取长补短"其实就是把生命平均化的过程，没有人甘心终其一生只做"路人甲"。我只要求自己做到"扬长避短"就够了，天生我材必有用！当一个人越"立体"，能够进行"交叉"的侧面越多，他就越容易发现自己的价值，越容易快乐起来。让我们从今天开始，做个"立体人"！

供稿：张毓佳

分享智慧·助力成长——北理工青年校友会印迹

北理工青年汇第 50 期沙龙

李锐：把人工智能的益处带给每一个人

从顶级会议的投稿数量激增，到风险投资的热钱追捧，再到新闻媒体的广泛报道，人工智能近年来已经成为一个广受关注的热点话题。为了满足大家对人工智能的好奇心，北理工青年汇特邀我校校友、谷歌开发者生态中国区负责人李锐博士做客青年汇第 50 期沙龙，分享谷歌 AI 的最新研究成果。7 月 28 日盛夏午后，天气炎热，分享现场依然座无虚席，大家都很期待李锐博士的精彩分享……

沙龙开场，美丽端庄的主持人余彦校友向大家介绍了李锐博士的履历。李锐博士是北京理工大学 1996 级计算机科学工程系校友，毕业后曾以优异的成绩留校担任辅导员两年，后于荷兰代尔夫特理工大学和莱顿大学分别获得计算机科学硕士与博士学位。2014 年，他回到中国，在微软亚洲研究院担任资深学术合作经理。2018 年 1 月加入谷歌公司，现任谷歌开发者生态中国区负责人。

接下来，李锐博士登台，用翔实的图文数据，丰富的实际案例，展现了一幅人工智能的宏大画卷，大家身临其境般感受到了谷歌人工智能领先时代的前沿技术和无处不在的落地场景。一位沉稳大气、严谨认真的理工男映入眼帘……

无处不在的谷歌 AI 应用

李锐博士生动地讲解道：在很多大家所熟知的谷歌产品中，都有重要的人工智能应用。比如在大家熟知的 Gmail 中，端到端的生成模型，根据邮件正文自动产生若干可能的答复，用户只需要轻轻一点就可以完成回复操作。这个被称为 Smart Reply 的技术，每天可以帮助 Gmail 用户处理数以亿计的移动端邮件。除短回复之外，在需要撰写较长回复邮件的场景中，Smart Compose 可以大大提高回复效率。在撰写邮件过程中，它可以根据上下文自动产生合理的联想建议，你只需敲击 Tab 键就可以选择完成，省去了大量的重复输入，也减少了拼写错误。更有趣的是，它可以根据情境产生非常独特的建议，比如你在周五给朋友写完邮件想要结尾时，它会自动产生"祝你有个愉快的周末"这样的敬语。

在今年的 Google IO 大会上，谷歌还展示了 Duplex 对话技术，这项技术使 Google Assistant 可以通过电话帮你完成诸如订餐、预约理发这样的任务。在展示中，电话的对方完全没有发现自己在跟机器通话，全程非常自然流畅，期间 Google Assistant 甚至还发出了非常拟人的"嗯哼"回答。而在这项演示背后，是谷歌在自然与处理、语音识别、语音合成等领域的深厚积累。

再比如，在 Google 的应用软件 Google Lens 中，图像识别技术得到了创造性的应用。打开你的相机，对准街边的小餐厅，Google Lens 会自动识别出这是哪一家餐厅，并且给出它在评分网站上的得分和评价。通过与 AR 技术和谷歌地图的结合，Google Lens 还能为用户提供非常有趣的导航体验，只需将相机对着眼前的街道，一只可爱的虚拟小狐狸就会出现在镜头中，引导客户去目的地。

除了在自己产品中和服务中，谷歌 AI 还应用在更加广泛的行业场景中。在荷兰，通过机器学习技术，人们可以监测奶牛的健康状况，进而提升奶牛的产奶量；在非洲，图像识别技术可以自动检测木薯的相关疾病；在亚马孙雨林中，通过声音识别，可以自动监测盗伐森林的行为……

TensorFlow 在中国

李锐博士进一步阐述道：谷歌无处不在的 AI 应用场景，是基于强大的技术支撑，比如 TensorFlow 就是谷歌公司的深度学习开源框架，用于进行高性能数值计算。借助其灵活的架构，用户可以轻松地将计算工作部署到多种硬件平台（CPU、GPU、TPU）和设备（桌面设备、服务器集群、移动设备、边缘设备等）。TensorFlow 最初是由 Google Brain 团队（隶属于 Google 的 AI 部门）中的研究人员和工程师开发的，可为机器学习和深度学习提供强力支持，并且其灵活的数值计算核心广泛应用于许多其他科学领域。

谷歌公司非常重视 TensorFlow 在中国的推广，开展了各种活动、宣讲。近期，已在北京和上海举行了多次 TensorFlow 开发者会议。李锐博士提到，中国的 TensorFlow 开发者打趣地称呼自己为"TF boys and TF girls"。在国内多家公司的走访中，他看到大量企业使用 TensorFlow 实现业务场景的案例，比如网易公司开发的图像文本识别，以及360公司的短视频检测等。

在结束访谈环节之后，大家依然意犹未尽，从年轻的学弟学妹，到85级、88级的大师兄大师姐，都踊跃提出了自己关注的 AI 相关的问题，李锐博士都耐心和专业地做了解答。沙龙最后大家一起合影留念，期待下一次的相聚。

供稿：邵艺阳、张毓佳

北理工青年汇第 51 期沙龙

分享智慧·助力成长——北理工青年校友会印迹

谢涛：星际大航海时代的开拓者

2018 年 8 月 25 日，北理工青年汇第 51 期沙龙如期举行。我们有幸邀请到了九天微星的创始人谢涛来到北理工为青年校友们带来精彩纷呈的演讲，引发热烈的反响。

嘉宾简介

谢涛，北京理工大学 1999 级机械工程与自动化学院工程学士，中国人民大学 2008 级公共管理学院公共管理硕士。毕业后在航天系统内工作十余年，亲历嫦娥探月工程和载人航天工程等国家重点项目，在航天工程管理、商业航天运营以及航天应用技术转化等领域具有丰富的经验和敏锐的洞察力。

在航天系统工作的十余年间也正是中国互联网飞速发展的十年，一大批互联网企业异军突起，谢涛虽然没赶上互联网发展的浪潮，但却亲历了中国航天成果卓著的十年，并有幸深度参与其中，积累了宝贵的工程管理经验。在航天系统内工作的谢涛，眼光并未局限于体制内的工作，他还时刻关注着国内互联网和国外商用航空的发展情况。2015 年，谢涛创立九天微星，聚焦微小卫星的创新应用与星座运营。形象点说，他想改变"放卫星"在大众脑海中的高冷形象，带动各行各业共同定义卫星应用的新场景。

愿景是美好的，现实却是创业之初谢涛带着这样的想法去找投资机构时，对方要么一头雾水，要么不感兴趣，更多的投资人认为他是异想天开，勉强听完回去算了算账，就没下文了。

谢涛的商业航天计划并不是凭空臆想的，而是基于对国际上现有商业航天的模式和技术分析以及未来趋势总结出来的。谢涛仔细分析了 SpaceX 的发展轨迹，将埃隆·马斯克的成功归因于"利用 IT 模式做商业航天"。谢涛认为 5G 时代是"天网"（低轨星座）和"地网"（光缆和基站）融合的时代，小卫星必将大有可为。九天微星最终选择将物联网作为其商业卫星创新应用的突破口——通过快速部署低轨通信小卫星星座，与地面电信网络一起构建"天地一张网"，为全球范围内，特别是无地面网络覆盖区域（海陆空天）的各类资产提供实时通信服务。

2018 年 2 月 2 日，九天微星成功发射首颗验证星并在轨运行至今，实现了技术验证、流程验证和商业模式验证。九天微星计划 2018 年年底将以"一箭七星"方式发射七颗小卫星，实现系统级验证和首次商业试运行；2019 年上半年以"一箭四星"方式正式组网和商用运行；2021 年年底完成 72 颗物联网小卫星布局……一张宏大的蓝图正被逐步实现。

如今的九天微星，经过近三年的成长，在技术实力、团队规模、市场能力等多个维度跻身行业前列，也受到资本市场和国家航天部门越来越多的支持。

目前，九天微星已与三一重工、中信戴卡、中移物联等多家行业用户签署合作协议，新的商业应用正在逐渐被挖掘，智慧轮毂、野生动物保护、应急救援、海上钻井、资源开采、资产追踪，等等。同时九天微星还创新地将卫星融入中小学教育中，为新一代青少年航天科普教育提供了丰富的施教场景。

谢涛用风趣幽默的语言为大家展现了商业航天广阔的前景和丰富的应用途径，商业航天必将推动产业升级，造福亿万用户，助力中国航天事业发展。

Q：您觉得您能做到如今的地步有哪些成功的因素？

A：我觉得我还没有成功，创业失败是必然，成功才是偶然。一是要有坚定的目标。当你知道你要去哪里时，谁也挡不住你。二是做大势所趋的事情的时候，会有很多人伸出援助之手。三是和一群有情怀的合作伙伴一起共事。

Q：您如何选择创业伙伴？

A：初创时，敞开怀抱，志同道合的都可以一起创业合作。在约定合伙人时，要约定一点，成长速度不一致时愿意让位给更能干的人。同时双方要舍得分享利益，让合伙人感受到诚意。

Q：公司是如何发现在教育行业的商机的？

A：本来在规划里面是没有这事的，后来在与学校合作时，培训过程中有老师提出可否开发一些教育产品，公司看到了市场需求，教育本身也是一件对国家有很大益处的事，因此专门划拨一部分人员去做这方面产品的开发。

因为有这样一个盈利产业链，降低了投资者的投资风险，从而吸引了投资者，给公司带来了一个良好的循环资金流。

供稿：张晶晶、邵艺阳

北理工青年汇第 52 期沙龙

王晟：路漫漫其修远——我的创投之路

2018 年 9 月 22 日，北理工青年汇第 52 期沙龙如期举行。我们有幸邀请到了英诺投资合伙人王晟来到北理工为青年校友们带来精彩纷呈的演讲，引起了热烈的反响。

王晟是北京理工大学 1997 级自动化工程学士，是中国最早的互联网从业者之一。毕业之后去了瀛海威与搜狐工作，随后成功转型成了经验丰富的天使投资人，获得投资圈里的多种荣誉。在 VC/PE 市场上有丰富的投资经验及对项目有着敏锐的判断与分析力。

王晟师兄与我们分享了当年他在学校的一些有趣的故事以及自己与瀛海威的缘分。作为最早接触互联网的一分子，王晟师兄生动形象地向我们介绍了当年的互联网的情景。另外，王晟师兄提到了最近两年比较火的区块链，他表示，有很多人将区块链对标 90 年代的互联网，但他觉得两者在初期都是基于信仰。当时接触互联网，就是一种信仰，是一种纯粹的喜欢，认为互联网能改变很多事情。区块链也是类似状态，但除去信仰外，还带来了超级流动性，有喜有忧。

创业需要坚持与热情

当谈到创业与创新时，王晟师兄分享了他的看法。其实，创业并不需要自身条件有多好，当社会福利体系及自身条件能给自己带来安全感时就基本可以考虑创业了。当有了安全感之后，我们要不忘初心，对创业保持热情与激情，我们才有可能将创业这件事做好。王晟师兄也提到一点：能够成就一番事业的人是有欲望的。当然，这些欲望也是有区分的。如果欲望比较世俗的话，就很容易被世俗所干扰。只有那些希望改变社会、对创业无比热爱的人才能百分百投入，不断发挥创造力与创新，才有可能成功以及做得更好。

王晟师兄第一次创业是搜狐出来之后开始的。当年，他进入搜狐时是第10个加入搜狐团队的人，见证了搜狐的成长。从搜狐出来之后，王晟师兄当时想做社交，但是社交并不被看好，转而考虑做垂直门户。尝试多种模式之后，最终做了女性的垂直门户——伊氏女性网，同时也获得了第一笔风投。但由于自己没能经历过完整的成长周期以及遇见美股崩盘之后的决策失误，导致这次创业以失败告终。从这次经历，王晟师兄认识到自己可能不适合创业。他认为好的企业家是将感情与公司高度剥离的，商业决策应该理性不应被情感左右。

王晟师兄2013年加入英诺天使基金，英诺天使是做早期投资的，也是美团的早期投资人，同时投资过途牛、游族网络、航班管家等项目。英诺目前的投资方向有人工智能＋深科技、新消费、文娱、微信生态和区块链。而关于新消费产业，王晟师兄提及了两点：选对赛道与用户快速迭代。消费品的品牌与经营都很重要，重点是做出好产品以及建立品牌，因为今天的信息流、资金流及物流问题已经大大简化了，创业公司不必面对这些艰难的问题。王晟师兄从投资人与创业者的两个角度在创业与投资的方面给出了自己的见解与看法。

公司只有存活才能发展

目前，金融市场处于寒冬时期，而王晟师兄经历丰富，自身也经历了好几次的寒冬时期。王晟师兄分享了在寒冬时期如何避险，同时也分享了当年美股崩盘与当年A股崩盘的原因。

在资金紧张、企业难以融资的情况下，创业公司是否要降低自己估值来获得资金让自己存活下来，王晟师兄给出自己的见解。有的企业明明能够赚钱与融资，却选择不赚钱融资，这是为了扩大规模。在经济形式很好的情况下，企业这样做肯定发展比较快；在经济形势差的情况下，企业要思考：是快速奔跑还是活下来。这是一种选择。但是，"冬天"要积蓄力量，创业者要根据自身情况来选择。

同时，王晟师兄也提到，创业其实也是一个融资与谈判的过程，创业者要利用有限的资金进行相应的短跑，这样才能获得更多的融资。凡是轻松拿到过多资金的项目，大多不利于后续的发展。很明显，创业是一个漫长、艰难的过程。路漫漫其修远兮，创业的道路上还得坚持与奋斗。

供稿：徐章新

北理工青年汇第 53 期沙龙

李凯：AI 计算与数据中心的变革

AI，也就是人工智能，无疑是近两年最火的科技话题。不但是资本市场竞相追捧的对象，更是国家层面重要的战略布局。青年汇有幸请到了李凯校友，为大家带来题为《AI 计算与数据中心的变革》精彩的演讲。（本内容基于公开市场信息，仅供公益性校友沙龙开放讨论，不代表任何机构或公司观点）。

李凯于 1994 年至 2011 年在北京理工大学光电工程学院完成本硕学习。曾供职于华为等知名通信公司，现为 Keysight 公司云计算及 AI 行业技术负责人。他是高速通信、计算机及 IC 领域专家，是中国电子学会高级会员、ODCC 开放数据中心协会成员、EDI CON 技术咨询委员会成员，著有《高速数字接口》和《现代示波器高级应用》，并在《国外电子测量技术》《电子技术应用》等杂志发表数十篇专栏文章。原 EDN China 金牌博主。

AI 的起源与应用

人工智能并不是一个全新的概念。人工智能最早是 20 世纪 40 年代由图灵机概念提出来的，经过几十年的发展，期间经历起起落落。其中，标志性事件就是在 2012 年的 ImageNet 比赛中，Alex 使用卷积神经网络算法进行目标识别。其最大的革新就是由事先知道的特征识别变成了通过输入大量数据，训练神经网络完成自动识别。

随着 AI 的快速发展，已经应用到很多行业中。最具代表性的是 BAT

（百度、阿里和腾讯），三家公司都有 AI 产业的布局，比如百度开源无人驾驶平台 Apollo、阿里的阿里 AI 实验室等。在雷达领域同样应用广泛，比如通过训练，自动分析目标的智能雷达等。

AI 面临的挑战

现阶段，AI 的发展还面临许多挑战。除了算法有待提高，还有两个制约条件：一是需要大量的、被标注的数据；二是需要强大的算力完成巨大数据量的计算。所以 AI 计算对硬件的需求存在很大的挑战，包括计算能力的加速、算法能力的加速、可用带宽的加速和数据存取的加速。

AI 计算硬件平台

传统 CPU 为冯·诺依曼架构，由于其架构和运算目的不同，导致 CPU 不是 AI 这样面对数据计算的最佳硬件之选。GPU 拥有大量的核、高速内存、擅长图像处理。在基于数据的计算能力方面，GPU 要比 CPU 运行速度高很多，尤其是浮点数运算，在深度学习领域发挥着巨大的作用。FPGA 可编程特性对于编辑算法具有很大优势，是新算法验证的首选平台。ASIC 由于是针对特定算法优化设计的，因此具备更高的执行效率，其量身定制和高性能、低功耗的特性更是一大亮点，但是开发成本较高。

未来 AI 计算平台需求最大的两个方向是 GPU 和 ASIC，FPGA 也会在加速卡、AI 算法的验证和实现过程中发挥重要作用。以上四种是传统的计算平台。最新计算平台的研究包括量子计算芯片和类脑神经芯片。在计算能力或功耗方面，量子计算芯片和类脑神经芯片有更大的优势，可能是未来下一代计算技术发展的趋势。目前多数 AI 的实现模式是云端训练，云端判决，比如包括图片识别、语音识别和文本翻译等。但是云端识别存在依赖网络信号、有数据传输延时等问题，更多的 AI 实现模式为云端训练，终端判决包括安防和自动驾驶等。

数据中心的变革

深度学习的数据流包括固态存储、缓存、训练和判决。所以数据的固态存储和缓存是 AI 计算必不可少的重要环节。数据存储分为断电丢失数据的内部存储和掉电不丢失数据的外部存储。外部存储从最初的磁带发展到硬盘，再到固态硬盘（SSD）和 SCM。存储的数据量越来越大，读取的速度越来越快。而内存技术由 DDR、LPDDR 和 GDDR 逐步发展到 DDR5、LPDDR5、GDDR6 和 HBM，数据读取速率快速提升。

存储芯片占到我国进口 IC 芯片的很大比例，打造自己国家的高端存储芯片产业势在必行。所以我国在该领域投入了大量的资金和支持，其中代表性企业包括长江存储、福建晋华和合肥睿力等。

大数据时代数据流量大爆发，数据量已经不是 AI 需要关心的问题。到 2020 年，产生的数据量高达 40ZB（1ZB = 1 万亿 GB）。大量的数据需要分析、计算和存储，所以数据中心成为 AI 和云计算的大脑。截止到 2016 年年底，全球投入使用的数据中心 1641 个，在建的 437 个。中国超大型数据中心占比 8%，美国占比 44%，中国数据中心的发展和 GDP 在全球所占的比例很不匹配，还有很大的发展空间。

大型数据中心一般有 5 万台以上服务器，小型的数据中心也有几百台服务器。服务器之间都需要进行互联。主流服务器都是两个或者四个 CPU，为了提高速率，减小延迟，CPU 之间都是直接互联。很多 AI 计算不只使用 CPU，还包括 GPU。异构计算平台已经解决高速互联，并且提高数据吞吐量和计算速率。服务器间传输采用光缆或 AOC，光缆的应用又催生光模块产业的加速。

随着 5G 时代的来临，提出边缘数据中心概念。由于 5G 基站未来会大量采用毫米波频段，典型基站天线覆盖的距离只有几百米，所以需要布置大量的拉远单元，密集覆盖使用区域。如果产生的大量数据通过光缆传输到几百公里外的数据中心进行计算分析，那么产生的数据延时对于自动驾驶等就是致命的。所以提出在靠近网络节点的地方，建立中小规模数据中心进行数据分析处理。

数据中心的发展呈现两个极端，互联网公司和电信运营商建立的十万台服务器级别的超大型数据中心及支持 5G 基带池化和数据运营的集中数据中心，和支持特殊时延敏感业务的小规模边缘数据中心。

同时，数据中心的运营需要消耗大量的能源，评价数据中心能源效率的指标是 PUE。PUE 是一个大于 1 的比值，是数据中心总能耗除以 IT 设备能耗，越接近 1 表明能效水平越好。为了减小 PUE 的值，各大数据中心采用先进的设计理念、突出的冷却技术（如液冷等）和大量的清洁能源（如风能、太阳能等）。

供稿：白晓利

> 北理工青年汇第 54 期沙龙

分享智慧·助力成长——北理工青年校友会印迹

韩青：不忘初心

2018 年 11 月 24 日，北理工青年汇迎来了第 54 期沙龙。本期嘉宾是共青团北京市丰台区委副书记韩青，她给青年校友们带来"不忘初心"的主题分享。

韩青，北京理工大学 2001 级计算机专业校友，现任职北京市丰台区马家堡街道时代风帆楼宇党委书记、工作站站长。2017 年当选为党的十九大代表，曾获得北京市"三八"红旗奖章、北京市劳动模范等多项荣誉称号。

"什么是不忘初心？"一开场，韩青就开门见山地提出了这个问题。"这个词语大家很熟悉，我自己也讲了很多次。现在，我觉得，不忘初心就是坚持不懈，把本职工作做到极致。"

"在工作中，即使是细小的事情，也是有讲究的。以开会来说，桌子码放、桌签顺序、倒水添水，这些基础的工作，内行人一下子就能看出专业不专业。如果你能把小事做好做细，就是不简单。"

在接下来的分享中，韩青娓娓道来，结合自己多年的工作经验，引用大量实例介绍了自己的职业发展路程。

积极主动，自我成长

在从事党建工作之前，韩青跨界做过多份工作。作为工科出身，她做过程序员，做过工程和平面设计，做过总经理助理，还曾经兼任财务和媒介经理。

从事每一份工作，韩青都是100%绝对投入，快速上手。在做好本职工作的同时，她并不是只局限于本领域的工作，而是抓住各种机会向其他同事请教学习。同时，积极主动地承担其他任务。"我们可以做一些力所能及的，以及'力稍所能及的事'，就是你需要稍微努力就能做的事。"韩青师姐说："我从来没有为老板做事的心态，我们是在做自己的事业，眼光和心态不能太狭隘。"

"比如，我在做总经理助理之前，是从前台开始做起的。三年时间就做到总经理助理，还兼任了财务经理和媒介经理。领导让我做财务经理的时候，我对财务也完全是外行，都是靠自己主动学习，还拿了中级会计资格证。"

多学本领，厚积薄发

就是这种职业生涯一开始就抱有的积极主动心态，让韩青的路越走越宽。她说："所有付出都是有回报的，我之前几份工作，虽然行业不同，但在现在的工作中，都派上了用场。我自己做过工程项目经理，所以再接触工程监理的工作，一看就明白。我学过编程，就专门给居委会设计了软件，对社区工作帮助很大，基本是北京市最早一批使用软件系统的居委会。我还懂财务和媒体宣传，工作中都能用得到。"

在沙龙分享中，韩青经常提到"基础不牢，地动山摇"。她说："我们的工作，一定要非常扎实才行，这样才能经得起检验。比如，我现在的社区和党建工作，很多表格就是我自己设计的，每一个条目都是根据工作需要设定的。"

"社区工作是最基础的，是国家很多政策'最后一公里'的执行者，只有对自己的工作非常了解、内化于心，才能摸索出一套行之有效的工作方法。现在，对接各个上级部门的时候，需要什么数据和材料，我都能很快梳理出来，工作效率很高，这都是平时积累的结果。"

"如果工作的基础不牢，一次两次，你也许可以圆过去，但很容易露怯和露馅儿。希望大家不管做什么工作，都能认真负责，把工作做到极致，把工作做到别人不可替代，你的价值就发挥出来了。"

整合资源,创新党建

"大家对党建工作有什么理解?你觉得党建工作需要做什么?怎么才能做好?"韩青以这样一个问题开始了自己当前工作的介绍。

"我刚接触党建工作的时候,就是做非公党建。做到现在,我所在的时代风帆商务楼宇党委下辖 11 座写字楼,非公中小企业 1000 多家。时代风帆楼宇工作站党员由最初的 32 名增加到 300 多名,企业党组织从 2 个增加到了 41 个。"

但是,刚开始着手非公党建的时候,楼宇企业基本没有党组织。韩青挨家上门拜访,也遭到了很多冷遇。她没有灰心,坚持主动上门联系,为企业及时送去政策解读,想企业发展之所想,急员工需要之所急。最终,她用真诚和耐心敲开了企业大门,更用贴心的服务让党建工作走进企业,获得认可。这其中,打开工作局面最大的秘籍就是:从企业和员工实际需求出发,整合资源,搭建平台。为企业提供定制化的党建服务活动,打造企业发展的"孵化器"。

比如,她和同事针对企业需求,建立了北京第一家楼宇管理服务平台,引入税务、工商等职能部门,把咨询、受理、投诉服务做上门。针对企业党员经常出差、与党组织联系不够密切的实际情况,韩青就带领团队,把理论学习、党组织活动搬到网上,搭建了"时代风帆党建网"和"时代微党建"手机 App 两个信息化平台,用大家喜闻乐见的方式,开展党建工作。经过不懈努力,将楼宇的党建工作打造成了品牌,她带领的团队受到中组部、中央统战部、市委组织部的多次调研肯定。2017 年,韩青作为基层党务工作者,经过层层选拔推荐,光荣当选为党的十九大代表。

眼光长远,创新党建

社区工作是非常饱和繁杂的,与韩青同期的几批青年社区工作者,现在很多人都已经离开了社区岗位。韩青仍然坚守社区一线,中间她也多次收到企业的高薪邀请,她都不为所动。其实,在社区工作的前七年,韩青工作认真负责,兢兢业业,却并没有受到太多的肯定和奖励;平凡岗位上的坚守,直到第七年才有了集中的爆发。她接连获得了"北京市三八红旗手""北京市劳动模范"等多项荣誉。可以说,今天的成绩,完全是脚踏实地，一步一个脚印走出来的。

韩青以她自己的经历，在沙龙分享中多次鼓励青年校友，在工作中一定要耐得住平凡和平淡，不必计较眼前的一时得失。要坚信，你的付出一定会有收获。她说，不忘初心可能就是这个坚持努力的过程，在坚守中把工作做到极致。

本期沙龙分享在嘉宾和青年校友们的热烈讨论中意犹未尽地结束了，希望"不忘初心"的精神鼓励每一个在当前岗位上奋斗着的校友，我们下期青年汇沙龙再见。

供稿：胡月

北理工青年汇第 55 期沙龙

分享智慧·助力成长——北理工青年校友会印迹

周全：以梦为马，天道酬勤

活动简介

2019 年 1 月 13 日，北理工青年汇第 55 期沙龙活动迎来了新年第一位嘉宾——英诺天使基金合伙人、93 级校友周全。他给校友们带来了"科技创新投资的黄金十年"的主题分享。

嘉宾简介

周全，1993—1997 就读于北京理工大学机电一体化专业，曾任美国 Lam Research 资深工程师、客户服务经理，以色列 Nova Measurement Instrument 中国区经理，现任英诺天使基金合伙人。

周全师兄在校友们热烈的掌声中走进沙龙现场，一入座，周全师兄环视会场，"看来我们北理工的男女比例一直都没怎么变啊！"幽默的开场白引发在场校友们开怀大笑。

简单一句话，周全师兄摘掉了自己"投资新贵""成功校友"的光环，拉近了和在座每一位校友的距离。在接下来的分享中，周全师兄讲述了自己在北理工的求学生涯、外企金领职场到华丽转身为投资人并担任投资合伙人的发展路程。

脚踏实地，天道酬勤

周全师兄说，中学时代报考北理工是他的一个梦想。在他终于走进校门，成为一名北理人之后，北理工就变成了他下一个梦想开始的地方。在校期间他专注于学业，积极学习英语，养成了良好的学习能力和自律的习惯。四年如一日的脚踏实地，让他能够从众多毕业生中脱颖而出，入职世界 500 强企业成为人人艳羡的外企金领。周全师兄认为只有强大的学习能力才撑得起一颗不甘于平凡的内心，只有脚踏实地的态度才能催生平凡到不凡的蜕变。因此"专注"和"实干"是他给每一名年轻校友的建议。

虚心向学，以梦为马

谈及从技术到投资的跨界，周全师兄说他的选择以兴趣为驱动。在 Lam Research 和 Nova Measurement Instrument 期间，虽然主业是技术工作，但他很早就开始接触股票和其他方面的金融知识，所以投资对他而言，与其说从技术到投资是跨界，不如说是把兴趣和职业以及专业背景完美结合。周全师兄坦言，以四十岁的"高龄"转行投资，起步艰难。但凭着兴趣的支撑，有强大的学习能力做基础，再加上"Keep Running"的信念，他用短短三年的时间完美实现了职业的转型，并成为投资界冉冉升起的新星。

从业至今，周全师兄发掘并投资出了微动天下、智行者、推想科技、未来黑科技、佳光科技、酷黑科技、中云智车等 30 余个项目，并在 2017 年成为英诺天使基金成立以来第一位执行董事。但他依然保持着低调的风格和谦虚好学的态度，他再次强调了作为投资人学习能力的重要性："投资人必须在最短的时间内了解一个项目，从而对它的投资价值进行评估，那么向每一位创始人学习既是捷径，同时也是投资人的一个重要能力。每一位都是他们各自领域的精英翘楚，投资人要保持'空杯心态'，时刻保持学习的积极性和能动性。"

予人玫瑰，成人达己

周全师兄投资项目讲究"缘分"。他说对项目本身的评估只是一个方面，他更看重核心团队或者创业者的个人特质。投项目没错，但更是在"投人"。核心团队的格局、向心力、领导力等因素直接决定了一个项目的成败。他认为投资人要有"同理心"，和创业者做朋友，特别是在资本寒冬期里要对好的项目进行深度陪伴，要具有对项目的专业判断力和洞察力。

心系母校，乐为天使

周全师兄帮助过很多校友初创企业的成长，比如推想科技、酷黑科技、京工新能、首驱科技、思源科安等都是周全师兄投资的项目。在2017年中国高校"互联网+"大学生创新创业大赛中倪俊代表北理工获得了总冠军，这是北理工在创新项目上获得的新的突破和荣耀，这也是周全师兄发掘并投资的项目，他看到了倪俊身上所具有的理工学子的创新和执着的优秀特质，并投入心血呵护项目早期的起步和成长。投资这件事本来就是"予人玫瑰，手留余香"，帮助创业者成功，成人才能达己。除帮助很多校友的初创项目成长之外，周全师兄还担任北理工教育基金投资委员会委员，负责为教育基金保值、增值。周全师兄一直在以北理工学子的方式回馈母校的养育之恩，积极为母校培养新时代的人才建言献策。

资本的寒冬恰好是"匠人"精神的春天。北理工以"实事求是，不自以为是"为学风，周全师兄认为这就是"匠人"精神的写照。天道酬勤，以梦为马，即使在寒冬里自由北理学子也能够找到一片春光。周全师兄也寄语北理工的校友们，如果有创业的想法，要趁年轻去践行。不过也提醒所有的创业者，创业是九死一生的事情，非常考验体力、智力，不仅要注意培养强健的体魄，还要多参与社会活动，勇于创新，拓宽眼界。

供稿：李雨晨

北理工青年汇第 56 期沙龙

李瑞琳：生鲜电商十年沉浮

导语

中国电子商务研究中心调研数据显示：生鲜电商 4000 多家入局者中，4% 实现账面持平，88% 亏损，且剩下的 7% 是巨额亏损，最终只有 1% 实现了盈利。而每日优鲜则是这 1% 的头部。残酷而拥挤的赛道上，每日优鲜是如何实现一骑绝尘的？

2019 年 3 月 23 日下午，青年校友会座无虚席。现任每日优鲜副总裁的校友李瑞琳，娓娓讲述生鲜电商的发展和每日优鲜的逆袭之路。

回顾生鲜电商十年

从整个发展过程来看，生鲜电商可以分成几个阶段。

第一阶段，我们称为萌芽期。2005 年，易果生鲜上线，开始致力于经营高端、绿色的有机蔬菜水果，是最早的一批生鲜电商之一。人家开始意识到生鲜其实也可以像家电、服装一样在网上直接购买。随着全国基础设施铺设、快递公司的愈加发达，越来越多的生鲜电商出现。2008 年，咱们北理工校友王双创立了沱沱工社，主要目标群体是高净值人群，以会员制的方式来做有机绿色水果、蔬菜等商品配送。2009 年中粮集团旗下"我买网"创立，融到很多投资。由于 2016 年赴港上市未果，转型经营中粮的品牌农产品，生鲜电商部分逐渐淡出大众视野。

2012年开始了探索期。本来生活、上海的天天果园、U掌柜、我厨等生鲜电商蜂拥而出，互联网巨头京东宣布进军生鲜领域。2013年1号店开始试水生鲜领域。2014年11月份，每日优鲜正式开始运营生鲜电商。

2015年到现在可以说是成长期。垂直生鲜电商像雨后春笋一样冒出来，开始了线上流量和线下资源结合经营的模式，比如7fresh、盒马鲜生等。到了2018年整个生鲜市场规模达到一万九千多亿元，2019年就有两万多亿元。

此时的生鲜电商领域是一片大有可为的广阔天地，规模非常大，而线上的渗透率并不高，还有很大发展空间。很多企业看到这一点，积极地投入进来做生鲜电商。大家耳熟能详的拼多多是做五环外的日用品起家的，也在大规模投入。近期在冲刺纳斯达克的云集，原来是采用社交电商模式做化妆品领域的，也加入了生鲜电商的行列。

每日优鲜的成长之路

从2014年11月成立至今，每日优鲜融资了7轮。2018年4月，社交电商"每日一淘"上线，采用独立融资，去年9月融了1.3亿美金。目前的每日优鲜已步入独角兽行列：

（1）市场占有率第一；
（2）用户规模第一；
（3）营收增长第一；
（4）盈利能力第一。

李瑞琳校友分享了对生鲜行业的几点认知。

1. 消费主体已经发生明显的变化

过去的购买主力是"70后""80后"，现在"90后"已经成为购买的绝对主力军。消费方式发生变化是因为消费主体已经发生变化，相应的需求、消费习惯、购物场景也在发生变化。以前人们可能喜欢外出逛、菜市场和超市，现在由于没时间、压力大，由自己到店购买演变成配送到家。由海量地去挑选，也变成直接线上购买精选商品。以前更注重满足刚性需求，例如要吃饱，现在则是既要吃饱，还希望口感好、新鲜等。比如今天突然想吃车厘子，现在就要能够送过来。

2. 消费的近场化是新零售的必然发展趋势

不管是线上还是线下，生鲜电商都希望能解决即时性问题，用户下单后一小时后就能够送达。每日优鲜的模式是设置中心仓和前置仓，在北京就有350多个前置仓，主要布局在居民区附近，基于大数据来上线商品。其他电商，如福州"朴朴"，也是类似模式，"叮咚买菜"也做得很不错。大家都在前仆后继地进场，用自己的优势争夺市场份额。

除了生鲜领域，随着规模增长，每日优鲜围绕用户的需求和使用场景不断增加新的品类，日用品、厨具，甚至面膜等都可以买到。

李瑞琳校友展示了一张地图，谈到自己的工作是主要负责采购，直接考察原产地，六大洲除了南极洲都留下了足迹，目前已转遍39个国家，笑称大家可以放心购买每日优鲜的商品。

说到零售，大家很容易想到"多快好省"四个字，每日优鲜用坚持精选品类、增多布局城市、加快时效、品质优良、降低成本来诠释。

针对最近大众的讨论热点——消费升级，每日优鲜认为是消费者的多层次性带来消费升级的多层次性，于是采用多模式布局解决消费多层次的问题。每日优鲜极速达的模式是针对一、二级城市用户，对商品质量和时效性的要求都很高，那么就尽可能快速地送到用户手里。建筑物内则是无人零售的方式，对应每日优鲜便利购。"每日一淘"针对的是三、四级城市用户，既需要高品质的商品，又对时效性要求不高，那么就三四天到达。多模式组合持续进化，让每个人随时随地享受食物的美好。

以上是李瑞琳校友对生鲜产业以及每日优鲜经营模式的分析，现场校友听得聚精会神，与嘉宾频频互动。

供稿：何旖桦

北理工青年汇第 57 期沙龙

周泽湘：专注存储三十载，开启产业新生态

嘉宾简介：

周泽湘，1981 级北京理工大学计算机应用专业本科，1985 级北京理工大学计算机应用专业硕士，2002 级清华大学 EMBA。曾任北京飞骥科技开发公司经理、北京同有飞骥科技有限公司执行董事兼总经理，现任北京同有飞骥科技股份有限公司董事长兼总经理。曾获得 2005 年"中国 IT 渠道精英"，2018 年中国存储终身成就奖。2012 年，曾任中国计算机学会信息存储技术专业委员会委员。

与北理工渊源深厚

1981 年，16 岁的周湘泽进入北京理工大学求学，1985 年本科毕业，随后继续在北京理工大学攻读硕士学位。来自农村的他，当时价值观还没有形成，什么都不懂，周泽湘坦言，是北理工踏实务实的文化氛围和老师无私的帮助成就了今天的他。

1988 年的时代背景是海南成为新一批经济特区，中关村出现电子一条街。经济政策向好，是改革开放大好时机。在这一年的科技大会上，邓小平提出"科技是生产力"的口号，号召科研院所进行科技创新，为社会服务。导师王浩与几位即将退休的老教授成立科技开发部，取名为"飞骥"，寓意为"飞腾的老马"，取自"老骥伏枥，志在千里"。几位老教授期望将

毕生所学奉献给国家。

1990年，周泽湘和两个同班同学开始创业。当时什么都没有，王浩导师将飞骥科技公司的营业执照交给周泽湘，又将自己的存款15万元交给他做流动资金，并告诉周泽湘，如果将来赚了钱，将利息还给他就行了。1990年，15万元对于周泽湘来说就是天文数字，代表着导师对他寄予的厚望和信任。而周泽湘并没有辜负老师的期许，一年后将公司营业额从几百万元上升到数千万元，实现跨越式发展。这时导师又做了一个决定，将企业法人改成周湘泽，将公司送给他。

导师曾教导他，"做生意一定要学会分享与合作。如果一个人能赚一千元，这一千元都是属于他自己的。如果三个人能赚一万元，虽然三个人要各占三分之一，但是每个人可以得到三千多元。最主要的是，你的事业做大了，这才是最重要的。"周泽湘将这句话深深记在心中，并且成为他日后经营公司的理念，所以才有了"同有科技"。"同有"寓意"大同大有"，要团结合作，要学会分享。

在北京理工大学成长，在导师帮助下和同班同学创业，企业起源于北理工，周泽湘与北理工渊源颇深。情到深处，他说道："一所学校、一个老师教给你的，往往影响你的一生。"为了回报北理工，周泽湘与计算机学院建立奖学金和助学金，资助科研课题和实验室建设。

深耕存储行业

北理工距离中关村近，所以创业之初，深受其影响。毕业于计算机系的周泽湘，深知计算机是基于信息化处理的工具，随着计算机网络的兴起，未来数据量会呈现爆发式增长。大量的数据需要存储，所以作为数据存储工具的硬盘一定会越来越重要，而且硬盘容易损坏，数据需要备份，他预测数据存储市场会很大。这也就是为什么周泽湘选择数据存储行业进行创业。周泽湘分享到，选择创业方向，第一要看选择的方向有没有前途，第二要看你是否比别人具有优势。具备这两点你才可以去创业。

确定了创业方向后，企业最初在中关村代理高端存储外设配件、存储软件、磁盘阵列等，俗称"倒爷"。1998至2001年，同有科技成为集成商，提供包括软件在内的存储系统解决方案。2001年推出中国首个存储品牌NetStor。2003年，建立覆盖全国的营销服务体系。2012年，成为中国第一家存储上市企业,在国内存储厂商中市场占有率为前三名。

2017年后,同有科技进行第三次转型,将自主可控、全闪存和云计算列为三大战略。自主可控涉及国家安全,将核心技术、关键零部件、各类软件全部国产化,不受制于人。现在国家已经将自主可控上升到国家战略高度。

而全闪存,是指电子硬盘(闪存盘)将逐渐取代机械硬盘。闪存技术的革命将导致整个产业的颠覆式变化。生产传统机械硬盘的就两家企业——希捷和西数。传统机械硬盘涉及材料、电子、机械等各行业,属于高精尖产品,中国弯道超车可能性不大。但是闪存阶段,涉及集成电路和电子,中国和西方国家起步阶段差距不大,有可能实现真正的自主可控。而未来是人工智能的时代,云计算将发挥越来越重要的作用。

同时,周泽湘提出要打造覆盖系统、部件、芯片的存储产业生态,其先后投资了亿恒创源,收购鸿秦科技,注资泽石科技,为实现同有科技的"自主梦,世界梦"奠定良好开端。

供稿:白晓利

北理工青年汇第 58 期沙龙

赵严：扎根视觉领域，服务工业自动化

苦读十载，赵严校友丰富了自己的理论知识宝库。深思熟虑，他觉得自己应该学以致用，将自身所学贡献给中国工业发展。

1994 年，赵严校友入读北京理工大学光电学院（原 4 系）。2004 年，博士毕业的他进入了一家民企——凌云光技术集团，开始了自己的追梦之路。

从踏出校门进入凌云光技术集团做产品经理，到现在成为公司 CTO 兼任显示屏 BU 总经理，工作 15 年之久，赵严校友项目经验丰富，最初负责印钞行业清点、之后从事铁轨检测、显示屏检测等项目，现在负责国家科技部和发改委项目。

凌云光技术集团是 1996 年成立的，扎根于光纤光学和视觉图像领域。经过多年的发展，公司已经成为行业内领先企业。赵严校友自 2004 年进入公司后，与公司共同进步与成长。

深思熟虑进入视觉领域

与众多优秀的学生一样，学校的导师很希望赵严留校，但他更想学以致用，将自身所学应用到真正行业中。临近毕业，忙于毕业论文的赵严抽空参加了一个招聘会，在这个招聘会上只投了一家公司，并选择了该公司的光通信方面的岗位。随着工作后对公司情况的逐步熟悉了解后发现这家公司的机器视觉领域更加符合自己预期，踏实的他在相关岗位上坚持了 15

年之久，负责了众多核心项目，成就非凡。

赵严校友之所以想要从事视觉领域，是因为听了一位老师的报告后思索做出的决定。这位老师从美国归来，给大家分享了国外的工业发展情况。美国工业基本自动化，特别是电子行业加工，如激光加工、激光打孔、激光焊接等，其中高精度自动化对位和引导，需要视觉来辅助完成。这位老师的报告给他的触动很大，赵严校友思考后认为视觉与激光结合，将在中国会有很好的发展，于是选择了这个领域。

进入凌云共同成长

刚进入凌云，赵严校友作为项目经理与3人小团队开始接手"人民币非接触清点"的项目，人民币印刷出来后要无损伤地确认是否为100张，然后切割、成捆送去银行。如果在印刷厂时没确认好数量，那么之后可能会造成很多麻烦。因此，人民币在印刷厂时如何非接触确认好数量就是个难题。赵严校友和团队在印刷厂里不断研究，终于想出解决方案。通过机电机构改善纸边成像，然后通过增强算子改善边缘信息等算法，解决了这个难题。攻克了国际性难题后，当时赵严校友与团队成员都特别有成就感。

赵严校友虽然擅长硬件开发，但是公司领导却刻意让他多做算法，其实是为了培养锻炼他的综合能力。现在回想起来，赵严校友真心感谢当年领导的栽培之恩。

从2008年开始，公司业务开始专注于视觉方面，逐步成为行业内的领军企业。光学器件、视觉器件、工业视觉等都取得了不错的成绩。

凌云也注重芯片的自主研发，并做到了国际领先的水平，这些芯片是应用到光学领域的。其中，赵严校友在2013年设计定义了一款5K×12K的芯片，是航天级技术打造的，长宽比是2.4∶1，初衷是想兼容手机的屏幕外观检测，结果无心插柳柳成荫，随着手机屏幕尺寸的变大，这样留足裕量的设计让这款产品成为近年来全面屏手机屏幕点灯检测的最佳方案。

工业化的所思所感

中国制造2025、美国新工业革命、德国工业4.0，各国都在抢占制造业的高地。公司紧跟国家步伐也在一步步向前迈进。

很早之前，公司所做的视觉领域业务是相对小众的，比如人民币检测。当时，国内印刷行业对质量的要求不高。而工业的本质是品质，在国家提出供给侧改革后，凌云也迎来快速的发展，在印刷行业、显示屏行业等进入快车道。

工业未来的发展趋势就是智能化，未来社会对工业的要求就是高速、高精度、高品质、个性化。

针对这些，凌云提出智慧工厂解决方案。智慧工厂是基于深度感知、智慧决策、自动执行，主要涉及信息采集的数字化、生产管理的网络化、基于大数据分析的智能化决策。当然智慧工厂并不是一天建成，需要很多的步骤和过程。

正如我校周立伟院士提到的，凌云是一个充满思想力的企业，是一群有志于光通信和视觉图像领域同人们的集合，他们在光通信和图像，以及机器视觉领域有清晰的理念。例如，他们认识到，第四次产业革命即工业4.0是以机器人和IT为标志的，智能制造都需要深度感知，视觉图像是工业革命的主旋律。因此凌云提出"为机器视觉植入眼睛和大脑"创新概念，同时提出了明确的目标。

凌云未来在核心器件、整机技术都要实现自主可控。作为全自动、全智能、一体化的工业视觉检测的供应商，与国内工业互联企业、人工智能企业共同推进中国工业的发展。

供稿：徐章新

北理工青年汇第 59 期沙龙

高宇："德以明理、学以精工"
——感悟、践行与分享

2019 年 6 月 22 日，在这个盛夏时节，高宇师兄来到青年汇沙龙，为我们带来了一场以践行校训"德以明理、学以精工"的主题分享。

本次沙龙，报名火爆，现场座无虚席，高宇师兄还邀请了自己在校期间近三十位同窗和老师，一起来到现场。在青年汇主席孙达飞师兄的主持下，专场分享会徐徐展开。

高宇师兄 1984 年入学北京工业学院（北京理工大学的前身）工业企业管理专业；1988 年大学毕业后，回到家乡云南工作，进入国企，从事进出口贸易工作；1999 年开始创业，逐步从公司做到集团，历经 20 年的发展，成为集国际贸易、国际工程、房地产开发、金融、煤炭、林业、资本投资等七大领域于一身的实力集团，下辖全资、控股及参股企业 47 家，业务遍布全球多个国家和地区。

大家十分好奇，高宇师兄是如何做到的？高宇师兄从道与术两个层面，为我们层层揭秘。

高宇师兄说："乾润集团自创办以来，一直坚持'德以明理、学以精工'，这正是母校的校训。"

为什么把"德"放在第一位，是因为"厚德载物"。其实很多企业都知道这个词，但很少去思考为什么不厚德就不能载物，为什么不厚德很难赚到钱，即使赚到钱也会很快失去。

很多企业都非常想赚钱，甚至到了"只想赚钱"的地步，但没有弄清楚什么是钱，什么样的企业应该持久地赚钱。其实钱的本质是"客户对你提供的产品或服务的认可"，很多企业只想得到客户的认可，只想赚钱，却不愿意付出辛苦的劳动去提升自己的产品或服务，结果可想而知。

"德以明理、学以精工"中的"以"字用得非常精妙，每个"以"都有两个意思，第一个意思是"用"，比如"以身作则"，第二个意思是"目的"，比如"学以致用"。

"德以明理"就是指首先用明白上述为人民服务道理的方式，修炼出大德，所谓"大德"即发自内心为别人做好服务的意愿；其次修炼出大德的目的，是更加明白天地间的因果道理，企业的长存之道以及进退法则。

关于"因果道理"

"悟道方知天命，修行务取真经。一生一灭一枯荣，皆有因缘注定。"种瓜得瓜种豆得豆，我们虽然很难证明前世、今生和来世的因果关系，但今世内的因果关系的存在，是随处可见、毋庸置疑的。

关于"企业的长存之道"

中国的中小企业成千上万，但平均寿命仅为 2.5 年，这意味着绝大部分企业不清楚什么样的企业应该长寿。很多企业"赌博式经营"，不顾自身的承受能力，无休止地贷款以扩大规模，他们不明白"做强比做大重要"，他们不明白市场规律就是"危机—萧条—复苏—高涨"，不断循环，更不明白其中的原因。他们不明白"唯有能提供符合市场需求的、物美价廉的产品及服务的企业"才应该生存下去。正如道德经所云："天长地久。天地所以能长且久者，以其不自生，故能长生。是以圣人后其身而身先，外其身而身存。非以其无私耶？故能成其私。"

关于"企业进退法则"

其实，比做长寿企业更重要的是懂得进退，体面收场，而不是像大部分企业，破产才不得不退出，甚至无法退出。未来某一天，可能我们再也没有能力为社会提供符合需求的、物美价廉的产品或服务，但这不重要，重要的是我们要在这一天来临之前收场，看淡人间事，潇洒天地间。正如道德经所云:"持而盈之,不如其已。揣而锐之,不可常保。金玉满堂,莫之能守;富贵而骄,自遗其咎。功遂身退,天之道也。"

"学以精工"就是指,首先要用精益求精的工匠精神学习,其实质就是通过学习找到事物的内在联系及发现事物发展的规律,真正做到"实事求是,不自以为是"。正如道德经所说:"为学日益,为道日损,损之又损,以至于无为。无为而无不为,取天下常以无事;及其有事,不足以取天下。"

研究事物的发展规律一般而言分为三个阶段:

第一阶段,"昨夜西风凋碧树,独上高楼,望尽天涯路",说的是要具备独创精神;

第二阶段,"衣带渐宽终不悔,为伊消得人憔悴",说的是研究学问是个艰苦卓绝的过程;

第三阶段,"众里寻他千百度,蓦然回首,那人却在灯火阑珊处"。说的是砥砺前行,终有发现;

高宇师兄分享道:经过上述三个过程,我们反复推演,终于发现了西双版纳的价值。

五年前,我们买下地块的时候,很少人赞同我们的做法。两年前,西双版纳地产市场火爆,看懂的人说我们眼光好,看不懂的人说我们运气好。其实国内可以做文化旅游项目的地方很多,之所以我们选择西双版纳,是因为发现了它的独特优势。

(1)中国处于北半球,夏天凉快的地方很多,但冬天基本上只有两个地方可以避寒,海南作为老牌避寒区,性价比已经失去;西双版纳因为有热带雨林作为天然氧吧,所以夜晚温度比海南更舒适,更宜居。

(2)由于"一带一路"政策的实施,西双版纳将从一个边陲小镇逐步成长为"东盟中心",各项基础设施建设也在快步向前:国内一线城市到西双版纳直航的班次越来越多(北京到西双版纳每天都有);新机场在修建中;昆明——西双版纳高铁将在两年内开通;由我公司建设的三甲医院将在两年内投入使用;

(3)云南有26个民族,而西双版纳就占了一半,民族风情、文化、饮食等对外界有着极大的吸引力,日益增长的旅游人口将会带来丰厚的人口红利。

众所周知,人口增加将有效刺激房价上涨;随着通信、交通的大发展及老龄社会的到来，城市之间的竞争将加剧，极少量适合旅游度假、养老养生的地方才会引来大量高收入退休人群流入，尤其是暖冬地区（因为老年人退休后，不需要继续留在大城市，而是会选择宜居的地方），不符合上述条件的旅游度假地将呈现截然相反的结果。大量人群和资金进入，又促使政府及社会资金更进一步提升交通、医疗等基础配套设施的建设，形成人口进入——资本投入——城市发展提速的良性生态链，为房价稳步上升保驾。

经过以上多方面的学习研究，我们认为西双版纳的文旅地产发展是大有前途的，最终在西双版纳布局旅游综合体项目，这绝非简单靠运气。

其次，学习的目的是精益求精地将工作做好。这句话看似简单，却是我们伟大校训的最终目的。现实中，很多人其实并不明白为什么学习，甚至仅仅是为了学习而学习。相信只要中国广大学子都能真正明白学习的目的，并精益求精地将每一项工作做好，则中华民族伟大复兴指日可待。

高宇师兄通过分享在云南西双版纳州潜心打造的"玖沐雨林"项目，从"术"的角度，阐述自己如何践行我们的伟大校训。

"玖沐雨林"项目位于西双版纳国家级旅游度假区，占地面积15.9万平方米，总投资逾20亿元，建筑面积46万平方米。该项目已被评为省州重点文旅项目。

高宇师兄全款拍下土地后，用了三年时间研究产品定位和规划设计，考察国内外上百个酒店及大型文旅项目，优化调整超过百次，力争用工匠精神将项目打造到极致，因为中国不缺项目，只缺用心打造的优质项目。高宇师兄始终坚信：只有优质项目才有美好未来。终于他完成以下几个创举。

1. "物美价廉"的完美结合

目前，中国主要有两种酒店，一种是没有配套的酒店，一种是被配套压死的酒店。没有配套的快捷酒店，虽然运营成本低，却越来越难以满足消费者的需要；高星级酒店，虽然配套齐全，但高昂的配套建设及维护成本，反而变成其亏损的罪魁祸首。经过研究论证后，高宇师兄在玖沐雨林建造别墅、洋房的同时，创造性地打造了拥有3600个房间的温泉酒店及公寓，让楼间距罕见地达到200米，且拥有一流的景观，并共用20000平方米的室外温泉、16000平方米的室内水疗SPA、千人餐厅、室内外双泳池、健身房、瑜伽馆、辟谷养生中心、近300家美食名店、西双版纳大剧院、旅游集散中心等配套设施，200米内解决吃喝玩乐游娱购等一切需求，真正做到"超一流享受"和"超低运营成本"的完美结合。

2. 超长持续运营时间

市面上的酒店5年左右就会停业，进行大修和翻新。高宇师兄的酒店力争做到20年"不停业大修"。在外墙建筑上，不用沙灰不砌砖，而是采用全混凝土一体浇筑，有效防止墙面开裂、渗水。并进口最耐久的煅烧砂真石漆，力求20年以上风吹日晒不褪色。在室内，针对最容易被大修的墙面，选用耐用易更换墙布，不仅使用寿命长，且需要时半天即可全屋更换。

3. 客房超级静音

噪声是绝大部分客人住酒店时非常头疼的一个问题。噪声来源很多，有来自走廊、窗外、隔壁及楼上楼下房间的，也有来自屋内的空调及冰箱的，即便很多五星级酒店，也仍未完全解决这个问题。而高师兄采取十余项措施，完美解决了室内外各种噪声对客房的干扰。

4. 客房极致无味

很多酒店房间都有各种异味，相信大家深有体会，但很多酒店自己都不明白异味源头何在，自然也不知道从何处下手解决。比如酒店客房的霉味，很少有人清楚发霉的原因其实是制冷。高宇师兄不仅对异味长期研究，弄清楚了异味来源，并采取了八项措施，彻底解决了这个问题。并采用让业内惊叹的方法检验排气系统：在底层房间的卫生间内，点燃辣椒产生浓烟，通过排气扇排到管道中，要求上层所有房间内闻不到烟味，才算合格。采取如此严苛的检验方式，据我所知，全球仅此一家。

5. 电梯超稳定运行

大家在使用电梯时，经常会碰到电梯让人心惊胆战的骤停骤降。为了解决这个问题，高宇师兄用远高于国家标准进行订货安装调试，达到电梯开关形成的细微气流就能吹倒硬币，却在电梯运行的时候能保持不倒的效果，用来证明电梯的稳定性。

6. 空调热回收国家专利

高宇师兄亲自带领团队，专门研发热回收技术，并在2017年2月取得三项国家专利。该技术广泛应用于酒店，在有效提高制冷效率的同时得到生活热水（可以说以负成本得到热水），大大降低酒店运营成本。

7. 独创的"冰火温泉"泡池系统

这个系统解决了人们在30多度的气温下泡温泉不舒服的问题，并可以提高心血管功能，增强抵抗力，怡情同时养生。

8. 成功解决"故土难离"的问题

所谓"故土难离"，不愿离家，只是表面现象，实际上是"故食"和"故人"难离。"玖沐雨林"的"天下美食名店街"网罗国内外200多家餐饮，将全国地道美食汇聚一堂，可满足所有人的"味蕾需求"。并且通过各种优惠政策，尽力将业主的亲朋好友招入项目中，形成熟悉群体在西双版纳的"聚点"。

还有很多例子，碍于篇幅，在此不一一赘述。

高宇师兄的分享，从道和术两个层面，充分阐述了自己在实际工作中对于"德以明理、学以精工"校训的践行，在场的校友们都为他所做的实实在在的成绩动容。最后高宇师兄用一段感悟，寄语大家，一起共勉：

伟大校训虽然是近10年才被用如此精练的词汇表达出来，但它确实是80年来北理人学习、工作精神的真实写照。校训的确博大精深，非常值得我们大家在学习和工作路上不断地感悟与践行。

供稿：张毓佳、杨皞

北理工青年汇第 60 期沙龙

张阳：理工男的办医之旅

2019 年 7 月 27 日，北理工青年汇沙龙迎来了第 60 位嘉宾——张阳。作为社会办医领域的翘楚，张阳师兄将自己从求学到创业的历程娓娓道来，为近四十位青年校友带来精彩的分享。

理工岁月

当年高考，师兄本来志在清华大学，可惜临场发挥不太理想。成绩公布后，老师推荐他报考北京工业学院（北京理工大学前身）。就这样，师兄远离东北家乡，开启了北理工岁月。回顾过往，师兄笑称，真是来对了："北理工治学严谨，从老师到学生都是踏实勤奋的风格。晚上，同学们人人都争着上自习，你不去自习就觉得落伍一般。"除了紧张而充实的学习生活，学校也给学生们创造了很多机会。担任学生会干部的师兄，组织了很多项活动，特别是把校园舞会办得小有名气，甚至吸引了好多外校的同学参加。

理工男搞文艺活动，这其中有什么秘诀？师兄说那时候他就有"市场化走量"意识，降低舞会门票价格（低价策略），同时把门票分配给各个学院发放（拓展渠道），吸引更多人来参加（宣传推广），效率特别高，短时间就把活动办得很成功。要知道，那还是刚刚改革开放的 80 年代初，市场化浪潮还未兴起，很多今天看来很常见的营销方式，都还是新鲜事物。

带着这种经营天赋与创新的思考方式，师兄勇往直前：88 年毕业后，

89年决定"下海",90年创办公司,92年就成为总经理。

办医历程

医疗,这个与大多数北理工校友就业领域迥然不同的行业,师兄已经深耕了近三十年。自2004年三博脑科医院成立起,师兄就担任院长。时至今日,师兄已成为三博脑科医院管理集团董事长。

脑科疾病,和心血管疾病、肿瘤并列三大医学难题,其治疗具有非常高的技术难度。三博医院是以脑科为主的专科医院,也是首都医科大学直属医院(第十一临床医学院),在神经外科领域享有盛誉。现在已经聚集了一大批具有丰富临床经验、现代神经科学理念和致力于探索医院发展模式的医院精英,具有一批著名的神经内外科专家团队。

三博医院在历次全国医院排名中总分居于前列,受到国家卫生部门和北京市政府的高度肯定,中央电视台曾多次报道,已成为民营医院的榜样。更难得的是,三博医院在业内深受认可,在患者及亲属中口碑颇佳。现在,三博医院每年承担全国数千名神经内外科医生的培训工作。三博医院在云南、福建、重庆等地开设了医院,还将在多地继续拓展,为全国各地群众提供便捷的就医服务。

社会办医前景

基于我国当前公立医院占医疗业主导地位的现状,以及老百姓重大疾病去"大医院"的习惯,三博今天的成绩来之不易。一直以来,民营医院都面临用地、人才引进等难题,还饱受"莆田系"医院的负面形象影响。但师兄依然坚信,社会办医具有良好的发展前景,他将继续为之奋斗。

首先,从社会效益来看,办医无疑是一项有助于社会发展和人民福祉的事业。师兄认为,救死扶伤是无比高尚的事业,而人的价值就在于帮助别人实现价值,而三博医院就在自身发展的同时努力为行业做出更多贡献。以脑科常见的高血压脑出血来说,如果没有得到及时救治,送到大医院也是徒然。而抢救的手段比较简单,但部分县城的医生并不熟练掌握这样的抢救措施。因此三博医院在云南帮助县级医院的医生培训此抢救手段,在抢救中起到关键作用。现在,三博医院在全国各地开设医院,普及脑科治疗技术，能够切实惠及患者。

医疗是一种公共服务，民营医院也可以发挥积极作用，让医疗服务体系的层次更丰富，通过多样化服务，满足各种就医需求。机构改革以后，我国专门成立了医疗保障局，医疗服务保障体系将进一步理顺，相信社会办医将迎来新的发展机遇。

从经营分析的角度，医院属于抗周期经营型单位，现金流长期稳定，经过时间沉淀反而容易越做越大。比如1921年由洛克菲勒基金会创办的协和医院，经过近百年的经营已经成为享誉中外的顶级医院，而同时期的很多企业已经消亡。师兄表示，三博医院就有志于成为这种能够传承百年的精品医院。

师兄还笑称，这么多年来，他也投资了一些其他项目，但大多是亏本投资，收益好的寥寥无几。投资回报最好的项目反而是自己的三博医院。现在，三博脑科医院管理集团估值近50亿元，公司现金流充足，多个分支医院正在筹备中。

"投什么不如投自己"，师兄调侃道，也给现场的青年校友带来了启发。

供稿：胡月

北理工青年汇第 61 期沙龙

姜毅：职业经理人与民企的融合之道

编者按

姜毅，1989.9—1993.7，北京理工大学工程光学系本科；2002.9—2005.7，北京大学光华管理学院全日制 MBA；2003.9—2004.8，法国 ESSEC 高等商学院国际战略专业双学位，获管理学硕士。

曾任中国自动化集团公司集团副总裁、法国拉法基集团（Lafarge S.A.）并购整合及流程管理部部门经理、北京信能通数据系统有限公司股东合伙人、中国南方工业集团公司第五〇八厂光电技术工程师。

现任利亚德集团首席运营官，中国企业财务管理协会数据智能专委会副会长，人民大学商学院 MBA 企业导师，北大光华 MBA 面试考官。

导读

一个阳光和煦的下午，我们很荣幸地邀请到了老 4 系（工程光学系）姜毅师兄，做客北理工青年汇沙龙，带来"职业经理人与民企的融合之道"的主题分享。现场座无虚席，这个主题紧扣职业发展，校友们带着自己工作中的困惑，来聆听师兄的分享内容。

沙龙一开场，师兄温文儒雅的帅气形象就给大家留下很深的印象，师兄说他为了这次回母校的分享，搜集了很久以前上学时候的照片，希望和大家一起回顾母校的校园生活：团员证、班级郊游的照片、宿舍舍友的照片、本科毕业照，时光仿佛回到三十年前，我们依稀听到当时校园广播站的广播，那个淳厚嗓音的男生姜毅在播报"北京理工大学广播站，现在开始播音……"

我职场的"三个八年"的收获

时光荏苒，三十年前那个校广播台的男主播，如今已经成长为知名上市民企利亚德集团首席运营官。我们十分好奇，姜毅师兄的职业发展轨迹，以及每一段经历背后的点滴。姜师兄将自己至今的职业生涯概括为"三个八年"，每一个八年都有不一样的收获和沉淀。

第一个八年（1993—2001年），师兄在内资企业工作。毕业头五年，在国营军工企业做技术工程师。这段经历让他养成了良好的工作作息习惯，早7点到晚9点的工作时间一直保持到现在，以及工程师严谨的工作态度。后三年，想出去看看外面的世界，于是1998年自主创业，做IT集成创业，开始了三年疲于奔命的创业生涯。从一开始不好意思向客户要价，到催交货款，从一开始的羞涩，到乐于接触客户，为了生存摸爬滚打、自负盈亏，这个过程中深刻体会到"客户是上帝"的含义。也正是这三年创业的历练，让师兄练就了能够完全站在企业主的角度思考的能力。

第二个八年（2004—2011年），师兄在外资企业任职。头五年在法国拉法基中国区，后三年调入巴黎总部做管理层工作。这段经历进一步提升了师兄的职业素养，包括全球化的视野、完备的员工培训、语言能力的精进、团队的管理能力锻炼等。

第三个八年（2012年至今），师兄先后在两家上市民营企业担任首席运营官。他把这段经历称为回馈的八年，即：头五年在石化行业的中国自动化集团，后三年至今在科技文化融合发展平台利亚德集团，都融入得非常好。

职业经理人空降民营企业——选择的三要素

一提到"空降"这个词，可能充满不确定性，空降的职业经理人，表面上高高在上、风光无限，但做起来"难落地，难融入"已成为一个典型现象。难落地，是说他们难以真正在企业施展；难融入，是因为空降兵不太容易融入企业原有的文化与团队中，在徘徊中沦为外来异类。

拥有两次"空降"职业经理人的成功经验，姜毅师兄的秘诀是什么呢？他说最初的选择至关重要，因为并不是所有企业都需要你去空降，也不是所有企业都值得去空降，更不是所有企业都适合你去空降。那么怎样选择适合自己空降的企业呢？师兄结合自己选择利亚德集团为例，阐述了他做出选择的三要素。

第一个要素是刚需，即：企业是不是真的需要你？企业的痛点在哪里？真的痛吗？

利亚德由1995年刚成立时的16人，截止到2018年集团4300多人，80亿元收入，13亿利润，代表作包括2008年奥运会开幕式LED显示屏幕、电影《阿凡达》的后期制作，以及西安《大唐不夜城》的城市景观亮化等，它已成为LED视频及信息发布显示屏领域的引领者。

如此亮眼成绩的背后，充满了各种试错。随着集团规模的不断壮大，业务国际化和多元化的双重考验，以及集团未来的发展方向等，让董事长李军已忙到分身乏术，痛点日益凸显，对于经营企业在成长过程中的职业化，特别是职业经理人的需求迫在眉睫。于是利亚德从2012年开始就在寻找合适的职业经理人，先后面试了20多人，直到2015年，李军董事长通过猎头找到了姜毅，通过三顾茅庐，几次和姜毅的深入交流，他认为姜毅是最佳人选，相信姜毅能够帮助他解决最棘手的刚需问题。

第二个要素是企业是不是真正值得你去？即：企业的外部有发展空间，内部有优化空间。

姜毅师兄的考量是："外部空间：比较欣赏、看好利亚德所处的'视觉视效'行业。这个行业不太会受经济周期的影响，技术可以革命，材料可以迭代，但人类的眼睛对'视觉视效'的需要永远存在。内部空间：一是利亚德在民企里规模较大，也相对规范。现在一些民企不是很规范，很多从外企加盟到民企的职业经理人，都担心自己能否在企业生存下去。所以我要去的民企至少是一个能够看到它的财报的上市公司，这样就会有基本的信任。二是李军董事长——锐意进取的儒商的个人魅力也打动了我。利亚德的几次发展跟他的商业眼光和前瞻性有很大的关系,他需要一个智库型的职业经理人帮助他去扩大差异化优势,进一步做大做强。"

第三个要素是你是不是真正适合这家企业?即:企业的痛点刚好是你的特长吗?你跟企业的匹配点有多少?

姜毅师兄说:"以我为例,职业经理人与企业的匹配点越多,空降成功率越高,一切建立在你对这家公司的真实情况了解上。"

"归结下来,我和利亚德有三个主要的匹配点:

(1)我独特的优势是我创业过,懂得站在老板角度思考。

(2)我和利亚德的诉求高度匹配。利亚德是一家迅速成长的企业,它自身有优势,但是发展中的问题是不可避免的:一是企业规模扩大以后,怎么进行日常管理?以前大家开碰头会解决问题,现在企业一下变成近百亿元的规模,不可能天天靠碰头会去管理公司。所以这个时候它急需更加标准化、流程化的适合大企业的管理方式,而这是我的强项,因为我在港资企业做过4年日常运营管理。二是利亚德一下成了旗下拥有20多家国内控股企业、8家国外企业的集团公司,这样的集团公司怎么管控?

(3)利亚德的海外业务量越来越大,还没有合适的人去管理,然而这也是我的强项所在,因为我在法国拉法基集团管理过并购整合及流程管理部。"

职业经理人空降民营企业——融合的三要素

做出选择后,就要尽己所能,充分与企业融合,姜师兄进一步阐述了融合的三要素。

1. 全心融入(好人缘)

(1)把自己打开,先要被企业和企业里相关人员接纳、喜欢和支持,这是职业经理人开展任何工作的前提;

(2)摆正心态,企业能够走到今天,必然有成功的地方;

(3)做到正确地认知自己的位置,充分地理解自己在组织中的互动关系网,主动地去沟通,让尽可能多的信息点汇集在你身上,永远怀着创业者的心态。

2. 解决问题

（1）从最急迫的问题入手，从老板最痛的地方入手；

（2）找阻力小、见效快的问题入手；

（3）最好不要一上来就单纯做管理，而要结合业务来做管理，或者从业务入手，在自己负责的业务中实践管理理念，再向其他部门推广；

（4）做的所有的事情都要有直接的价值体现，能够为企业增值，脑子里要有企业价值地图，让所有事情有直接的价值产出。

3. 管理变革

（1）在情感融入和急迫问题解决见效之后，才着手进行企业的组织变革、评价机制和激励机制的优化，人力资源的调整等管理改革；

（2）任何组织和人力的变革都要绑定在业务调整上，而不是单纯地谈组织变革；

（3）做好充分的沟通，找到和老员工契合的共识；

（4）做任何的变革都要结合企业当前的发展阶段，不能一厢情愿。脑子里要有企业发展周期图谱（初创期—成长期—成熟期—衰退期），明白处于不同周期的企业都面临可持续增长问题，保持企业可持续增长就是企业永恒的战略目标。

供稿：张毓佳

北理工青年汇第 62 期沙龙

分享智慧·助力成长——北理工青年校友会印迹

于雷：万物互联　重做 COFFEE

编者按

于雷，1998 级北京理工大学生命学院生物工程专业校友。曾任爱国者电子科技有限公司西南大区总经理，现任北京易咖科技有限公司联合创始人、CEO。2013 年开始创业，从人脸识别到智能硬件多个行业之后，最终聚焦咖啡行业。

做咖啡并不容易，一方面国内没有咖啡文化的积淀，另一方面咖啡产业链条过长，从最上游的咖啡树种植，到中间的咖啡豆烘焙，再到下游的 to C 消费，每个环节都有巨大的挑战。大家熟知的星巴克联手阿里，在咖啡外卖领域，与瑞幸、连咖啡形成"三国杀"局面，相比之下，自助咖啡行业成本集中在机器和原材料上，大幅降低了其他模式中不断上涨的人力和店面成本，使用户用合理的价格享受一杯好咖啡成为可能。

作为自助咖啡行业的领跑者，校友企业易咖是国内唯一一家完全自主研发自助咖啡设备和平台系统的公司，整合 Tree To Cup 的上下游供应链，改变了中国用户长期以来必须花费欧美用户 5~10 倍的价格，才能喝到研磨咖啡的窘境。作为易咖的创始人、CEO，于雷师兄的分享，将为我们揭秘易咖的成功秘籍。沙龙现场座无虚席，从大一新生到毕业多年的各行各业校友，大家都十分期待于雷师兄的经验分享。

万物互联，企业面临新机会和挑战

于雷师兄信心满满地说："随着 5G 和物联网技术的爆发，自助咖啡行业将迎来新一轮的转型蜕变。过去几年，自助售卖机从传统的投币，转变为扫码支付，易咖是微信人脸支付首个合作伙伴，易咖咖啡机也成为微信人脸支付的第一个落地项目，各种设备的人脸支付今年也将逐渐普及。未来易咖机器内设的传感器也将越来越多，我们将通过获取机器里每一种原料，每一个零部件的信息和状态，每一次的制作动作，更精准地了解和分析用户的口味喜好等，通过精细化运营，生产出千人千面的自助咖啡产品，这是传统线下渠道永远实现不了的。"

师兄进一步阐述，易咖在万物互联应用中获得了四方面的启示："第一，产品。新技术使我们更精准地了解用户习惯，通过'算法'，打造个性化的产品和服务。第二，价格。支付方式的升级使我们可以更加个性化定价。第三，渠道。从上游原材料生产，再到下游渠道销售，供应链革命性地整合为一体，生产即消费。通过数据，可以精准地知道，每一杯咖啡用的咖啡豆是哪天在哪一片咖啡树林采摘的，哪天烘焙，哪天装到机器里面的，每个环节都是哪些人来负责完成的，最终购买咖啡用户对产品的接受程度，哪些地方的用户钟爱哪些口味等信息，进行全供应链闭环管理的同时，使产品可以持续'进化'成用户需要的样子，在用户身边提供最便捷的服务。第四，推广。新的交互技术得到更完善的用户画像，以及新的触达用户方式，从而更精准地传播品牌和产品。随着用户的个性化需求磨合，未来的服务场景会是，'您还要上次那个温度、甜度的拿铁吗？'"

为什么不是升级，而是"重新做了一遍咖啡行业"

师兄推荐了一本通俗易懂的经典营销书籍《二十二条商规》，其中第一条就是"领先法则，成为第一个胜过做得更好"，从中获得的启示是，做公司就是要想办法让它成为第一！

做第一有什么好处呢？师兄举例海底捞、星巴克，这些行业龙头企业，它们进驻任何地方都是被请去，同时得到超乎想象的优待，因为它们能给商场持续带来高人气，这是非龙头企业无法相比的。

问题是如果自己所在行业已经有第一了怎么办呢？这就是商规中的第二条"类别法则，开创新类别，画出新赛道，成为行业第一"。师兄举例苹果是如何打败诺基亚的，正如诺基亚总裁自己说过的"诺基亚没有做错任何事情"，苹果对诺基亚的反超，不是在诺基亚专注的功能机上发力，而是画出一个新赛道，开创一个新类别——智能机。

基于以上两点，于雷师兄并不是做传统自助咖啡设备的技术升级，也不是走传统咖啡店烧成本的老路，而是转换赛道，重新做了一遍咖啡行业。

必经的成长，易咖如何从 0 到 1

回顾 2017 年至今的易咖之路，于雷师兄感叹：挺难的！我们并不是国内最早进入自助咖啡行业的企业，我们开始的时候，已有 20 家在做，我们创始人团队都没有这个行业从业经验，但是我们用了一年的时间就成了覆盖率第一。这其中最核心的原因是我们从服务用户的商业本质出发，自主研发自助咖啡设备和平台系统，这之前，国内没有先例，这意味着，国内自助咖啡机的生产供应链是一片空白，正如在雷军之前，国内自主研发的手机供应链是一片空白一样，因此小到一个搅拌器，大到支撑所有设备运营的平台管理系统，我们都得自己做，开张就花了 1000 万研发成本，具体来说：

第一，易咖设备软件、硬件全部由团队自主研发，以互联网、物联网和移动支付技术为基础，打造云平台远程操控管理系统、实时调动及跟踪运维系统、线下用户会员系统，组成技术驱动的生态平台。只有自主研发和快速迭代，才能紧跟智慧校园、科技后勤的发展，对师生用户的建议、回馈做出及时反应，提供更精准的个性化产品和服务。

第二，易咖与星巴克亚太地区唯一合作伙伴"爱伲庄园"在云南普洱第一期合作了5000亩的专属雨林咖啡种植基地，打造了Tree To Cup（从咖啡树到一杯研磨咖啡）的自主供应链，以种植于海拔1100米以上的AA级阿拉比卡咖啡豆为原料，真正做到从产品源头确保高品质，打造"产地直采+专供"模式。

第三，聚焦年轻客户群体，优先聚焦校园市场。易咖选择了一条与其他自助咖啡品牌不同的道路——当其他品牌最先选择将咖啡机投放于写字楼、商超时，易咖将市场优先聚焦于"985""211"等高校场景。主要原因有三点：一是用户相对年轻，愿意尝试新产品，与此同时，标杆型大学的进驻，可以为品牌带来标杆效应；二是用户相对固定，容易形成黏性。学生至少在学校待4年，是一个相对固定的人群，很容易成为长期用户。为什么我们不进驻机场、高铁站？进入写字楼？当我们的用户走出校园，走到工作岗位，我们的产品和服务将持续伴随在他们身边。我们的核心用户还是那些我们常年服务的老用户，我们要服务好这些核心用户，于雷师兄看重的是用户的成长性，即长期价值的经营。

结 语

在咖啡红海市场中，易咖以自己的方式在市场中独辟蹊径，不到三年时间成为自助咖啡的龙头，当前市场占有率30%，其中高校市场占有率80%。对于未来，于雷师兄目光坚定地说："坚持为用户做一个'我觉得'的好咖啡，我们要颠覆这个行业，重塑这个行业，用最新的技术赋能行业，打造最高效的供应链，在用户认知中建立起自助咖啡的新理念，重做咖啡行业，在新的赛道中做第一！"，在场校友们都深深被其感染，不破不立，大家收获满满，踏上各自赛道新的征程。

供稿：张毓佳

北理工青年汇第 64 期沙龙

蔡少惠：职场礼仪的那些"小"事

我国素有"礼仪之邦"之称，礼仪文化源远流长。《诗经》有云："献酬交错，礼仪卒度。"随着时代的发展、文化的兼容并蓄，礼仪已有不同的表现形式，也在我们生活的各方面有所体现，且越来越被重视。

11 月 23 日，北理工青年汇迎来了初冬的第一场沙龙，有幸邀请到中国职业技术教育学会人文素质教育专委会副会长兼礼仪文化教育研究中心主任蔡少惠老师与大家分享职场礼仪的那些"小"事。

礼仪——简单却"不简单"

　　沙龙开场，蔡少惠老师通过PPT展示了一些平日生活中我们常见的坐立行姿势、与人握手的姿势以及不同场合穿着打扮的图片，让校友们从图片中指出有哪些错误，错误的原因是什么，并介绍了正确的举止与仪表。校友们积极寻找图片中的错误，蔡老师用极富感染力的语言进行讲解补充，并亲自示范。

　　身处职场的我们之前对礼仪了解甚少，经过这次分享之后才知道，礼仪通常是在细节上体现，而细节却容易被我们忽略。比如，男士与女士握手之时，若无长尊之别，遵循"Lady First"，待女士伸手之后，男士才能伸手且男士要握女士四指而非全握。假设，男士先伸手了，女士应礼貌回应而非拒绝握手。还有握手之时双方的站姿与距离等细节。

　　仪表在礼仪中也是很重要的部分。不同的场合，有着不同的服装，如外交场合，需要着西装，显得正式，而且衣服与鞋子都有相应的讲究。细节就不多说，大家以后需要参加外交活动及其他重要活动时，可找蔡老师提前做好礼仪培训。

　　蔡老师就习主席与夫人彭丽媛的外事活动的图片，与我们分享了具有中华文化的礼服——中华立领，也分享了服饰礼仪中的"TPO原则""三一定律""三色定律"等，更讲解了"White Tie"和"Black Tie"的区别，让我们直观地了解到服饰所表达的语言信息及思想情感。

礼仪——民族复兴之所需

　　礼仪是交往的艺术，内察于气度仪容，外显于谈吐举止。表现得体，自会让人如沐春风！

　　礼仪无小事。它不但关乎我们个人，更关乎我们的国家。我们国家强大了，人民生活水平提高了，出国旅游人数逐年攀升，但是新闻上经常报道我国公民出国游时一些不文明的现象，引发国内外热议。

　　蔡老师强调，中国梦的实现不仅是经济的腾飞和军事的强大，还应该是国民素质的整体提升，所以国民素质的提高是作为伟大中国梦实现的一个重要环节。

　　虽然我们没有接触过系统的礼仪教育，但是国家已经意识到这个问题的重要性,并在 2017 年 1 月 25 日颁布了《关于实施中华优秀传统文化传承发展工程的意见》,简称"国学十八条",其中第十三条明确要求加强国民礼仪教育,意指加强所有年龄段国民的礼仪教育,将礼仪教育上升到国家层面。

礼仪传播——任重而道远

蔡老师不仅自己身体力行讲授礼仪知识,还坚持做公益,传播礼仪文化。蔡老师成立了中华礼仪公益讲师团,目前有公益讲师近 500 人,在全国 28 省 98 个城市 180 所学校组织了 274 场公益讲座,惠及民众149085 人。

蔡老师发起组织并支持赞助由中国职业技术教育学会主办的"全国职业院校师生礼仪大赛",历时三年,共举办了 10 场比赛,大赛真正成为展示职业院校师生风采、展示我国礼仪教育改革发展成果的窗口,成为扩大职业教育社会影响、推动中华礼仪文化更好传承传播的平台。

蔡老师更是将自己的所思所想所感写成书籍,向更多的人分享她的理念与经验。她出版了《优雅女人品味修行书》《话要这样说》《像林徽因一样优雅,像张爱玲一样强大》《匠人精神成就一流人才》《中华文明礼仪》《耕耘 收获——教育教学成果集》等专著。

蔡老师还主持完成教育部现代职业教育重点课题"中华优秀传统文化传承视域下职业院校礼仪教育研究与实践",并被评为优秀课题。

让我们向蔡少惠老师学习,共同携手学习礼仪知识,传承礼仪文明,传播礼仪文化,共同做中华文明礼仪的传承者和践行人。

蔡少惠老师精彩分享要点

1. 职场礼仪概述

(1)什么是礼仪。礼仪,礼即尊重、尊敬。仪即仪容、仪表、仪态等具体表现形式。礼仪不是两个字简单的叠加,礼仪是尊重自我、尊重他人的一种规范的表现形式。

(2)礼仪三大标准。一是以尊重为本,二是善于表达,三是表达的形式要规范。

(3)职场礼仪及其作用。职场礼仪就是在职业场合中遵守的待人接物、为人处世的行为规范。学习职场礼仪有四个作用:第一是树立个人良好形象；第二是和谐邻里关系；第三是有助于维护企业形象；第四是提升全民素质。

2. 职场形象是什么，如何塑造职场形象。

职业形象包括五个方面：亲切的表情、整洁的仪容、优雅的举止、合理的穿着和礼貌的语言。这既是对自我的尊重也是对交往对象的尊重。

（1）亲切的表情。形象塑造不是穿华丽的衣服，最好的形象是亲切的表情。相由心生，有什么样的心态就会有什么样的面相，要学会微笑、阳光、乐观、向上。

（2）整洁的仪容。男士做减法，女士做加法。男士要每日刮胡子，每天要洗澡，每月要理发。女士要学会保养自己，重要场合要学会化妆并佩戴适当的配饰。

（3）优雅的举止。

（4）得体的服饰。服饰要符合身份、遵守场合和遵守常规。不同场合着装标准不一样。休闲场合舒适方便，公务场合整洁大方高雅，社交场合要时尚有个性。

（5）礼貌的语言。同样的一句话，表达方式不同得到的结果可能就不一样。说得巧妙艺术，就容易被人接受。少一些指责多一些赞美。要把握三个原则：真实而真诚，明确而具体，及时而有效。用三条原则去赞美你身边的人，要赞美具体的事，要真诚。

3. 约定俗成的穿着规则

（1）TPO原则（Time Place Objective）——不同的场合，有着不同的服装搭配。

（2）三色原则——正式场合中，我们全身上下穿着的颜色不能超过3种。

（3）三一定律——三个部位（鞋、包、皮带）协调统一。

（4）三大禁忌——忌袖口商标未摘，忌穿夹克打领带，袜子问题（长短问题、颜色问题），其中袜子颜色选择采用"临近原则"。

供稿：白晓利　徐章新

北理工青年汇第 65 期沙龙

于立国：新能源汽车行业发展与商业生态思考

编者按

于立国，北京理工大学 2003 级动力机械及工程专业博士，高级工程师。曾任北汽集团战略规划部部长，现任北汽新能源党委委员、执行副总经理，主管战略规划、固定投资、合资合作、整车资质公告与政府审批、中长期产品规划、用户体验设计等工作。主持过北汽集团"十三五"战略规划，北汽新能源 2025 中长期产品规划，推动若干重大国际合作项目落地；牵头孵化了北汽新能源与滴滴出行合资公司，与华为合作成立"1873"戴维斯创新实验室等重大项目。

导读

2019 年 12 月 21 日，青年汇第 65 期沙龙如期举行。作为 2019 年最后一场沙龙活动，青年汇请来了重量级嘉宾，北汽新能源执行副总经理于立国师兄，给校友们带来"新能源汽车行业发展与商业生态思考"主题分享，解答校友们对新能源汽车行业目前状态和未来发展方向的疑问和困惑。

新能源汽车与国家战略

早在 2014 年 5 月，习近平总书记在上汽考察时就提出："发展新能源汽车是我国从汽车大国迈向汽车强国的必由之路。"2015 年，新能源汽车被纳入《中国制造 2025》并明确其战略目标。

国家为什么支持发展新能源汽车？主要从两个方面考虑。

第一，新能源汽车是全球性的课题，中国是其中最重要的市场。中国汽车保有量达到 2.5 亿辆，年销量大于 2000 万辆。基于能源战略，各国相继推出了禁售燃油车的时间计划表，表明了全力发展新能源汽车的态度与共同认知。中国也已启动关于制定停止生产销售传统能源汽车的时间表。

第二，从国家能源结构层面考虑，相对于发达国家与地区，中国目前能源结构仍处于不均衡状态。2018 年，中国清洁能源占比仅 22%，煤炭、石油占比高达 58%。而同时期欧洲清洁能源占比 49%，煤炭、石油占比 15%，能源结构更均衡。不均衡的能源结构给中国带来两个严重的问题：环境污染和过高的石油依存度。环境污染，北京雾霾是带给大家最直观的感受。而石油依存度，我国每年 50%~60% 石油需要进口，因此国家一直在优化能源结构，如三峡水电站、三代核电站、特高压送电以及"一带一路"中的能源互联网等举措。未来中国的能源结构更加均衡，生活环境会更好，电力也会更便宜而富余。交通是能源消耗大户，所以国家会长期支持新能源汽车发展。

新能源汽车产业的发展趋势

新能源汽车有三种技术路线，纯电动、油电混合动力和燃料电池。那么哪种技术路线会成为主流？

纯电动汽车就是靠电驱动；油电混合动力就是以电机作为发动机的辅助动力驱动汽车，使燃油机和电机优势互补，降低油耗，但是需要配备电池组，这套系统价格较贵；燃料电池需要加氢，加氢站建造费用昂贵。技术路线不能仅仅考虑技术，还要考虑整个社会化配套的问题。充电桩建造简单易行，价格便宜，社会化配套问题很容易解决。随着电池价格下降，纯电动汽车在某个时间节点会超越燃油车，所以纯电动技术将成为主流技术路线，电动汽车也将是中国未来的发展趋势。

过去 10 年，在新能源汽车领域，国家投入很多资源，也培育了大批自主企业，比如作为核心资源之一的动力电池企业，已经达到了世界级水平。

关于商业生态的思考

目前汽车与生活的连接仅是出行工具，未来需要的是无缝连接的出行生活，在车里思考生活，在生活里拥有汽车。围绕着汽车在使用过程中与生活里的节点产生关联，让汽车兼容生活 App，进行场景符合化改进，包括基于位置、兴趣爱好等。未来电车有两个发展方向：车联网和自动驾驶。随着 5G 和人工智能的到来，自动驾驶来临的时候社会出行将发生本质性的变化。

北汽新能源的应对

北汽新能源从 2009 年诞生到现在已整 10 年，前 4 年积累技术，后 6 年汽车销量连续第一，获得很多荣誉。北汽新能源对整个行业贡献巨大，创造了很多商业模式，包括从最初的买车免费安装充电桩、分时租赁、车电价值分离等，与行业和产业链共同成长。同时在国外设有多个研发中心，致力于打造优质的新能源汽车。

过去 10 年，是中国制造崛起的 10 年，中国制造有了大幅度的提升。未来 10 年，是中国品牌崛起的 10 年，中国企业将在世界上形成自己的竞争力。

2020 年北汽新能源高端品牌 ARCFOX 首款量产车型即将上市。该品牌致力于打造追求极致性能和创新设计的高端智能新能源汽车；聘请国际顶级设计师主导家族产品设计。与豪华车制造商 MAGNA 成立合资公司，打造高品质标准的产品；与华为深度合作，开发达到 L3~L4 等级的自动驾驶系统，让我们拭目以待。

中国新能源汽车行业可以实现弯道超车，站在世界的前列，因为我们拥有足够大的市场，足够好的产业链，还有足够优秀的团队，所以中国品牌是绝对可以崛起的。

供稿：白晓利

北理工青年汇第 66 期沙龙

曾文：创业是人生的必修课

新年第一期校友沙龙，我们有幸请到了北京精英路通科技有限公司董事长、白石桥七号咖啡第 25 号发起人曾文，来给青年校友们分享自己的创业经历和感悟。

第一次见曾文学长，给人的印象更像是一个帅气的大学教授，精心准备的幻灯片，不疾不徐的谈吐，逻辑清晰，娓娓道来。学长丰富的人生阅历，就像一幅画卷，在我们眼前徐徐展开。

从学校到社会，从索取到回馈

曾文学长是北理工应用物理 87 级的校友。在校期间，除了完成课业，也很注重锻炼自己的综合能力，参加过京工学生报、物理学会这些课外组织。学长说，在北理工的收获，除了专业知识的学习，更重要的是建立了一种系统性的思维模式，对将来的人生，包括创业都很重要。而学生时代建立起的良好的同学关系，那种友谊和信任，对未来的人生也很有帮助。后来在经营遇到困难的时候，同学甚至抵押自己的房产借款给公司，帮助他渡过难关。

毕业后，曾文在科技公司做销售，同时晚上去酒店做服务生，后来还干过房地产销售。在与形形色色的人的接触中，在与复杂社会的碰撞中，打磨了大学时代的傲气，抛掉了不切实际的心态，逐渐去理解社会、融入社会。这个过程中，他学到了创业路上一项重要的认知——销售就是销售自己。"不单单是销售产品,也是销售自己,首先要让别人认可你,达成一种信任,然后才是销售产品。"推而广之,后来所有东西,包括创业,都和销售相关。"做一个公司的负责人,也是在销售自己,自己是什么样的人,能吸引到什么样的客户,能吸引到什么样的员工。"

曾文开始创业,是在2000年,误打误撞进入了智能交通领域。但是这个时候的创业,并没有一个系统的规划,没有想清楚怎么做,只是单纯地觉得能多赚钱。这种为了赚钱而开始的创业,并不具备非常稳固的根基,期间也遭遇过合伙人离开,各种公司内外的难题需要处理协调,甚至还曾帮退出的合伙人偿还赌债。当很多人都放弃的时候,他坚持了下来,而这一干,就是十多年。

在不断经历、不断积累的过程中,曾文对于创业的认知也发生着变化,从"我想要"到"别人需要"。他说:"如果你要创业,要想好为什么创业,想要得到的是什么,有没有未来的规划?不应该单纯为了赚快钱,或者当老大。"对于为什么创业,曾文现在的回答是"因为别人需要",别人需要这个东西,以及别人需要你来做这个东西,所以你要去做,"真正为别人创造价值,别人才愿意和你交换价值,事业才可持续"。在角色上,也从一开始的向家庭和学校的索取者,到进入社会一步步打拼,再到有能力回馈家庭、学校和社会。

从开发一款产品,到开创一个行业

对于创业去做一个企业,曾文认为有着充分条件和必要条件:充分条件是内在必须有足够的积累,而必要条件是外在有需要你去做的事。在2015年前后,他的公司开发出了"80度大倾角车牌识别算法",这个目前仍是全球唯一的技术,能够极大地为客户带来价值。于是,在接近知天命的年龄,曾文选择了二次创业。"创业不单单是开发一种产品,而是建立一套体系。"尽管已经具备了创业的允分条件和必要条件,但真正做起来才发现,这是整个创业历程中最艰难,爬坡最累的两年。

在谈到业务的时候,或许是因为在自己的带领下,经历了从无到有,再到成为龙头,所以虽然是最辛苦的两年,但能感觉到曾文学长的自豪。"创立新的公司,经历了非常艰难的过程:新的业务、新的市场、新的体系、新的管理模式。"在这个过程当中,原来学过的所有知识、全部经验,都用上了。开发出来的大倾角识别技术虽然能为客户提效降费，带来巨大价值，但因为是业内首创，包括硬件、软件、管理流程、相关政策在内，所有配套都是一片空白，必须去建立一个新的产业。"我们的销售人员只有别人的五分之一，甚至十分之一，但通过把客户变成我们的伙伴，帮助客户去挣钱，他就成了我们的销售，形成一个良性循环，一起把产业做大。"就这样，曾文从大倾角高位视频产品入手，衍生出若干相关业务，到建立一套管理体系，再到开创一个行业。

曾文举了一个智能停车技术进化历程的例子：第一代是固定安装在路边的咪表，第二代是手持PDA，这两类技术证据缺乏、人工管理黑洞现象严重；第三代技术是地磁技术，存在证据缺失、运营成本高、干扰严重等问题；第四代是路边矮桩，容易被破坏和遮挡，成本高；近期的第五代小倾角高位视频技术，一个摄像头只能有效管理两三个车位，效率低下，场景受限；而第六代技术是他们公司开创的大倾角高位视频技术，一个摄像头能管理十多个车位，大大拓展了实际应用场景，可以帮客户增加收益，降低成本，填补漏洞，公司自己也能实现可持续的运营与优化。但是为了能做成这件事，需要去帮助那些具备一定优势资源、但不具备全产业链能力的客户。于是，曾文也经历了从最初的产品开发者，到后来的业务服务者，再到现在的产业赋能者的蜕变。

创业是一场修行

作为一个行业龙头企业的董事长，智能交通领域的专家，他人眼中的成功人士，曾文学长却出乎意料地谦虚与低调。在回顾创业历程的讲述中，我们没有觉得这是一位高高在上的企业一把手，而是一位平易近人的学长，反复在说"成功的经验很少，更多的是教训吧"。那些一般人遇上可能觉得天塌下来的事情，在学长这里，不过是轻描淡写的几句话，"创业是心胸不断被撑大的过程"。

曾文把一个产品，变成了一个行业，把一份工作，变成了一种使命。"创业是人生的必修课"，对于创业与人生，他总结了四个阶段：第一阶段是社会、家庭投资于你，学习、成长的过程；第二阶段是回馈社会与家庭，完成使命，拓展空间；第三阶段是做你想做的事，实现梦想，创造自由度；第四阶段是开悟，布道。"使命"是曾文提到最多的词之一，认为自己还处在第二阶段，完成使命的阶段，在这个阶段，自己不过是被选中、被别人需要，因此必须去完成这件事，这就是使命。

心理学家马斯洛提出的需求层次理论，把人类的需求从低到高依次划分为生理、安全、社交、尊重和自我实现等几个层次，最终迈向超我开悟的境界。曾文认为自我实现的阶段要去完成使命、实现梦想、创造负熵、成就自我，而创业才能达成使命、完成自我实现。不要期望跳过自我实现，达到更高的境界。"并不是只有做公司才叫创业，创业是创立一项事业，或者创立一套体系。"创业本身就是一场修行，通过这场修行，才有可能达到超我开悟的境界。在学长求学的年代，"吃饱穿暖的问题还没完全解决，安全感和尊重感也很差，只能一点点去积累"，一步步走来，不断向着更高的层次迈进，就像时间的河床里，被逐渐浸润、打磨的美玉。

以终为始，不悔将来

"设想80岁的你，会如何看待和选择？"这是在分享接近尾声的时候，学长最让人印象深刻的决策理念。可能并不是每个人，都能获得世俗意义上的成功，但是在一生中，总会有一些真正重要的选择，这些选择常常被当下的很多问题所困扰，每一个问题似乎都很重要很急迫。当我们尝试把镜头拉到远方，透过时间的滤镜，才能看清那些最重要的选择，更好地帮助我们决策，尽量避免做让未来后悔的抉择。

在回顾自己的创业历程时，学长也曾和所有年轻人一样，并不是一开始就有这样更高层次的认知，也曾有过困惑和迷茫，"有过很多教训，如果再让我来一遍，可能不会那么选择"。但是正是那些经历，成就了现在的他，成为他成功所不可或缺的认知和经验；也正是这些积累，为后来的厚积薄发，打下坚实的基础。心甘情愿的付出，脚踏实地的努力，才显得更加的真实和可贵。

从制作精美的幻灯片，到认真准备的分享内容，"为了这个分享，好几个晚上睡不好觉"，或许学长成功的秘密，就藏在对每一件小事一丝不苟的态度中。"每一天都当作在奔向创业的路上，每一件事都是创业的准备。"我们突然明白，他的同学为什么愿意在他困难的时候，宁可抵押房产，也会去支持他。这样的认知贯穿起了人品、态度、能力、眼光等方方面面，有这样的准备，当机会来临的时候，又怎会错过。

作为一个行业的先行者,曾文学长走过的创业道路,前方是激流险峰,困难重重,身后渐渐开辟出一条康庄大道,前景无限。短短两个小时的分享,还有太多故事没有讲述,我们只能从只言片语中,感受学长的认真与执着,付出与担当。作为学弟学妹,我们是幸运的,能够有幸聆听学长几十年沉淀下来的经历与智慧,也希望能将所见所闻分享给更多校友,在创业这门人生的必修课上,获得更多启发。

供稿:何灏

嘉宾回访

孙国富：未来是用心想出来的，不是用眼看出来的

编者按

孙国富，1969年生，山西高平人。1997年获得北京理工大学工学硕士学位，2001年获得清华大学工学博士学位。曾任方正科技副总裁、北大方正信息产业集团助理总裁，现为华澍资本创始人兼首席执行官，著有《如此爸道——用心陪子成长手记》和《如此爸道——清风吹过苇池院》。

深秋的傍晚，我们来到孙国富校友的华澍资本管理中心进行了回访。孙师兄为我们沏了热茶，亲切的言谈，让我们倍感温暖。他西装笔挺，眼神中闪烁着睿智的光芒，说话十分干脆，逻辑清晰，举手投足间扑面而来的儒雅气息，让我们深深为之折服，资深投资人的形象令人过目难忘。随后，孙师兄开始回忆他与北理工的过往和成长感悟，一小时的访谈就此展开。

未来是用心想出来的，不是用眼看出来的

1993年，孙国富考入北京理工大学7系（现机械与车辆学院），攻读

硕士学位。同年11月，因病休学一年。1994年，再次回到北理工校园。在山西矿业学院上大学期间，孙师兄就是品学兼优的好学生，本科时就做过科研课题，发表过学术论文，因此毕业后，就被留校任教了。谈及为何选择北理工读研，孙师兄直言："我的家族历代都有往外出走闯世界的传统，因为未来是用心想出来的，不是用眼看出来的。大学里当老师的安稳并不是我最想要的，这涉及职业选择的风险偏好，风险厌恶型的人喜欢安稳的工作，风险喜好型的人，比如我，就愿意去更广阔的空间闯荡，因为从来没有失败，就不怕什么失败。据此就很好解释为什么要考北理工，为什么在40多岁时，选择离开方正集团，开始自己创业。"

坚持锻炼、终身学习是保持竞争力的利器

谈到如何保持最佳竞争力，孙师兄坦言保持竞争力首先需要有个好身体，为此他坚持晨跑长达28年，每天10公里，直到几年前膝盖磨损，才在医生建议下改变锻炼方式。言传身教，儿子也酷爱运动，孙师兄和儿子约定学业再忙，每天运动一小时。天天运动成了习惯，精神状态也很好。另外就是坚持阅读，每天50页深度阅读量，是孙师兄从小就养成的阅读习惯，在办公室、家里、公文包里触手可及处都有书，随时随地就能看书，工作生活随手记，隔一段时间做整理。他儿子也受其影响，阅读成为父子俩儿如同吃饭穿衣一样自然的习惯。

具体到职业竞争力，孙师兄表示最重要的是要倾听自己内心真正的声音。孙师兄回忆道："未来的职业方向需要和自己的性格特质相关。比如自己是风险厌恶型可以选择一些安稳的工作，如果自己是风险偏好型可以尝试开拓类的工作。我是风险偏好型的，从上大学开始，就喜欢不断的尝试，这种尝试不仅仅局限于本专业，还有日常生活的点滴，比如大学期间，我利用周末的业余时间，通过在太原各大高校为同学们提供方便面等预订、配送服务，贴补了自己的生活费。"我们对此表示出强烈好奇，孙师兄风趣地解答道："首先是实地去各大高校宿舍搜集需求，收取少量订金，做好记录，约好配送时间，这样就不存在滞销的情况，能把最精确的需求，准时匹配到位，后来各大高校一些热心的同学，协助我搜集需求，我给他们酬劳，进而扩大销量，实现共赢。这也是很多朋友喜欢和我在一起的原因，我喜欢主动付出，分享成果。"

"在北大方正集团,作为高层管理者,这种感悟就更深了。有些人擅长做技术,有些人擅长做管理,但是之前的职业发展路径,只有管理岗晋升通道,这对于技术能手是不公平的。因此我们积极推动职业晋升通道改革,设计出两条职业发展路径(技术路径、管理路径),比如首席科学家和总裁的薪酬待遇水平相当,从而可以发挥每一个人的专长,进而提高企业整体效能。"

如此爸道:小孩子是陪伴长大的,不是教大的

孙师兄出过一门育儿方面的著作《如此爸道——用心陪子成长手记》,谈及创作缘起,孙师兄坦言自己是一个任务聚焦型的人,他爱人形容他像个孩子一样,可以为了确定的目标废寝忘食。比如在儿子成年之际,他准备送孩子一个具有纪念意义的成人礼,他的决定就是将过往18年的育儿故事做整理,除了日常工作,专注写作,短短一个半月时间完成了40万字的书稿,在征求孩子同意后,这本书正式出版。

"小孩子是陪伴长大的,不是教大的,父母怎么做人做事,孩子就会学习父母。凡是要求儿子做的,我自己一定先做到,我自己做不到的,就不会强求他做到。比如孩子爱运动和爱阅读的习惯,很大程度上是受到我的影响,孩子觉得人应该是这样的生活。从心理学的角度来看,孩子成长过程的每一个时期,内心都需要一个权威人。童年时期这个权威人一定是父母,所以会很听父母的话,通俗一点理解,因为父母比孩子力气大、本事大,孩子需要父母的保护;到了小学,权威人变成了老师,孩子会去模仿老师的言行;到了中学,孩子进入叛逆期,这个权威人要么是他服气的人,要么就开始追星。如何让孩子服气呢?其实就是说到做到,尊重孩子,对孩子有耐心、有信心。"

孙师兄说:"当时写这本书时,出版社提议写成育儿一百问,我说我没有资格,只能写我是怎么做的。比如孩子很小的时候,我和儿子说过一辈子打孩子不会超过三次,孩子成长过程中的确需要有个害怕的人,但是威慑不能老用。我和我爱人达成共识,孩子是独立个体,他属于社会,因此需要尊重孩子,在他成年之前只是在我们家抚养,他成年以后需要把他送回社会,孩子大了,必须放手。成长过程中,我们只能提供帮助,而绝不代劳。我儿子在回忆我们对他的教育时说:'我爸爸从来不给我讲题,只

教思维方式。'孩子考试回来，我只是告诉他，把试卷自己做个分析，标注ABC：A是不会的，B是会做，但是做错的，C是审错题，粗心做错的。然后把B和C重新做一遍，以后注意；A带回学校问老师，知识传播是老师的事。家长对孩子一定要有信心，父母是提供帮助的人，不是代劳的人。再比如孩子自己的书包自己收拾，否则孩子就学不会自理等。"

对理工学子职业规划的建议

孙师兄谈到职业规划建议，语重心长道："就业从来都是难题，因为市场上只有具有竞争力、优秀的大学生才会有好工作，成功都是平时积累出来的。如果大学四年一直都在打游戏，毕业后怎么可能有好工作？我对学弟学妹有三点中肯的建议：

第一，充分把握好宝贵的大学时光，把专业学好的同时，主动结交比自己牛的人，机会都是自己争取来的。比如我上学的时候，想认识某个牛人，我就主动去蹭听他的课，积极提问，向他请教，与这样的人多交流，有助于打开思路，找到自己的兴趣点和发展方向。

第二，世界本身不复杂，因此自己通过努力可以改变的事努力想，自己改变不了的想都别想，这样有利于好心态的保持，以及专注自我提升。比如毕业后，如果去大企业，可以学习的地方很多，大企业的正规经营，岗位职责分工较为明确，都有利于养成良好的职业习惯，这种能力日后即使出来自己创业，也是大有裨益的。

第三，作为职业投资人，我在选投创业项目时，最主要是看人，看创业团队是否精益求精，是否有情有义，有独立思考能力，懂得自觉反思，持续学习，如果满足上述条件，那么这个创业项目成功的概率就会比较大。"

和师兄的交流中，我们受到了深深的触动。对于未来，我们大多习惯于畏惧，想得更多的往往是万一不成怎么办，而孙国富师兄用亲身经历启迪了我们，未来是想出来的，不是看出来的，大胆走出自我设限，机会是争取来的，持续学习、终身学习，成功就会水到渠成。

供稿：张毓佳

银海：理工加持，兴趣为王

编者按

> 银海，99级北理工信息工程学院校友。曾为知名外企顶级芯片设计专家，后来转型酿酒师，是中国最早一批精酿啤酒发烧友和精酿从业人员，北京自酿啤酒协会发起人，北京家酿啤酒节、中国极限啤酒节发起人，北京牛啤堂酿酒师、创始人，国内历届自酿啤酒比赛裁判，多家啤酒网站、啤酒杂志特约撰稿人。

银海师兄在2016年出版《牛啤经：精酿啤酒终极宝典》，被誉为精酿啤酒爱好者、发烧友、精酿啤酒从业人员必读知识文化普及书。这是中国大陆首部专业人士所著精酿啤酒入门书，中国各大精酿啤酒专业媒体鼎力推荐。在银海眼里，世界上的精酿啤酒浪潮，代表着创新、反传统和一种生活状态的诉求，这和工业化、大生产是格格不入的。

这一次，我们校友走访团志愿者走进了护国寺一家充满啤酒花香气的酒吧，见到了传说中的"啤酒疯子"，穿着牛啤堂品牌黑色卫衣的银海师兄，他招待我们坐下后，热情地问我们："要不要来一杯？"

北理校园生涯：留下的是理工逻辑思维

谈及是如何选择北理工信息学院自动化专业时，银海师兄轻松笑道：

"因为当时听大家说北理工 2、5、9 系最好，就直接按照 2、5、9 顺序填报了志愿，被 2 系录取。"在回忆起当年的校园生活时，他说："当年上学没电脑，也没有智能手机，大四寝室才通网，每天除了上课上自习，就是踢球喝酒，有时从下午踢球到晚上，从晚上喝酒到……"师兄笑而不语。

在被问到觉得母校对自己最大的影响是什么时，师兄沉思了一会儿说："除了课堂的专业知识，最主要的还是思维方式——理工的逻辑思维。我在做啤酒之前从来没有意识到这一点。开始做酒以后接触到各种各样的合作伙伴，你会发现，例如 A 等于 B，B 等于 C，所以 A 等于 C 这样很简单的逻辑道理，有的人不一定理解，但接受过理工科教育以后就会有一定的逻辑感觉，这种感觉是我不管做任何行业都特别受用的。"

"刚毕业时，我的工作内容是半导体芯片研究，到后来做精酿啤酒，表面上行业跨度很大，其实背后的逻辑是一致的，都是一个工程学的东西。一个典型的例子就是我们做工程时用到的反馈系统：定出目标，分析实现目标的方法，做出产品，根据执行过程得到反馈，进而调整你的变量和方法。具体来说，酒怎么做？做出来怎么去卖？怎么定义产品？怎么进行市场推广？怎么建立自己的渠道？都可以用这种逻辑思维去推演。"

创业做精酿啤酒的路程：啤酒疯子有苦有甜

当问到师兄是如何从世界最牛的芯片企业之一 ADI 转到啤酒行业时，师兄和我们说了一个精彩绝伦的故事：

"因为工作的关系，我几乎每年都需要去爱尔兰，少则数周，多则数月。在那里，有人的地方就有酒吧，所有人有事没事都会去喝两杯，我也一样，工作之余就待在酒吧里。我至今都记得，有一天，我坐在吧台，喝着我的喜力，看旁边一个老头儿点了一瓶啤酒，这酒竟然是倒进类似红酒杯的杯子里的，更奇怪的是，这老头儿举着酒杯，竟然对着灯光看，看完了对着酒嗅，颇为享受的样子，然后才心满意足地慢慢喝起来。当时我有点傻掉了：他点的不是啤酒吗？啤酒品什么品？

"作为一个有强大工程师背景的酒鬼，怎么能不去探究这背后到底是什么原因？我开始大量地学习，做功课，认识当地的啤酒爱好者，参加当地的啤酒聚会，这才发现，原来啤酒的世界是如此广博和多彩，原来自己喝了这么多啤酒，差不多是白喝了！

"运气更好的是,我当时的邻居,竟然就是当地家酿啤酒爱好者,这玩意儿竟然还能在家里酿?!酿出来还能这么好喝!区区几百万人口的爱尔兰在西方远远算不上精酿啤酒大国,但就这样,哪怕是个几万人的小镇里,也能找到专业啤酒酒吧,出售世界各地的数百种精酿啤酒。而当时的中国,包括北京,还基本是啤酒沙漠,不要说本土精酿啤酒和家酿啤酒了,就是进口精酿啤酒,都少得可怜,只有在很少的地方能看到。所以每次去爱尔兰出差,对我来说都像是一次度假,我开始大量地、有目的地喝各式啤酒,做各种啤酒功课,看各种啤酒图书,向当地发烧友学习各种技术,并尝试自己在家酿啤酒。

"到了 2012 年 1 月,已经蠢蠢欲动的北京,终于迎来了精酿啤酒的元年。当时的我早已彻底钻进了啤酒的世界,为了专心酿酒,专门去胡同里找了间小平房,改造成酿酒屋,也不对外,就是在里面和朋友们自娱自乐。就从那时起,结识了更多志趣相投的朋友,包括后来牛啤堂的合作伙伴——著名啤酒疯子小辫儿。

"其实 2012 年年初的时候,特别在北京、上海这样的地方,已经开始出现了一些啤酒爱好者和家酿啤酒发烧友,但也许是文化和语言的原因,也许是习惯的原因,以外国人为主的啤酒聚会,中国人还是有距离感。于是,国内第一个中国人自己的民间家酿啤酒和精酿啤酒协会,在 2012 年 4 月诞生了。次月,协会就参加了中国境内首次自酿啤酒比赛,二十多名家酿啤酒爱好者带去了几十款家酿啤酒。

"接下来,精酿啤酒在国内迅猛地发展了起来,我也越陷越深,逐渐'沦'为一个专业酿酒师。在北京护国寺成立牛啤堂的初衷,就是和伙伴们一起做一个啤酒疯子的梦想之家,我们想通过牛啤堂,把精酿啤酒的精神、文化,当然还有产品本身,推广到更多的地方,介绍给更多的国人,也把牛啤堂推向世界!"

牛啤经:精酿啤酒终极宝典

谈及《牛啤经:精酿啤酒终极宝典》创作缘起时,师兄提到他是一个价值观输出爱好者。

"在国内推广啤酒最大的障碍还是啤酒文化上的荒漠性。从民间到官方,至少在两三年前,对精酿啤酒的了解几乎为零,相关的中文资料少得可怜，同时食品安全问题也让很多不明白啤酒生产工艺的消费者有了很多担心。诸如上述让我意识到，推广精酿啤酒需要从基础开始，从教育消费者开始。

"具体来说，啤酒是个传统产业，在很多国家和地区甚至是个夕阳产业，在国内也早已变成一个资本的游戏，大量的外资早就大举进入国内，占领了这个传统产业。但精酿啤酒却是一个新的不能再新的行业，就算在美国也就是二三十年历史，在大多数其他发达国家也就是这几年、十几年的事儿，我们中国在几年前才开始有了苗头。国内的专业人才奇缺，相关的普及性也好、专业性也好，各方面资料、文献和书籍，都近乎为零。

"与此同时，精酿啤酒相关的英文资料和出版物在国外其实早已铺天盖地，各种类型都极大丰富，我甚至有一本教你如何在自家花园种好酿酒大麦的书。但对大多数国人来说，一是语言障碍，二是国内网络使用的不便，导致国外啤酒资料传播不畅。有一些翻译的书籍，因其翻译得不专业，也导致了普及度较低。

"国内很多公众号里有很多关于啤酒的文章，有不少现在也有了一些关于啤酒的中文资料，但网上文章一是不成体系，二是质量良莠不齐，个别甚至东拼西凑一顿瞎抄，看起来会让人很迷惑。

"所以我写这本书的时候，我的第一个原则是一定要从一个中国人的视角来介绍精酿啤酒。因为我们本土特有的啤酒文化与历史，造成我们关注啤酒的焦点和适合我们的切入点，与其他国家是不一样的，得用一个独特的角度来介绍啤酒。比如在第1章中，首先从大多数国人的误区入手，强调啤酒多样性的概念。在第3章中，不管酿啤酒还是品啤酒的方法，都有强烈的中国特色。第4章更是为国人特设，酒与健康，这个影响精酿啤酒在国内普及的最大障碍之一被我一脚踢得粉碎。

"第二个原则就是要特别以一个精酿啤酒专业人士的角度介绍。比如本书中介绍的几乎所有啤酒风格，我都自己成功地酿造并销售过，个人认为也都达到了各个风格该有的国际级水平，因此会有更多感受。但关于精酿啤酒最重要的却是酿造本身之外的，它是一种文化，一种从下至上、由内而外的创新，它颠覆了关于传统啤酒行业的一切，从啤酒定义，到命名、包装、生产、推广和销售等方方面面，这正是作为国内第一代精酿啤酒人深有感触的东西。

"我希望，这两个写作原则会让此书成为一本独一无二的精酿啤酒普及书，我推荐给所有的啤酒爱好者、发烧友和啤酒专业人士，也希望这本书能真正为中国的精酿啤酒事业添砖加瓦。精酿啤酒本土化的文化需求，意味着这是一个可以真正赶英超美的行业，每一个爱好者和啤酒从业人员一样都是重要的一员。一起努力，不久将来，当我们在波士顿高档西餐厅看酒单的时候，也能看到中国精酿啤酒的身影！"

对北理学弟学妹们的建议

访谈的一个小时很快就到了尾声。关于就业，银海师兄给出如下中肯建议："最重要就是自己喜不喜欢这个工作。我身边有很多人以前都是工科出身，成绩也不错，大家觉得学了工科专业，就得找个技术研发岗位，像我就是如此，虽然做了几年做得也不错，但确实不是我兴趣所在。毕业大概五六年后，大家的差距就慢慢显现了，差距来自哪里？我觉得就是兴趣，把时间线拉长，你毕业二十几岁，然后工作到五六十岁，漫长的几十年如果做不喜欢的工作那样多么煎熬，所以不要去考虑自己学了什么或者学得有多好，放弃是不是太可惜。我是一个从小特别有安全感的人，觉得自己对自己的智力有信心，然后愿意全力以赴去做一件事情，就一定可以做出来。如果不知道自己兴趣在哪，那建议你不停地去试，然后找到自己的兴趣。"

供稿：申文伊

王正坤：从"计算机技术大咖"到"汽修大咖"的完美蜕变

王正坤，北京理工大学2005级计算机学院校友，易快修创始人兼CEO。

学习经历：从实践开始

2005年，王正坤本科毕业后进入我校读研，攻读计算机专业硕士。在校期间，王正坤被学校严谨的求学风气所激励，两年期间积极参与了多项课题项目的研究，专业技能和知识得到很大提高。但是，在开展项目的过程中，王正坤发现人事关系纷繁复杂，难以处理。基于对现状的不满和个人自身对前沿技术的渴求，王正坤打算进一步充实、历练自己，于是产生了去谷歌、微软等大公司实习的想法。当时，外企十分火热，许多毕业生都渴望去外企工作。在经历了一段实习时间后，王正坤最终凭借出色的表现，进入IBM工作。

创业缘起：汽修屡遭坑

2007年，王正坤进入IBM从事云计算工作，凭借自己的努力，担任技术高管一职。出身于高级工程师，以及工作期间脚踏实地的态度，使王正坤很快成为一个真正的'技术大咖'。但后来，王正坤转战到了汽修领域,开始了他的创业之路。从计算机行业到汽修行业的大转变,主要是源于他在生活中汽车轮胎屡次被扎的经历。因不属于保修范围,每次轮胎维修后,质量都难以保证,这成为大多数有车一族的痛点,看到此商机后,王正坤从零做起,于 2013 年收购了一家汽车修理厂,并运营了一年多,逐渐积累运营和管理经验,这为后期创业打下了坚实的基础。

创业经历:竞争中求变

2014 年,王正坤抓住经济风向,创立了易快修公司,着力打造汽车后市场服务企业与互联网相结合的产业模式。经过半年运营,易快修已经为 20 万人提供了上门修车服务。面对激烈的市场竞争,王正坤始终不敢松懈,为了打造更高品质的汽车维修服务,他大胆创新,对公司服务进行升级。2015 年 5 月,在原有上门汽车保养业务的基础之上,公司推出了一款新的车险产品——车保保,将业务拓展到金融领域,同时也对公司服务进行了新一轮的拓展。

除此之外,在管理架构方面,王正坤也进行了进一步的改善。公司独创了一套完善的管理系统——VISI 系统,从多方面进行细致的运营管理,以整体、分公司、合作商、直控店四维度切入,大大提高了公司的运转效率。在不断的突破创新中,公司逐渐形成了汽车维修、保险、抵押、救援等一体化服务平台,取得很大成就。到 2016 年 6 月,公司完成了 19 个城市 183 家"直控 + 直营"的店面布局,运营模式也越来越完善。正是在不断的创新和求变中,公司才得以更快、更好地发展起来,占据市场主导地位。

谈到创业条件,王正坤校友提道:一是要抓住热点,创业过程充满风险,但创业者也要有善于在风险中捕捉热点信息的能力;二是要赢得市场红利;三是团队基因要合理匹配,创业团队要凝聚在一起,朝着共同目标努力;四是要考虑政治环境,捕抓商机;五是线上线下要结合,打造高品质服务。总之,在任何行业,都要不断创新求变,结合市场需求,寻找最佳运营模式,从而创造盈利点。

未来规划:随时代发力

在市场竞争日趋激烈、创业者素质日益提升、城市化进程日渐加快的新形势下，王正坤对公司的未来发展也有了初步的规划：一是要向金融服务发力；二是要向三、四线城市发力。在汽修服务过程中，王正坤发现当前大众越来越倾向于自由的生活方式，三、四线城市有着独特的城市文化和地方特色，也充满着商机。基于此，公司将大力改革创新，紧跟新时代潮流，向新一代发力，给大众提供最适宜的生活服务。

人才寄语：合作＋活力

谈及母校，王正坤深有感触，在创业最艰难的一段时间，他在校友的帮助下，解决了一些难题，也感受到浓浓的校友情谊，并希望以后校友之间能常沟通、多交流，进一步合作，形成相互信任、相互配合、共同帮助的团队氛围，使个人和团队都能受益。合作是重要的创业品质，对于人才的要求也是如此。

当被问到公司对人才的招聘要求时，王正坤首先对北理工的优秀学子进行了赞扬和肯定："学生们踏实能干，吃苦耐劳，奋发进取，都很优秀。"招聘员工时，王正坤最看重两方面品质：一是学习能力，在21世纪的今天，知识、技术更新速度极快，年轻人要思维活跃，要敢于不断接触新事物，不断学习，提高自身适应能力，从而逐渐提升个人综合能力；二是要有朝气蓬勃、积极向上的精神，年轻人是初升的太阳，要有一种势不可当的劲儿，充满信心，敢于尝试。

具备合作的品质，不断保持学习能力，具有积极向上、朝气蓬勃的活力，这也是易快修公司得以长久运行的原因。

结　语

短短11年时间，王正坤完成了从"计算机技术大咖"到"汽修大咖"的华丽转身。创业道路并不顺畅，幸运之神从不会总是眷顾一个人，遇到困难时，王正坤也彷徨过、焦虑过，谈及释放压力的方法，王正坤也会常人一样通过阅读、静坐、锻炼来放松自己。但他始终坚持"面对—接受—处理—放下"的积极态度，永不放弃、奋勇向前！

田刚印：不忘初心，砥砺前行

2018年9月8号，北京理工大学校友走访团志愿者走访了宇航学院2001级校友、中航智科技有限公司董事长田刚印。

田刚印，出生于1981年，毕业于北京理工大学飞行器设计与工程专业，2012年创立北京中航智科技有限公司。田刚印现任北京中航智科技有限公司董事长兼总经理，是公司主要技术负责人和技术带头人。

不忘初心

田刚印2005年从北京理工大学毕业，之后在外企工作了一年多，然后开始创业。2008年赚到第一桶金后他瞄准日本雅马哈的无人机开始做平台，终于在 2012 年，自主研发的无人直升机成功起飞。当谈到为什么要做无人机时，他说做飞机是自己从小到大一直以来的梦想。"军区首长曾经问我以后会不会把公司卖掉，我说不会卖掉公司，因为卖掉了公司换了钱还是要做无人机。"因为对无人机那份深沉的爱，田刚印一直坚持了下来。到现在中航智科技有限公司已经成为国内唯一一家承担无人机平台武器系统总体的民企，技术达到国内顶尖水平。

活的就是心态

谈到创业过程中有没有因为压力太大而放弃，田刚印说道："与老一辈的企业家相比，他们可能会有心灰意冷、彷徨无措的时候，可是我作为新生代的创业者，一直做的是自己感兴趣的事情，做起来虽然累但是并不苦，所以没有想过放弃。即便最后创业失败，大不了从头再来，住的无非是从大房子到小房子，没钱吃饭还有国家给你撑腰。要知道，失败是正常的，成功才是你努力来的，不要畏惧失败，把你的每一次失败的经历当作弄输了一场球赛，怎么输的就怎么赢回来。"

从研发者到管理者的华丽转身

对于一个快速成长的团队，如何管理是个令所有企业管理者都头疼的问题，田刚印也是如此。他几乎读遍了管理的书籍，可他发现到了实践中，书本的方法没有一个是完全能照搬到自己的公司的。经过艰难的探索，在理论与实际的结合下田刚印总结了一套对员工的管理方法：首先是选人，要认清每个员工的长处所在，能让他们各司其职；其次引进淘汰机制，设置合理的考核方法，保证每次考核都留下相对优秀的人才，企业在这样的新陈代谢中更能稳定快速前进；最后是怎么留住人。田刚印真正从员工的角度出发，尊重员工，在提供有优厚薪酬的同时为员工提供完善的保障体系，并解决员工子女的教育问题，让员工没有后顾之忧，从而在各自的岗位上全心全意为公司服务。

有明确的目标

对于就业季的师弟师妹的生涯规划问题，田刚印指出，找工作一定不要想着什么都要，权衡的东西太多往往顾此失彼，最后什么都得不到。要知道自己想要什么，必须把目标集中于一点，想做基础研究就不要想马上买房的事情，想要做数学家那么就不要以金融家的标准要求自己，要遵循每个行业自己的逻辑。目标有两个作用：一个是用来实现的，另一个是用来改变的。目标可以因为实现不了而改变，但是一定不能没有目标。

化繁为简、不畏失败、目标明确，这是田刚印给我们留下的最深刻的印象，我们有理由相信，中航智科技有限公司在田刚印校友的带领下，一定会在更大的舞台上绽放出更耀眼的光芒。

周咏岗：从华尔街高管到互联网教育服务的华丽转身

编者按

周咏岗，蚂蚁白领CEO，曾任摩根士丹利财富管理事业部副总裁兼企业客户集团总监，摩根士丹利国际金融顾问委员会委员，前任花旗环球金融企业事业部董事。1988年毕业于北京理工大学机械与车辆学院金属材料与热处理专业。他曾经于2015年7月15日作为北理工青年汇第18期沙龙的特邀嘉宾。

"我觉得见到很多的风景也是很重要的，最重要的是追求你的内心，你要的生活，能看到很多东西，让自己保持永远年轻，明天的太阳比今天的还新鲜，还热切！"

——周咏岗

2018年9月18日下午6点，我们校友走访团志愿者一行四人与蚂蚁白领CEO周咏岗师兄进行了对话。师兄非常守时，待人亲切，谈吐儒雅，从他的言语中可以深深地感受到他对母校的感恩之情，感谢母校带给他的系统性的知识结构和思维方式。当天咏岗师兄诚恳地跟我们分享了他作为理工学子的精彩成长经历：他从北理工毕业后，进入中国机械设备进出口总公司，8年后他放弃拥有的成绩，选择出国求学金融。后在华尔街投行深耕十几年，做到摩根、花旗的资深高管，最后选择回国投身互联网教育服务，同时还创办了北理工金融研究院。咏岗师兄体验了不同的身份转变，并且达到了华尔街知名投行高管这个普通人难以达到的职场高度。

我们探讨了他从知名投行的银行家变换为互联网科技新贵的过程中的感悟、变化和愿景，最后还请咏岗师兄谈了谈对互联网教育行业企业服务的看法。这之中还尝试挖掘咏岗师兄成长过程中的特质和闪光之处，希望对刚毕业的或者初入职场的或者寻求职场转变的北理工学子有所启发。我们在这次难得的交流中得到了成长道路上的许多的启发，收获了满满的正能量。

进入华尔街投行，见证不一样的风景

在咏岗师兄做投行的期间，有非常多不同的经历。师兄投资了十几家公司，但还是想自己做企业家，自己运营公司。他认为投行是服务企业家，最终的决策权在企业家手里。他想要建立自己的企业，并且为此奋斗。对于我们普通人来说，进入世界知名投行并成为资深高管，已经是很难的事情，这需要非常高的专注度，扎实的基础能力，要在行业中深耕，知识结构和认知体系也要全面。

华尔街的精彩人生经历

咏岗师兄最高的头衔是国际金融委员会委员。由十三个人组成金融委员会，对三大区块业务，即板块业务，做出方案，提供给CEO办公室，这就是师兄在摩根最重要的责任。那段时期也是他最忙的时间，因为摩根业务遍布全球，因此那段时间他要不断地飞香港、纽约等地。师兄还经历了"9·11"事件和两次金融危机。2008年次贷危机重创了全球，当时摩根摇摇欲坠，咏岗师兄当时接手后做了非常多的工作，帮助摩根度过了一段艰难的时期。摩根完全是以目标为导向的。咏岗师兄告诉我们，他先入职摩根，后进入花旗，但在花旗的时间很短。2006年，花旗的一部分被摩根收购了，因此他又回到了摩根。他第一次进摩根的时候，是打工的，但当他第二次回到摩根的时候，已经管理一个700人的团队了。

职场遭遇瓶颈，回国投身互联网教育服务

咏岗师兄在投行待了十几年后，开始考虑自己的职业转变，最终决定回归国创业。因为他觉得工作不再有挑战，枯燥、有惰性，他始终觉得自己的梦想是拥有一个自己的企业。他开始考虑自己的机会在哪里，考虑自己的职业转变。2013年的中国正是风起云涌的时候，咏岗师兄开始做落地准备，因为中国的机会稍纵即逝。

回国后获得转变和取得优异的业绩

回国后，咏岗师兄感受到了中国和美国的差别，更重要的是人的思维方式也不一样。回国后他创办了"蚂蚁白领"。前三年师兄的成绩很不错，师兄告诉我们其实都是靠负重前行，因为当投资人的钱到位了，团队组建了，随之而来的市场形势也有了极大的改变。

由于市场突变，蚂蚁白领由最初的金融服务变成了教育行业企业综合服务平台，宗旨是让教育回归本质。目前服务的机构已经有5000余家，而且数量每天都在增加。服务内容包括支付服务、账单管理、保险等服务。蚂蚁白领服务的教育机构类型主要有成人学历提升、IT培训、K12教育培训。由于蚂蚁白领产品新颖，紧跟趋势，在服务中受到这些机构的一致好评，并且好多老客户还把自己同行朋友介绍过来，入驻蚂蚁白领平台，享受他们提供优质的服务。目前蚂蚁白领的业务已经在全国各个城市落地开花。一、二线城市甚至三、四线城市，都有蚂蚁白领商务人员在人群中穿梭的身影，他们辛勤的汗水，不断浇灌着蚂蚁白领成长。

付出总是有回报的，咏岗师兄说："根据现在的数据，蚂蚁白领日后一定是教育企业服务中的一匹黑马，让同行望尘莫及。"

蚂蚁白领成长这么快，除了离不开一线商务人员的辛勤付出，更重要的蚂蚁白领顺应市场需求，解决了B端客户的痛点与需求，帮助他们招生引流，实现了双赢。

最后咏岗师兄认为自己一路走过来，见证了许多不同的风景。如果用成功波幅大小来看的话，他觉得自己还算成功的。人生最重要的是追求你的内心，追求自己想做的，咏岗师兄认为要想收获人生满满的幸福，就要做到以下三点。第一，保持好奇心，要有新意。第二，要专注。做什么事

情，选定了就付出。里面有很深厚的知识，很好的实践。第三，发掘自己的幸运，幸运每个人都有的。让自己保持永远年轻，明天的太阳比今天的还新鲜，还热切。咏岗师兄觉得自己是很幸福的，满满的幸福！感知生活，热爱生活！

咏岗师兄在金融行业多年，已经收获了巨大的成功和声望。在此基础上，为了追逐梦想，他还是选择回国创业，并且成功运作了许多项目。他对蚂蚁白领和北理工的金融研究所也寄予了厚望：从最微小的事情做起，像蚂蚁一样恪守规则，有梦想、有活力，敢于尝试，保持好奇心，服务社会。通过这次回访，我们觉得很荣幸能跟咏岗师兄进行一次对话，为师兄这位北理工的精英学子走过的精彩人生历程喝彩！为蚂蚁白领喝彩！

供稿：邓娟、樊睿

张楠:在学习中成长,在工作中开阔眼界

> **编者按**
>
> 张楠,北京理工大学1996级飞行器制导与控制专业本科生,保送计算机学院2002级计算机应用与技术专业硕士研究生。现任北京青年报社副社长兼北京青年旅行社股份有限公司董事长,中国人民政治协商会议北京市朝阳区第十三届委员会经济科技委员会委员。

天气回暖,在三月的第一个周六的傍晚,我们校友走访团志愿者一行来到理工国际交流中心的校友之家,做好回访前的准备工作,满心期待着张楠师兄的到来。六点,张楠师兄准时到达。不同于商务人士西装革履的形象,师兄穿着运动装过来参加回访,让志愿者倍感亲切和放松,访谈在这样轻松的氛围中徐徐展开。

北理工伴我成长

张楠师兄在北京理工大学度过了本科和研究生的求学生涯,毕业后又选择了留校工作,担任校团委干事,北理工见证了他的成长,也是他成长的摇篮。张楠师兄在求学期间就已经崭露头角,作为校学生会主席成功组织过多次大型学生活动,其出众的工作能力,获得了学校领导的认可和同

学们的支持。所以毕业后，张楠师兄选择继续在学生工作岗位上历练和奉献。从1996年入学，到2007年离开高校系统，在理工大学的十一年间，张楠师兄从一个青涩的少年成长为一个可以独当一面的复合型人才。

在谈到北理工求学的经历给他带来什么收获的时候，张楠师兄坦言道，自己本科是飞行器制造与设计专业，研究生是计算机专业，但是参加工作后却阴差阳错地做的都是与所学专业不相关的工作。

但是总结自己的学生生涯，不论本科还是研究生阶段，学到的最重要的是两件事情：眼界和学习方法。开阔的眼界让你学会怎么看东西，而非掌握学习方法，当遇到问题时你就会知道该从哪入手，该怎么解决，该向谁学习。掌握了眼界和学习方法，你也就掌握了在社会上生存的本领。

工作中不断突破前行

2007年，张楠师兄离开了高校系统，就任北京市宣武区（今为西城区）团区委副书记。2008年北京奥运会，由于在北理工期间就已经具备了国际大型赛事活动的组织运营经验，师兄担负起奥运交通运行和城市运行两项志愿者服务工作。在奥运会百万志愿者中，能够担任到核心职务的志愿者很少，而张楠师兄凭借优秀的能力出任核心职位，一起工作的都是具有核心竞争力的人，和这些优秀的人交流，更加开阔了他的眼界，锻炼了他的能力。

张楠师兄多次参与国家级大型庆典工作，有机会接触国家领导人和市政府的领导们，目睹他们的工作方法和行事作风，聆听他们的指示。张楠师兄向我们分享了他所领略到的国家领导人严谨细致的工作作风，虽然身居高位，公务繁忙，但是在工作中依然十分重视细节，亲力亲为，平易近人。师兄说道："当你看到他们这么厉害的人都这么认真努力工作，你凭什么不努力？"正确的工作态度不论在什么岗位上都是必不可少的。

2016年年底，张楠师兄就任北京青年报社副社长兼北京青年旅行社股份有限公司董事长。在上任的两年多的时间里，张楠师兄完成了对传统国企的转型升级、资产重组、融资发债等一系列重要举措，使一家老企业焕发了新的生机。作为北青旅的"掌门人"，张楠师兄给我们分享了管理好企业的三个重点。一是融好资。得益于在团市委的工作经验，师兄对于创业投资圈有过了解，在接管北青旅后更是对市场经济补了很多的课，工作起来也更加得心应手。二是用好人。这也是最重要的一点，俗话说"一个好汉三个帮"，找到合适的合伙人是成功的关键。三是定好赛道。找准一个正确的方向，带着企业向前奔跑。

　　作为北青旅的董事长，张楠师兄还为我们分享了一些旅游行业的"内幕"。旅游，离不开六大要素，"吃住行，游购娱"。吃即旅游餐饮，住即宾馆住宿，行即交通，游即景观旅游，购即旅游商品，娱即娱乐休闲。提升六要素的服务质量，才能把旅游企业做好。但是对于想要投身其中进行创业的人，张楠师兄给出了自己的建议。对于旅游行业来说，有两个稀缺资源：一个是运力，简而言之就是交通工具（飞机、火车）运载能力；另一个是出境游签证的数量。而这两个都需要有足够的资金支持才能拿到最优的资源，才能在成本上进行压缩，从而得到较大利润。因此对于创业者来说，很难拿到一手的优质资源，但是并不是说就完全没有机会，策划一些精品主题游是个不错的选择，比如现在流行的六人游。相较于大旅行社，初创企业能够投入更多的精力来策划精品地接，把特色作为企业优势。

对年轻校友的建议

　　纵观张楠师兄二十多年来的人生履历，从学生工作、青年工作、志愿服务工作到经济工作，张楠师兄的人生道路可谓是充满挑战、激动人心。

　　在我们问到年轻人应该如何做好人生的长期规划时，张楠师兄总结道，每个人生阶段要做你这个阶段应该做的事情，每个阶段的评价体系也不一样。在25岁之前，别人对于你的评判就来自你的学历。有一个好的学历，能获得更多人的尊重，能获得更好的工作机会。在学生时代，每个人应当做的就是好好学习，学习知识，掌握学习方法，还要向周围优秀的人学习。在25岁到40岁之间，是个人事业的发展阶段。学历不再是你的护身符，这期间别人对于你的评判就来自你的工作，或者说是你的职位。到了40岁之后，基本上就是看你能做成什么事，你是否能领导大的工作项目。而到了50岁之后，师兄笑着称之为一个开始讲"心灵鸡汤"的阶段，当你能够给很多人分享"心灵鸡汤"时，你就成功了。

　　另外在谈话中，有一个词张楠师兄反复地提到，那就是"眼界"。谈及对于年轻校友们的建议，他的建议就是开阔自己的眼界。而如何开阔眼界，张楠师兄给的建议是要进行广泛涉猎，多看，多听，多与优秀的人交流。

与人交流是最快的学习方法,因为每个人说的话都是经过一番提炼的,在一次谈话中收获的信息可能是你要看一本十几万字的书才能收获的。而张楠师兄也正是通过在学习生涯和工作中不断地开阔眼界,从而获得更好的成长的。

对于刚毕业的年轻校友选择创业,张楠师兄也提醒要稳扎稳打,不要急于求成。张楠师兄在政府工作中曾经做过一个比较权威的调查,数据显示创业成功三年以上的初次创业者的年龄最多的是27岁。师兄认为,对于刚刚毕业的年轻人,不应被互联网创业神话所迷惑,应该学会冷静思考。在毕业后参加工作,可以积攒更多的经验和人脉,这些社会经验是在学校里学不到的。了解更多社会与行业规则,才能更好地支持自己的事业。年轻人不要着急,不要焦虑,踏踏实实做事,一步步成长。

虽说不鼓励盲目创业,但是张楠师兄十分关心年轻校友的创新创业项目,他表示十分愿意以自己的个人经验和资源为校友的发展助力,提供业务上的帮助,助力年轻校友梦想起航。

供稿:罗昕、白晓利

张皓：积跬步行千里

编者按

张皓，北京理工大学1981级飞行器总体设计专业本科生。1998级北京大学光华管理学院MBA。曾任博士伦的生产经理，IBM生产工厂厂长，美国SPX公司北京公司运营总监，美国科尔法集团中国公司总经理，目前在自主创业中。

2019年3月13日晚6:30，校友走访团志愿者在北理工国际交流中心校友之家采访了张皓师兄。师兄身着帅气的休闲装准时来到采访地点，在志愿者做完自我介绍后，采访在毫无拘束的氛围中顺利进行。

回首理工岁月

张皓师兄认为大学是他人生中很重要的一个阶段，这段求学经历对思想的形成、对社会的认知都很有帮助。从刚进入大学时的青涩、不成熟，到后来慢慢地开始学会独立思考问题，都为他今后的生活和职业生涯打下了坚实的基础。

师兄本科就读于飞行器工程系（现宇航学院前身），学习飞行器总体设计专业。在学校时，不仅专业知识得到了系统的培养和提高，系统工程的逻辑思维也得到了很好的锻炼，这使他在工作中，处理问题条理更加清晰，能够顾全大局，又不会去钻牛角尖。

职业生涯起始

毕业后，张皓师兄在航天运载火箭技术研究院工作十余年，其间经历了长征三号和长征二号混合运载火箭的研制。工作岗位从最初的技术工作，转到后来的计划管理，他不仅积累了丰富的工作经验，而且逐渐锻炼了管理能力。张皓师兄在回忆航天院的工作经历时，依然对运载火箭涉及的各种专业技术参数如数家珍，随口就能说出一大串专有名词。

运载火箭的型号研制相当于一个大型项目，比如在进行火箭研制时，有飞行距离、飞行高度、载荷、起飞重量、燃料重量、几级推进等数十项参数要求，都要一一满足，而且总体还要和各个分系统之间进行沟通协调，以最大限度满足总体目标要求，这就需要在各个分系统中不断进行取舍，包括结构系统、控制系统、发动机系统，等等。从事计划协调工作，就是要从不同方面去考虑各方的利益需求，所以在工作中也锻炼了他的性格，形成了比较民主的管理风格。

从国企到外企

离开航天系统后，师兄加入博士伦，工作伊始就被派往美国，将一整条生产线引进国内。从国企转到外企工作，最大的语言问题并没有影响到张皓师兄，原来在航天院工作时，由于经常需要和外商进行技术谈判，师兄就加强了英语的自学。从最开始听不懂，到渐渐地听懂一些，遇到不会的就自己去查、去学，慢慢地英语越来越好，为他成功转到外企打下了坚实的基础。在博士伦期间，张皓师兄还获得了北京大学光华管理学院的MBA学位，开启了他职业经理人的工作生涯。

此后，张皓师兄担任过IBM生产工厂厂长、北京百麦公司生产经理、美国SPX公司北京公司运营总监和美国科尔法集团中国公司总经理等职位。刚到科尔法集团，张皓师兄就被临危受命派往无锡工厂进行解散工厂的工作。由于公司在中国的发展战略要求，需要关停无锡工厂，迁往威海。

张皓师兄笑称，他将这个棘手的任务命名为"海鸥计划"，因为这个工厂要"飞"到威海。

然而这个项目并不轻松，虽然总部派了一个人事经理协助开展工作，但人事经理是一个德国人，对于中国国情根本不了解。所以这么大一个项目，实际上由张皓师兄一手承担。为了保证工厂正常的生产运营，关停的消息必须保密，每天还得加紧筹划关闭工厂的工作。可想而知，当时张皓师兄承担了巨大压力。从了解工厂情况，观察属下员工，培养自己信任的部下加入自己的团队，详细制订赔偿计划，一遍遍核算赔偿金额，制定各种预案和措施，保证工人的合法权益，到积极联系当地政府为工人安排下岗后的工作单位，维持宣布关闭工厂时会场的秩序，防止发生意外情况，张皓师兄在每个环节都尽心尽力。

经过半年多的准备筹划，无锡工厂终于顺利关闭，张皓师兄圆满完成总部下达的任务。这次临危受命充分展现了张皓师兄作为职业经理人的过硬能力和素质，以及在复杂情况下处理问题的能力和胆识。

问答互动

除了介绍职业生涯发展，师兄还回答了校友走访团志愿者提出的问题。

关于中年危机，张皓师兄给出了自己的见解。危机包含着两种对立的思想，有危险就有机会。中年是人生必须经历的一段自然过程，谁都会经历，这是避免不了的，唯一能解决的是自己的心态。所以要不断地学习，不断地总结，逐渐积累工作经验和人脉。在工作过程中，一定要知道自己喜欢什么，契合什么样的工作。

目前，有不少的在校生对未来很迷茫，作为过来人，师兄建议，当你迷茫焦虑的时候，不要放弃学习，要在学习中找到能给予自己力量的东西，重新发现机会，学习是一种很好的方法。他同时也建议，师弟师妹们可以多找一些人聊一聊，听一听别人对你的看法，不要只局限于自己的想法。

供稿：白晓利

分享智慧·助力成长——北理工青年校友会印迹

杨晓静：敢想敢为，厚积方能薄发

编者按

杨晓静，2004年毕业于北京理工大学电子工程专业；腾讯公司总监，北京市高层次海外人才，北京市特聘专家；曾任职于雷曼兄弟证券、德意志银行等国际一流金融企业并有国内创业经历；专注互联网证券理财业务的管理及智能化，拥有多项国内专利。她曾经于2015年11月28日作为北京理工大学青年汇第22期沙龙活动嘉宾。

伴着初秋傍晚的阵阵秋风，我们校友走访团志愿者来到北京理工大学校友之家对杨晓静师姐进行了专访，在访谈的一个多小时里，师姐为我们讲述了心中的北京理工大学以及她对工作、对人生的看法。

我和我的北理

杨师姐与北理工的相遇有一点巧合，因为当时网络信息并不像现在这样充足，她只是电话咨询了北京的一个长辈，恰巧对方是学电子的，所以这个电话就决定了师姐的选择。但是现在看来，师姐觉得能与理工结缘是最好的安排。每每谈到北理工学子，人们的印象总是这样：踏实、刻苦，师姐亦是如此。在这样的环境熏陶下，她逐渐形成了爱钻研、勤奋刻苦的工作习惯。这样的精神在北理传了一代又一代，为北理人的三观塑造打下了坚实的基础。

师姐和我们分享了在她那个年代流行的一句玩笑话：玩在北大，学在清华，苦在北理，可见北理学生学习的刻苦。师姐描述那时的生活其实大多数是两点、三点一线，十分单调，但单调中也有美好和激情。师姐回忆起刚入校园的时候，她曾经跟同班舍友一起骑自行车去城乡仓储超市，迎着夕阳，感觉人生无限美好；还有入学不久后的一个晚上，几个同学拿着长柄雨伞一起去主楼前面柿子树下试图打下几个柿子玩，结果被保安一声吼，弃伞而逃……每每想起这些欢乐单纯的时光，师姐的心中便充满了对母校的感恩。

谈及印象深刻的人时，师姐首先回忆起了理工大学的老师们，尤其是自己的线性代数和高数老师，当时尽管都年事已高，但仍然以最饱满的热情，最高昂的精神状态向学生们传道授业解惑，用严格的标准去要求学生。这样的精神，值得我们每个人去学习；这样的匠人们，是我们每个人在事业、学业上的榜样力量；这样的人生追求才是当代青年应有的，在35岁时就步入所谓"中年危机"，不是我们对待生活应有的态度，我们应该勤奋，有自己长远的人生追求。

之后，师姐回忆起了上学时候经常听说的北理工参与的国防建设项目，想到了当时无数隐姓埋名的北理工人，他们为了国防事业付出了自己宝贵的青春时光，他们是真正的英雄，朴素内敛，踏实而不浮躁，这种气质值得她去学习，用一生去践行。

对于学校给自己的影响，师姐强调了习惯的重要性。好的习惯很难在工作中培养，而大学时代正是形成这样爱钻研、爱学习的习惯的最好时机。师姐以自己跑步的习惯类比工作与学习，谈到一个好习惯既可以激励自己敢于迈向更高的门槛，又可以在遇到困难时找到克服困难的信心。这样的习惯，最终成为一种信念，即有耐心，敢想敢为，远离舒适区，这种信念激励着师姐不断向前。

提升自我，追求卓越

大学毕业后，师姐去到了英国。在拿到英国南安普顿大学通信专业的硕士学位后，师姐在伦敦找了一份程序员的工作。但她并没有满足于当时的状况,而是在听说了伦敦投行招聘的消息后,结合自己的兴趣和心中对不平凡的生活的追求,利用自己的业余时间学习金融方面的知识,并努力刷题,积极参加招聘会。终于,正如那句话所说的,"机会是留给有准备的人的",虽然当时英国形势特殊,对非欧籍工作人员限制较多,但杨师姐仍克服重重阻力,成功被录用,拿到了仅有的两个名额中的一个。这成功的背后正是杨师姐敢想敢为的生动体现。

后来师姐了解到国内资产管理行业的数据及平台还有提升的空间,于是开始自己创业,将欧美发达国家的一些先进投资工具进行本土化。创业之中虽然遇到了很多困难,但也积累了经验,积累了人脉。

当创业的结果不尽如人意时,师姐没有感觉有太大的打击,她认为人生很短,不要自怨自艾,用理性思维去看待,总结经验,向前看,敢于试错,找到原因就迅速调整,这样就会很快走出来。

师姐还分享了她在创业中获得的一些经验:

"创业是你要把所有的事情都做对了才是成功,但只要有一件事情做得不对了,你就是失败。创业很复杂,考验的是自己的综合实力,只有在其中不断学习,不断积累,才能像'滚雪球'一样不断变大变强。

"有时创业,你花了几年时间没有做成,可能比较失望,但从另一个角度看,用特别短的时间在复杂的环境经历综合的决策,这几年时间加速了自己的成长。"

现在,师姐在选择工作时更多地要看服务及影响的对象,而工作形式不再那么重要。让金融服务惠及更多普通人,这是师姐现在希望做到的。

不拘一格,做更好的自己

当谈到对同学们的建议时,师姐认为应该不拘一格地找到自己擅长的事情和兴趣;也应该把自己手中的不管大小的事情都做到特别出色,这样才会被赋予更多的职责,才能在工作中有更多锻炼不同能力的机会;另外,师姐建议在工作中,功利心不应太强,还要保持对前沿领域的了解,保持对世界的好奇心,不满足于现状,不断学习。

现在的北理工学生,能够在高精尖的小领域做到很好,但我们还需有意地在不熟悉的领域补充一些知识,在产业互联的背景下才能创造自己更大的价值。我们不仅需要学习本专业的知识,也要学习一些与本专业相关的其他领域的知识。从有可能融合创新的地方找寻灵感，可能会有别样的发现。师姐在曾经的工作中找其他部门了解情况，从不同的角度看问题，提出了一些新的想法，如用地图数据与经济金融结合，也创造了很多新的价值。

最后，在访谈将要结束时，师姐热心地回答了大一学弟学妹们的问题。比如，不为 100 个 Offer 而自满，也不为 1 个 Offer 而自卑，工作是双向选择的过程，双方匹配度高就可以，不必去羡慕别人，做好自己，提升自己就好。

"人，总想成为自己还未成为的人"，以梦想、以行动成就自己，这就是杨晓静师姐的选择，也是我们每个人都应该追求的人生状态。

供稿：李昭驿　周　勇

伍疆：趁势而为，做最好的自己

编者按

伍疆，北京理工大学1996级电子工程本科生、2001级通信工程研究生，墨尔本大学通信工程、应用商务双硕士，Vector Telecom董事长、创始人，诺辉投资合伙人、副总裁。

在早春三月的午后，伍疆师兄刚下飞机就第一时间接受了我们校友走访团志愿者的回访，我们十分感动，分外珍惜相聚的时光。温馨舒适的咖啡馆，一如师兄给我们的感觉——温暖亲切、儒雅风趣，大家围坐在一起，开始聆听师兄的分享。

理工土壤里的"文艺青年"

伍疆师兄的父母均曾就读于北京理工大学，两位长辈对北理有着深深的眷念。在浓厚的理工氛围熏陶下，伍疆师兄从小就喜欢物理和电子设备，初中时更是自己组装无线对讲机、电动小汽车。

与此同时，伍疆师兄对文学和音乐也有浓厚的兴趣，在高中阶段，他喜欢自己创作诗歌，即使在高考前夕，依然没有搁浅对于诗和远方的追求。

在高考结束后，他综合考虑父母意见和个人志趣，怀着对电子工程专业的憧憬，走进了北京理工大学。学习之余，他继续发展自己的兴趣爱好，组建了吉他乐队，创作的歌曲被校广播台收录播放。他还开办了吉他培训班，学员来自母校以及周围的北外、民族大学、人民大学等高校，和同样喜欢音乐的同学交流沟通，彼此建立了深厚的友谊。如今回想在北理工的日子，他感恩母校对自己理工思维的培养，感恩大学期间遇到的师友，这些令他受益终生。

北理工伉俪澳洲留学创业

伍疆师兄在北理工学习期间，遇到了自己的爱人。研究生阶段，二人决定赴澳洲留学，以进一步开阔眼界和提升专业技能。经过认真准备，伍疆师兄获得了澳洲多所顶级大学的Offer，并最终选择了墨尔本大学，先后攻读了通信工程和应用商务两个硕士学位。

师兄回忆，由于在北理工读研究生的一年半中已经完成了多门课程，这些学分得到了墨尔本大学的免修认定，所以在澳洲他仅用8个月的时间就获得了通信工程硕士学位。我们很好奇他的时间如何做到如此高效，师兄向我们介绍了自己的时间安排：把课程选在星期一到星期三，集中学习，星期四和星期五外出打工挣学费和生活费，周末与同学讨论项目作业。这样的节奏让他的学习和生活紧张充实，有条不紊。拿到第一个硕士学位后，师兄对自己的认知日渐清晰,自己最喜欢的方向不是科研,而是基于技术产品的商业实践,因此他申请攻读墨尔本大学应用商务硕士,来完善自己的商业思维架构。

在澳洲期间,夫妻两人相互鼓励,齐头并进,学习之余,开始共同创业。当时电商还是新的商业模式,他们做的是生活消费品和微波工业产品方向的电商创业,从中积累了商业运营经验,同时盈利也提升了生活条件。

师兄在总结自己2003—2007年的澳洲经历时说:"这期间,我取得了两个硕士学位,创办过两家公司,同时在意法半导体公司做了3年工程师,结识了事业上重要的合伙人。这段经历使我获得了学习能力的快速提升,开阔了视野,用相对较少的时间完成了从校园理论到实操经验的积累成长。"

趋势而为,做最好的自己

谈及为什么会转换跑道回国发展时,伍疆师兄说主要有两方面原因:一个是对于父母的牵挂;另一个是自己是爱折腾的人,不希望过一眼看到头的生活。

伍疆师兄作为企业家二代,他理解父母视自己白手起家的企业如生命的那份深沉情感,也明白自己作为接力创业者,需要完成做大做强的挑战。与此同时,师兄也和留学期间结识的朋友,一起创立了投资公司,助力其他创业者实现梦想。

谈到自我实现,师兄阐述他的看法,也就是"趋势而为,做最好的自己"。他坦言,通过对自我的了解越来越深,他意识到最适合自己的是桥梁性的、统筹性的工作,因为他善于发现人员和资源的互补关系和供求双方的互需关系,并乐于从中搭桥、统筹,成就各方诉求。他所理解的成就,则是帮助合伙人群体实现共同价值的最大化。

工作总是忙碌的,聊及如何管理时间时,师兄说这一度也困扰过他,他深深体会过在同一时间总有多件事要完成的焦虑,通过不断读书和实践,师兄逐渐释然:"选择来自差额,也就是多选一,我要做的应该是分清轻重缓急,想清楚我真正要的是什么。有选择是幸运的,如果没有选择的余地,人生也就失去了自由的乐趣。"

当工作忙碌压力大时,师兄会选择用音乐来舒缓调节自己的心绪,弹起心爱的吉他，一切的烦恼都能得到释放。同时，他也在平时不断阅读哲学书籍，他说学习一些高阶方法论有利于在纷繁复杂中理清楚来龙去脉，清晰前进的方向。近期比较多地阅读概率统计方面的书，来获得在投资、实业方面的启发。

徒步登山、戈壁穿越、马拉松，是师兄喜欢参加的运动赛事，在体力和意志的极限挑战方面，他也一直在刻意地磨炼自己。

在工作与生活的平衡中，伍疆师兄习得在合适的时间，做好自己真正想做的事情，并且不断反思，探寻新的自己。

对学弟学妹就业的建议

谈到了机会与就业，伍疆师兄认为任何时候都是有机会的，一个人并不一定要在各方面都是最优秀的，但应该是独特的，要形成最适合自己的技能组合。首先要沉得住气，从基础做起，脚踏实地去实践，不要轻看小事的日积月累，这是做好大事的基础；其次，要学会借力、学会合作，不要只靠自己，推荐大家读一读入门职场指南《水煮三国》。最后，也是很重要的一点就是，要学会给自己树立品牌，明确自己独特的优势，能有效的推介自己也是一种重要的能力。

撰稿人：刘心雨、韩瑞雪、张毓佳

魏伟：在连续创业中追求人生的极致挑战

编者按

2015年11月北京理工大学青年汇第21期沙龙请到的嘉宾为91级电子工程系校友、中欧国际工商学院EMBA魏伟。魏伟校友具有15年IT领域经验，属于持续创业者；他曾先后效力华为、诺基亚和飞利浦等主流科技公司；2006年他创办了专注于移动通信技术服务的银诺威公司；2007年银诺威与中国最大的软件服务公司文思创新（VanceInfo）合并，他任主管移动技术服务的副总裁；2011年他离开文思，作为天使投资人投资了多个科技类创业企业；2016年他担任品钛集团CEO，2018年品钛在美国纳斯达克挂牌上市。

近期校友走访团志愿者回访了魏伟校友，以下为回访实录。

"在任何一个大学读四年，都会重度地被这个学校的氛围所影响"

在北京理工大学求学的四年里，魏伟师兄深刻地体会到了理工大学踏实、实事求是的氛围，也曾在交流中多次提到，这种务实的作风对他后来的工作以及创业都有着很大的影响。同时他也觉得母校的这种风格在当今这个越来越浮躁的社会中，更显得尤为珍贵。但是魏伟师兄却不太认同诸如"'90后'都太过浮躁"的观点，在他看来，所谓的浮躁、冲动应该是"年轻人"这个群体的特征，而与具体的某个时代无关。"90后"在他的眼中恰恰是充满活力的一代人，有个性，敢于表达自己的诉求，这些特质都是他所欣赏与肯定的，魏伟师兄还提到自己的公司里也有不少"90后"。同时他也觉得"90后"自身应该保持足够的自信，因为他们所接受的教育与他们在这个时代下的所见所闻，都注定了他们将会是一个人格饱满而鲜活，能够支撑起国家未来的群体。

"你的第一个老板将对你的职业生涯产生巨大的影响，长远来看，严厉往往不会是件坏事"

1994年，大学毕业的魏伟校友留在了校团委工作，像其他初入职场的员工一样，他也曾有过迷茫和困惑，也对自己工作的意义有过质疑。但在十多年后的今天回望过去，他认为这一段经历对于他来说意义非凡。魏伟师兄提到他当时工作的一大部分是用打字机将手写版的文稿录入电脑，当时还没有Word等文本处理软件，都是DOS环境下以一种接近编程的方式将文本进行录入，因此在录入时很难预测最后输出文本的效果。而当时自己的领导是一个对文本细节要求极为严格的人，所以即使是出现一个很小的失误，也需要重新录入一整页的文字，常常出现的情况是打印一篇二十页的稿件最终可能用掉了近100页的纸张。正如师兄所说，一个职场的新人就如同一张崭新的白纸，在上面的每一笔都会留下浓墨重彩的痕迹，正是第一份工作中领导对于细节与结果的极致追求，使魏伟师兄在自己工作以及创业过程中也保持着这种"不怕在细节上花时间，做事看重结果"的态度，这种影响也渗透在他所管理的公司的很多细节之中。师兄在交流中说道："如果你是一个比较有上进心的人，那么你第一个老板的风格和他带给你的训练，都将会成为你的习惯，然后伴随你终身。"

"从复杂到简单是容易过渡的，但是从简单到复杂则不然"

师兄在2000年加入华为，负责通信协议一致性测试的工作。师兄认为他在华为留下最重的痕迹是专业技术方面的精进。那段时间里，由于带自己的师傅要求他独立地学习并解决问题,所以开始他也曾挣扎于大量新知识的学习中。凭借着一股对自己的狠劲,他几乎翻遍了所有关于 TCP/IP 相关的资料,通过大量的学习在短时间内成为领域的专家,当时的魏伟师兄甚至可以不借助电脑的软件工具,单凭记忆来人工解析 TCP/IP 协议各个字段的意义。师兄还提到华为之所以在 5G 方面能有今天这样的成就,正是因为几万人在十几年的时间内一直保持专注、投入的劲头。而这种专注、死磕的精神不仅在当时帮助师兄在专业领域达到了一定的高度,还在后来师兄先后进入诺基亚、飞利浦等企业的顺利过渡中起到了巨大的作用。校友会的志愿者余彦师姐在交流中问魏伟师兄,在多次的行业转换中是否曾因为需要学习大量新知识而比较吃力,魏伟师兄回答:"因为待在华为的时候每天也要学习很多新东西,所以之后再去学其他的也就没有感到太多不适应了。"师兄也辩证地看待了当时的师傅带给他的影响,他认为虽然没有从师傅那里得到太多经验和指导,但是却练出了自己独立学习、独立解决问题的能力,因此后来再面对一些复杂的棘手的问题时,他也不会胆怯,所以一些相对简单的问题就更不在话下了。正如师兄所说:"从复杂到简单一般是令人舒服的,但是从简单到复杂就会比较痛苦了"。

"持续创业,靠的是不甘平庸的性格和不服输的劲头"

2006 年,魏伟师兄离开飞利浦,开启了自己的创业之旅,就在今年 10 月,魏伟师兄的公司品钛科技成功登陆了纳斯达克。站在今天回望自己的 12 年的创业旅途,他觉得每一天都特别精彩,特别起伏,也特别折磨人。师兄还提到了大家津津乐道的段子——马云说他这一生最后悔的就是创办了阿里,在师兄看来,这句话或许并不是一个玩笑或噱头,他在一定程度上是能理解马云说这句话的深刻含义的,因为他觉得创业带给他的快乐,夸张地说或许真的只有一年中的某 1 秒,而剩下的 364 天 23 小时 59 分 59 秒都是处于纠结与焦虑之中。然而正是这一秒,足以支撑他去做一个"持续创业者"。每当看到一个想法有可能成为新的产品时,希望的力量都会驱使他变得非常专注。师兄坦言自己也曾有过不少失败的项目,但是自己从不认输,一个不行,再换下一个,而这期间他不断积累经验,抗压能力也在不断地提升。师兄认为,支撑他连续创业最核心的因素是自己性格中不甘平庸的劲头,总是不满足于现状,渴望追求更高的高度。

因此，关于创业，他给师弟师妹们的第一条建议是：如果你追求极致的人生挑战，那么去创业吧！但是需要把心理燃料备足了再行动。因为其他职业都可以有自己的选择，干得不开心或觉得自己干不下去都可以选择离开，但是作为一个公司的创始人，其实是没有选择的，甚至在公司的"至暗时刻"，作为一个创始人，还需要拿出一部分能量来驱动团队的其他成员渡过难关，这是很考验一个人心理承受能力的。

第二条建议是：创业伙伴的选择，能力一定多元化，但价值观一定要一致。比如"亲兄弟明算账"类型性格的人和"算大账不算小账"性格的人往往很难合作。因此创始团队价值观的差异很有可能会在后来的某个时间节点将整个公司拖入无法前进的境地。

第三条建议是：不要让他人的经验或教科书里的条条框框束缚了手脚。师兄举了一个很意味深长的例子：在面对一个极大的困难时，是坚持到底还是另辟蹊径，不同的教科书有着不同的说法，不同的人经验也截然不同，而属于每个人自己的最佳选择往往是等到一个人职业生涯的晚期回首自己的足迹时才能客观评判的，所以既然当下的我们无法得知正确答案，那么不如大胆地选择，大胆地行动，把剩下的交给运气。而这或许也正是人生所以有趣的一个很重要的原因。

此外，师兄还分享了自己在中欧商学院 EMBA 项目中的一些体会。他在项目中认识了两位志同道合的伙伴，也是如今魏伟师兄最重要的两个合伙人。师兄提到 EMBA 项目和 MBA 项目有着较大的差异，因为 EMBA 有着对学员职位的限制，所以同一课堂上的基本是不同领域的专家，因此跟同学学到的要比跟教授学到的更多。同时因为这种行业的多样性，很容易找到一些志同道合的创业伙伴，这也是很多人去参加 EMBA 项目的原因。

师兄经典语录

轻狂，浮躁是"年轻人"这个群体的特征，而不是特定的某一代人的特征，所以"90后"应该有充足的自信。

小心你的第一个老板，因为如果你是一个比较有上进心的人，那么他的风格和他带给你的训练，都将会成为你的习惯，然后伴随你终身。

当一个公司站在山顶上,每个人当然都会显得很自如,但是只有待在那些处于拐点期的公司,你才能看到他们是如何登上山顶的。

如果你追求极致的人生挑战,那么去创业吧!

创业,需要把心理燃料备足再行动。

刚入职场的五六年里,关键是想清楚自己真正享受什么,喜欢什么,舍得放弃什么,在此基础上,才能去做职业规划。

供稿:王启宁

王双：遵循内心的声音，做有价值的坚持

初夏的傍晚，我们校友走访团志愿者一行，来到坐落于东大桥的九城集团总部，怀着崇敬的心情，准备专访九城集团董事局主席、北理工81级光电工程专业本硕连读（老4系）的大师兄王双。他白手起家创立了九城集团，并成为中国最早一批在NASDAQ上市的公司，通过自主研发的电子通关系统，让中国的口岸告别了"纸与笔的时代"；在"三聚氰胺事件"之后，深深为中国的食品安全而忧虑，于是创立了中国第一家有机生鲜品牌电商——沱沱工社……在敞亮的会议室，我们见到了心心念的王双师兄，师兄热情地端来几碗有机番茄让我们品尝，在这样温暖的气氛中，对师兄的专访徐徐展开。

大学生活，开阔眼界

谈及在大学阶段印象深刻的人和事，王双师兄的思绪追溯到30多年前高考时的惊险一刻，在考外语的那个下午，自己竟然睡过了！监考老师发现他没有按时来考场，赶紧派人到家里叫他，还好县城小，他很快被叫醒，飞奔去了考场，大汗淋漓地开始答卷子……高考结束，开始估分报志愿，这是十分痛苦的过程，师兄由于考试超常发挥，被北京工业学院（北京理工大学的前身）4系录取，成为家里第一个大学生。师兄笑着回忆道，那年九月来学校报到，印象最深的是北京很大，这对于从黑

龙江县城来的他,十分震撼,以至于求学期间坐公交车经常坐过站,然后再折返。

师兄的本科阶段几乎是在学习中度过的,因此他拿到了奖学金。在研究生阶段,受师兄们的影响,他在学习之余,积极参加学生社团活动,先后担任过系团支书、校研究生会外联部部长、校研会主席,师兄感谢这段经历,让他开始频繁往来各兄弟院校,开阔了眼界,进一步锻炼了自己的沟通能力和协调能力。

1985—1987年是中关村发展欣欣向荣的时机,精力充沛的王双师兄,也想投身其中实践一下,于是他在中关村附近租下门面,开始做倒卖电脑的生意。但是人的精力毕竟有限,对于社会实践的投入还是影响到了学习,经过冷静的思考,师兄关掉了门店,全身心投入学习中,潜心做论文,追赶进度。当论文内容有所突破后,由于闲不住,他就帮助专利局翻译文献挣生活费,同时也顺便将自己的论文翻译成英文,在外文学术杂志发表。

创业初心,创造价值

师兄毕业后,一人来到深圳打拼,在一家国有进出口公司承包了一个部门,部门里只有他一个人,事无巨细,都得自己做,还要克服不懂粤语等各种困难。正在他做得顺风顺水,已经被提拔成为公司业务负责人的时候,突然有一天,公司董事长通知他,他的签字权被取消。公司的内斗,不仅让业务停摆,也使得在途的大额订单无法履约给供货商,于是他花费一年时间梳理账款,尽最大努力善后这些应付款。之后他回到北京中关村,重新开始做倒卖电脑的生意,结果1993—1994年,被原来做外贸的老顾客用一张假支票骗走了200万元,刚刚挣的第一桶金就这样打了水漂。这一系列的事情,促使王双师兄下决心要创立一个有核心竞争力的企业,命运一定要掌控在自己手中。

于是王双师兄开始一边寻找创新方向,一边积累创业资金。关于创业的方向,在深圳期间有一件事情,一直让师兄刻骨铭心,就是报关手续的烦琐:早晨7点拿着报关文件排队,如果文件有错误,哪怕只是文件顺序没有排对,也需要重新排队,这会增加这笔货物至少一天的拖车费和司机住宿费,利润很容易被报关流程中的客观和主观原因损失掉,所以他希望做出一套报关软件以节省时间、提高效率。

说干就干，1995年王双师兄成立了九城集团，聘请数据信息交换的专家们来研发电子通关系统，解决企业与政府的数据交换问题，帮助政府创立电子信息交换平台系统。项目在2000年以前，师兄都在持续投入大量资金，他主动免费给相关部门试点使用，一直坚持到2000年年初已没有资金可以投入，那时还没有天使投资机构这回事儿，师兄甚至不惜卖掉自己的房产，来持续投入电子通关项目。师兄永远忘不了，在实在支撑不下去的时候，那是一个大年二十九，他给所有可能支持这个项目的潜在投资者发传真求助，有一位在大年三十这一天，以个人名义汇来25万美金解围，才让九城集团暂时渡过难关。幸运的是，2000年恰好赶上中国要加入WTO，九城集团电子通关系统样本数据，为谈判提供了有力数据支撑，因此获得政府准许，九城开始对企业客户按次使用通关系统收费。从此我国的外贸行业全面进入了"通关电子化"的时代，中国的外贸企业不仅大大节约了报关过程中的人力和物力成本，也有机会全面融入全球贸易便利化的潮流中。

扎根有机十余载，坚持良心品质服务

2004年九城集团成为最早在纳斯达克上市的中国公司，当时已拥有国内80%~90%的市场占比。王双师兄已经完成了当初的理想，开始有些迷茫，下一个目标在哪里呢？直到2008年"三聚氰胺事件"媒体曝光后，长时间跟进出口打交道的他，下决心用出口海外的食品标准帮助国内的消费者也吃上安全放心的食品，于是沱沱工社秉承"有机、天然、高品质"的理念，开始了有机生鲜市场的探索。

王双师兄感慨道，做这个决定，感性思维多于理性思维。2008年前后，他在美国发现了奇怪现象，大型超市较为萧条，但是有机食品超市客流不断，当时我国还没有有机食品的概念。做，就做质量最苛刻的有机食品！沱沱工社开始自己做农场和宅配，那时恰逢互联网烧钱风潮，沱沱工社一下子被业界定义为生鲜电商的开创者。师兄说当时头脑发热，不自觉地加入了烧钱大战之中，好在他冷静得早一些，他认为，烧钱本身能够催生市场和教育用户，但最终为用户带来价值的还取决于品质和效率。特别是在目前，当商品供给足够大、商品选择过于繁多以至于导致了"选择恐惧症"的时候，在"国民总时间"无法增长或者一天24小时时长无法改变的今天，如何帮助客户省脑、省心、省力、省时做好采购甄选，将成为互联网世界最可贵的价值。

师兄举了一个例子：一家印象深刻的书店——日本鸟屋书店，选址、装修和布局都非常有格调，每一位导购都是专家，甚至是专业DJ、文字编辑等发烧友和达人，他们对于售出产品有深刻认识，除了卖书，还有乐器、厨房用品，导购就是店家的核心价值，也是它长期被消费者热捧的原因。

沱沱工社的转型，主要通过了解会员的生活方式和生活习惯，作为有机生活方式提案服务商来编辑食品消费解决方案。不论三世同堂、二人世界，还是单身贵族，空中飞人，沱沱工社的生活方式设计师——LD（Life Style Designer）都能帮客户搞定适合他们作息和喜好的有机食材。具体来说，分为三个层面：第一层安全认证白名单；第二层精准编辑，主动设计；第三层代采服务—管家一站式服务。

有机食品在国内很难推广，因为国人烹饪方式改变了食材原本性态。沱沱工社帮助精英人士照顾好家庭饮食，对精英人士的良知消费产生影响，通过"塔尔德效应"，逐步引导全社会有机食品的消费和认知。沱沱工社在战略上退出主流红海市场，做高端会员服务商，从Sell Side转为Buy Side，同时也在兼营沱沱自主品牌产品。自营产品首先供给会员，同时供给京东、盒马、小象等生鲜电商。现阶段从之前每年烧掉1亿~2亿元的电商模式，向为消费者设计有机生活方式、节省选择的时间、消除选择的焦虑转型。随着私人专家趋势的到来，沱沱工社还将融合"企业首席健康官"资源，一方面聚集27家三甲医院的500多名主任医师，为会员诊疗"绿色通道"解决方案，另一方面利用沱沱工社在食材及营养等方面的专业能力，为慢病及亚健康人群提供全方位的健康营养解决方案。下一步，师兄还计划打造360度有机生活度假屋，让大家可以零距离体验有机生活的美好和乐趣。

对于创业者的建议

作为连续创业的前辈，王双师兄在给学弟学妹们的建议中说道："创业切记头脑发热，凡是热络讨论的事情，都不应该是你的第一选择；创业周期正在拉长，需要做好长征和打持久战的准备，团队的建设更加依从'价值网络'的逻辑，更加多元化的团队才是有耐力的团队，团队中的个人需要扩充边界，但也要保持鲜明个性，以便让其他人知道如何配合你；创业不要太急，有风口不要立刻跳进来，应该在锻炼自己能力的同时，寻找自己怦然心动的事业，只有在为这样的事业打拼，遇到困难才不会轻易言弃，这才能成为你'不忘初心，始终不渝'的原动力。总之，准备好再出发。"

供稿：薄穆盟、张毓佳

覃思颖：源自脚踏实地的科研收获

一个风和日丽的周末傍晚，我们校友走访团志愿者在校友会办公室，回访了北京理工大学 2007 级生命学院生物工程专业的覃思颖校友。她在大三时以优异的成绩获得了北大直博的资格，在北大的博士生阶段以第一作者身份在著名学术刊物《Nature Materials》上发表论文，首次揭秘动物磁感应受体蛋白。我们带着对于学术研究的好奇，开始了本次专访。

出于对生物的喜爱，选择了大学的专业

谈及大学选择专业时，覃思颖校友表示自己从小就很喜欢生物，尤其是小动物，因此报考的时候，第一志愿填报了北理工生命学院生物工程专业。2007 年来到学校报道时，作为良乡校区第一届本科生，由于距离市区比较远，大一大二在良乡度过了两年类似高中一样，安静、专注的学习时光，为大三及以后的科研，积累了较为扎实的基础知识储备。大三来到本部后，就进入实验室开始了科研实操。作为既在北理工又在北大学习生活过的学生，覃思颖校友感触最深的是，我们北理学子的"实事求是，脚踏实地"特质十分突出，做事都很踏实，北大的老师们很喜欢北理工的学生。

脚踏实地，成就了从无到有的科研成果

谈及在北大的博士生阶段以第一作者身份在著名学术刊物《Nature

Materials》上发表论文，首次揭秘动物磁感应受体蛋白的缘起。覃思颖校友回忆道，在北大读博士时，自己的研究方向是蛋白质，这篇论文的发表是来自导师在蛋白质方向的一个新课题——动物磁感应受体蛋白假说验证，前期导师已经做好了假说研究，需要通过大量实验，从两万多个基因中，层层筛选，逐一验证，找出能够支撑假说的受体蛋白，她是第一个接这个课题的学生，开始了为期半年多的实验验证工作，半年过去了，还是没有找到符合假说的受体，导师建议她可以先放一放，花 20% 的精力做这个课题就可以，把更多精力投入到另外一个课题。

覃思颖校友依据导师的建议，调整了自己的时间安排，还是每周拿出一天时间在默默坚持做实验，验证这个假说，始终没有放弃。有一天下午，导师看到她还在坚持做这个课题的实验，十分感动，也正是在那天下午的实验中，思颖校友找到了符合假说的受体蛋白，为这个课题迈出了非常重要的一步，也正是这个实验的成功，才真正开启了整个磁感应受体蛋白课题的研究。导师感到十分欣慰，开始开展和推进该课题后续的研究工作，后来有了这篇顶尖学术期刊的论文发表。磁感应这个课题成为思颖校友博士和博士后论文的研究方向，也成为她所在实验室的首要研究方向。

有条不紊的规划，自己未来的方向

思颖校友说自己是一个规划性比较强的人，以时间管理为例，她习惯以周为单位，写下详细日程表，然后有条不紊一项一项完成，如果临时被打断计划，她也会尽最大努力去调整，确保原有安排的执行，当所有计划都完成时，就会十分有成就感。

谈到未来的规划，她说："现在的每一个选择都会影响并决定了自己未来五年或者十年的状态，所以做选择要慎重，可以看看选这条路的人现在的状态是什么样的，这是最直接的方式，自己要对自己的选择负责。"博士后训练结束后，对她来说，未来的工作方向更倾向于其中两种选择：一种是在大学应聘教职，自己撑起一个实验室，承担科研和教学工作，对时间和精力投入会要求会非常高；一种是应聘北大仪器中心，这里可以继续进行与科研相关的工作，同时时间方面不会太过紧张，可以更好地安排自己的生活。在和这两个岗位上的前辈们深入交流后，她选了后者，因为更接近自己想要的工作生活状态。

思颖校友十分热心,在访谈结束后留下来为仍有疑惑的学弟们答疑解惑,比如:在面对重要选择的时候,一定要列出每一条路的优缺点,并且要多找比自己年长、比自己更有经验的人聊天,在聊天的过程中整理自己的思路,慢慢就会知道自己要怎么做;另外要规划好自己的时间,想到什么一定要积极主动地去做,勇敢踏出这一步后,就会发现很多问题都不再是问题,对未来会更加胸有成竹。

供稿:孙玮乾、张毓佳

孙达飞：忠于内心 突破前行

编者按

孙达飞，北京理工大学1996级电子工程专业本科、保送2000级本专业硕士，清华大学五道口EMBA。联合创立北京理工大学青年校友会并现任主席、北京理工大学教育基金会投委会副主任，北京市第十一届青联委员并担任金融界别秘书长。现任三行资本创始人、管理合伙人，拥有国内顶尖私募股权投资基金、国际知名投资银行和国内顶尖政策性银行从事股权投资、并购重组、项目融资业务15年工作经验；同时自身早期项目经验丰富，创立三行资本前曾个人投资20余个TMT和医疗早期阶段项目。在联合创立三行资本之前，孙达飞校友曾就职于弘毅投资，担任战略项目源部门负责人，重点关注高端制造、消费和互联网领域。

初冬的傍晚，我们青年校友会志愿者一行8人来到孙达飞师兄创建的公司三行资本。走出电梯，穿过安静的前厅，映入眼帘的是一扇可以左右同时开合的精致实木门，充满新意，让人不由联想起武侠小说中的武林密室入口。打开大门，里面办公区每一处的设计都独具匠心，简约大气。在最显眼的墙面上，整齐悬挂着一排一排三行资本2015年创立以来，先后投资的易果生鲜、远孚物流、造梦者、盖饭娱乐、云势软件、爱其科技、机器岛、胖虎等二十余个项目。

　　此时此刻，坐在会议室的我们已十分期待见到达飞师兄。晚 7 点他准时从外面开会赶回来，只见他笔挺的西装，英气逼人的面庞。师兄还提前为我们点好了美味的便当晚餐，访谈就在这样温馨的氛围中开始了。

大学阶段积极实践，探寻适合自己的方向

　　谈及在北理工求学期间的成长，达飞师兄回忆道，自己 1996 年高分考入北理工电子工程系，由于自己阳光外向、开朗爱笑的特质，大学前两年兼顾专业基础课程的同时，任学生会外联部部长，请到了很多重量级专家来参加学生会活动，与同学们互动分享；后两年专注专业学习和实践，每天上自习到晚上 12 点，数学曾考过三次满分，以优异成绩保送研究生。研究生二年级时，导师十分开明，鼓励他去实习，在实践中历练，于是他争取到去摩托罗拉实习编程，结果半年后发现自己眉毛掉了一半！我们十分惊讶，这期间发生了什么？达飞师兄笑着说，这源于自己不服输的性格吧，每天编程编到夜里 12 点才下班，回到住处，电梯已经停了，从 1 层爬到 23 层，就这样坚持了半年多，发现自己已经如此努力，依然无法做到最出类拔萃，因此开始关注非技术类的领域，从中寻找自己擅长的事情。

　　达飞师兄总结道，在北理工最大的收获是不断探寻自己内心想要什么。一方面北理工严谨务实的学风，培养了自己超强的学习力和扎实的专业功底；另一方面就是在实践中，积极探寻自己今后真正适合做什么。

思索是一个不断挑战自己的过程

达飞师兄坦言，自己是一个目标感和好胜心很强的人，对现状不满足，不断寻求挑战，努力为更好打拼。他从研二到摩托罗拉实习编程，发现做技术不是最适合自己的，果断开始找非技术类的工作。硕士毕业后几家大央企的 Offer 中，选择去了国家开发银行。在驻外乌兹别克斯坦的那一年，他用业余时间看了很多金融书籍，发现自己适合做有更多挑战的工作，开始聚焦投资领域。通过不懈努力，他到国内 Top 级的弘毅投资工作学习，做到了战略项目源部门负责人。2015 年，他离开待了 4 年的弘毅投资，自立门户，创立了如今在业界颇有知名度的"三行资本"。如今三年多时间，三行资本管理规模达 12 亿人民币，专注于科技与消费领域，始终秉持着"重承诺 有温度"的理念，坚持价值投资、增值服务，坚持对重点已投企业提供较强的投后增值服务，从战略梳理、融资与资本运作、销售策略、团队增强、媒体宣传、资源注入等全链条的对接与服务，持续支持着中国的创新创业，陪伴优秀创业者成长。

谈到中长期人生规划，达飞师兄说自己习惯做五年规划，也就是五年以内要成为什么样的人。他回想三年多前创办三行资本时设定的五年目标，目前如期按计划有条不紊推进。我们十分钦佩师兄对于目标的执行力，在此过程中会有很多困难，师兄是如何克服的？师兄坦言，卓越的人有个共同特质就是自省，对自己要求极高。

世界上没有十全十美，目标一旦设定，就全力以赴实现，做好事前评估，有清晰的实现步骤，可以提高成功概率。"当然"，师兄补充道："一个人持续一两年始终保持激昂的状态是不可能的，每个月总有几天是容易倦怠，所以需要及时调节。"他调节的方法：一是找朋友聊天，聊一些开心的话题，人在快乐的时候，容易放松身心；二是找前辈请教以及看书，从牛人身上学脑子，寻找解决问题的方法，选择相信并执行；三是不断追问自己要什么，敢于实践，思索本身就是一个不断挑战自己的过程。

达飞师兄憧憬，十年以后希望自己成为一名北理工的客座教授，发掘和培养出实践经验过人的学生，帮助更多师弟师妹成长。他认为："情商的本质是心里有别人，帮助他人的过程很开心，有的人天然喜欢帮助别人，多一份心去同理别人，就如曾经有个师兄对我说的，我帮助你是希望你未来能帮助更多师弟师妹。"

专注力的训练本质就是做减法

达飞师兄在事业上如此成功，我们非常好奇他是如何做时间管理的，他总结道："人分两种，过日子和奔日子的人，最关键的是找到自己的位置。我属于后者，对现状不满足，注定会投入大量时间在自我突破上。"

"因此与我而言，专注力的训练，最重要的就是减事情，二八法则，我将80%的时间投入与工作相关的事情，20%的时间投入与理想和亲情相关的事情。在理想方面，比如我坚持了快6年的青年校友会服务工作；在亲情方面，比如我对两个孩子有个承诺，爸爸一周七天有一天，不会处理任何工作，全身心陪伴他们，让他们充分享受父爱；再比如前段时间，我参加了黑龙江青年企业家论坛，被推选为黑龙江青年企业家协会副会长，我婉拒了晚宴邀请，选择回到家里陪伴我的父母。"

此外，谈及碎片化时间的应用，师兄说比如微信信息处理，每天会集中在晚上用半小时时间集中回复，删除不必要的群组。

青年校友会创办的初心是利他之心，收获往往伴随而来

谈到青年校友会，达飞师兄露出了会心的笑容，时光一下子回到六年多前。他回忆说当时自己还在弘毅投资，和北理好友顾玮聊天，他们有共同的感触，一路走来跌跌撞撞，如果一开始有过来人师兄师姐的指引，其实可以发展得更好，与此同时，帮助别人的过程也是快乐的。两人一拍即合，说干就干，与学校沟通备案，从无到有创办了青年校友会，自己去寻找沙龙分享嘉宾，订场地，宣传组织……六年时间坚持做了54期校友分享沙龙，通过沙龙分享为师弟师妹们呈现不同行业发展的趋势和从业经验，建立了5000多人规模的青年校友关注群，并从关注群中发掘有志愿服务意愿的校友进入志愿者团队，参与后续活动组织。

他总结道："创办青年校友会的初心是为了帮助师弟师妹成长，收获往往伴随而来。比如在关注群中，有两位创业的师弟找到我，我已经帮助他们的创业项目解决了融资和瓶颈期关键问题，目前这两个公司已经上市。接下来，我们在物色和培养下一届青年校友会主席人选，我们希望最好是'85后'，有利他之心和奉献精神，将关注群人数从现有5000人扩充到数万人，从中发掘出更多内心积极主动的人，将校友志愿服务工作做得更好。"

毕业季给北理工师弟师妹的建议

谈及毕业季的就业难，达飞师兄给出了三点中肯的建议："一是看清趋势，未来20~30年什么行业会有大发展，比如互联网领域，在2000年左右阿里巴巴、腾讯等这波机会，很多人特别是尖子生遗憾错过了。从现在来看未来30年AI会有哪些场景应用，这些都是发展趋势。我们坚持办青年校友会沙龙分享，核心也是想通过优秀校友分享，帮助学弟学妹们看到各行各业发展的趋势。二是做与自己性格相匹配的事情，如果看不清自己的优势，可以主动问别人。兴趣是最好的老师，适合自己的发展方向才是最好的。三是坚持、坚持再坚持。比如大学为什么要念四年，这一定有科学依据，大一大二懵懂，大三大四开始进入专业状态。工作也是一样，头两年更多是适应，后两年开始精进专业技能，第五年开始发力。"

一路走来，达飞师兄不断突破前行，始终保持着一股锐气，正如他所说，在比自己牛的人身上学脑子，把目标刻在心里，坚持自省和精进。所有的荣誉与掌声的背后，我们能深深感受到他那股卓越的韧劲儿！

供稿：张毓佳

宋婷婷：自律下的多彩人生

编者按

她是1999级计算机学院的本科生，2003级计算机学院的硕士生。毕业后，曾在世界500强Motorola做了10年软件研发的项目经理；如今她是资深心理咨询师和职业催眠师，拥有自己的心理咨询公司，是世界500强公司的特邀心理咨询顾问；她是畅销书《摆渡——互联网人的解忧密码》的作者；她是拳击手、品酒师、小提琴手……她，就是宋婷婷校友！

初春的傍晚，宋婷婷师姐在结束了一个个案咨询后，准时与我们会面，我们都很珍惜回访女神师姐的机会，在接下来的一个小时，师姐和我们校友走访团志愿者一起畅谈了自己的转型之路和心路历程。

初入职场，如何找准自己的定位

从研一开始，宋婷婷在Motorola做实习生，最初是做测试等技术岗位，通过一段时间的实践，她发现自己的兴趣并不在技术本身，开始主动寻找适合自己的岗位，后来她发现自己更擅长做沟通桥梁性的工作。得益于实习的经历，宋婷婷在硕士毕业以后，以优异的工作成绩直接入职Motorola，更重要的是此时的她，与部门经理沟通时，已经十分明确自己擅长的领域，顺利入职软件研发项目经理岗。

提及很多师弟师妹刚入职场的困惑，譬如如何完成学生思维到职场思维的转换时，宋婷婷回忆起在 Motorola 的点滴。有一次中午她吃完饭回到工位上准备休息，部门经理来叫她一起吃饭，她礼貌地回复说自己吃过了，经理说刚开完会，他们有个聚餐，希望她一起去做一些翻译工作（经理是外国人，宋婷婷英文流利），后来她马上和经理一起去了，做好了那天大家的翻译和端茶倒水等细节工作，同时旁听了整个聚餐管理层的讨论，学到了他们在工作中的思维方式。类似这样的事情，看似是占用了自己的午休时间，实质却让自己能够更快地适应公司部门的节奏，大有裨益。

她总结道，工作后很多看起来微不足道的小事，反而能让人成长进步很多。端茶倒水这些事情里，其实蕴藏着人与人之间的交往关系。很多看起来不起眼的工作，教会了我们很多道理，也提供了很多潜藏的机会。

为了时间自主的转型蜕变

很多人好奇，宋婷婷一个纯工科女生，在世界 500 强企业耕耘那么多年，有高薪，有股票，有团队，为什么要放弃舒适区，转行从事心理咨询和催眠师的工作呢？

她说，转行也不是拍脑门做出的，之前有长时间积累。26 岁，因为兴趣，在工作之余，开始接触心理学；27 岁，拿到了"心理咨询师"证书，考这个证书，完全是出于"好玩"。她回忆道："我完全没有想到，这个会成为我之后的职业。之后，我对心理学的学习，一直在断断续续地进行着，但是从来没有考虑过真正的转行，因为我在 Motorola 很快乐，老板和同事对我都很好，再加上外企的福利和收入很好。我对现实如此之满意，对心理学的兴趣，不足以构成我打破现状的动力。

"接着，我结婚了，怀孕了，生宝宝了。像每一个妈妈一样，从怀孕起，就开始看各种心理学书籍。当时我觉得，心理学的书目，我看都看了，不如再专业些，所以就去中科院，读了个心理系的研究生。随着学习的深入，我更加懂得，父母的有效陪伴是多么的重要，而所有这些陪伴的需求，都和项目经理的工作性质相冲突。"

"近十年的工作经历，让我明白，如果我继续做现在的工作，我将会在女儿起床前，离开家去上班；在女儿睡觉后，下班到家；甚至连周末，都可能需要加班。每想到这些,再想到这几年来,学到的心理学案例中,父母缺失对孩子造成的影响,我就会很纠结,很痛苦。每每看看女儿有妈妈陪伴时的幸福样子,想想之后的工作对于陪伴时间的影响,我只觉得心越来越痛。突然,一天夜里,我想到了'心理咨询师'这个职业,毫不纠结地下定了决心:'我要转行!我要的工作是时间完全归我掌控的工作!'于是,32岁决定转行,34岁成立了自己的心理咨询和催眠工作室,35岁成立了公司。从内心出发,获得了时间自由、财务自由和心灵自由。"

富于同理心的理工科CEO

作为心理咨询公司的管理者,"亲切""温暖"这样的词汇,构成了公司员工对宋婷婷的印象。在员工的眼中,她就像一棵大树,总能遮风挡雨,在员工需要的时候顶上去。她待人亲切随和,会体恤其他人的难言之隐,与她共事的员工,总能感受到她的关心与温暖。正是这份力量,将企业凝聚到一起,使得员工对公司的认可度和信任度非常高,他们会积极为公司发展出谋划策,每每谈及,宋婷婷都十分感动。

她感慨道:"作为公司CEO,不但需要考虑如何发挥每个员工的所长,还要考虑客户的需求。以前做项目经理,并不需要做太多的决策,更多是扮演执行者的角色,但现在从产品线怎么设计等,都需要去做决策,而这都需要我们站在用户的角度去思考。"

"是在北理工计算机系的学习与训练,使得我在心理学领域做得与众不同。"她笑着总结道。在许多的心理咨询和讲座中,面对问题的时候,工科的思维方式会将问题条理化,逻辑感更强,极大地提升了解决问题的效率。工科的认真严谨,也让她在心理咨询工作中受益无穷。市面上有很多心理咨询公司承诺着一次两次课解决很多问题的情况,在宋婷婷这里是不存在的,她认真地说:"一次咨询我就解决一个问题,贪多嚼不烂。"正是这种认真严谨的理念,让她在心理咨询的专业之路上越走越长远。

工作之外,热爱生活的行者

工作之外,她是谁?她说:"我首先是我闺女的妈妈,我老公的老婆。其次,我是个品酒师,喜欢从品酒中,体会更丰富的人生;我还是交响乐团小提琴手，音乐和舞台，让我能够在沉静和张扬中，不断得到提升；我也是大学的客座讲师，不断地接触年轻人，让我的心灵和头脑，也能够永葆青春。除此之外，我喜欢美食和健身，我认为：吃美了才有心情健身，健帅了才有资本狂吃。"

  我们很好奇她的爱好那么广泛，并且每一个爱好都钻得很深、做得很好，她笑着告诉我们，她只是比别人多了一点坚持。例如锻炼，她每天早晨五点半雷打不动都要起床，哪怕熬了一整夜没睡，五点半也一定会起床锻炼。正是这种坚持，才让她在各个领域都能有所建树。

  此外，酷爱分享的宋婷婷，有自己的公众号和著作，谈及为什么要写"宋婷婷 Vivian"这个公众号，她说："把我成长路上的经验教训，和我做过的咨询案例，分享出来。他山之石，可以攻玉。后来在读者群跟大家交流，发现有很多共同的困扰，所以我把过去十几年工作生活的经验以及第一手咨询案例，总结成书《摆渡——互联网人的解忧密码》，用谈话形式答疑解惑，从事业抉择、爱情婚姻、亲子关系、自我成长等多个方面，希望能帮助你解决生活的烦恼困扰。无论你是处于互联网行业疲于奔命的职场人，是焦虑迷茫找不到方向的年轻人，还是面对家庭、婚姻、孩子焦头烂额的父母，在这本书中你都能找到对症下药的'良方'，找到通向幸福的方向。"

  回访不知不觉接近尾声，我们依然意犹未尽。所谓女神，她的独特是自律、眼界和勤奋造就的，如她所说："我承认，单一领域里面我不是最牛的那个，但是，我可以看交叉领域呀，我可以交叉两个、三个、四个、五个……我从不要求自己要'取长补短'，'取长补短'其实就是把生命平均化的过程，没有人甘心终其一生只做'路人甲'。当一个人越'立体'，能够进行'交叉'的侧面越多，他就越容易发现自己的价值，越容易快乐起来。让我们从今天开始，做个'立体人'！"

供稿：张毓佳、贾璇

桑珊飞："四步工作法"助力职场幸福成长

编者按

桑珊飞，1999年考入北理工，机电学院本硕、经管学院博士。在校期间曾任校辩论队队长、校乒乓球队队长、机电学院第4届学生会主席、第27届校学生会常务副主席。毕业后，历任机电学院团委副书记、书记，校长办公室行政秘书、信息统计室主任，党委宣传部副部长，北京西城区大栅栏街道工委副书记、区委办公室副主任，西长安街街道办事处主任。现任西城区政府办主任。

在阳光明媚的午后，我们校友走访团志愿者对桑珊飞师兄进行了专访。这是一次期待已久的访谈，因为我们很想知道桑师兄求学与职业生涯每一步稳扎稳打的背后，有着怎样的努力付出，又包含着怎样的人生智慧。访谈就此徐徐展开。

母校严谨务实学风、工科思维的内化

谈及北理工在自己成长中的作用，桑师兄意味深长地回忆道，从本科生到博士生，从辅导员到行政干部，他在母校度过了最美好的12年光阴，也奉献了最真挚的感情，感恩母校的培养。在这里的收获，师兄归结为两个方面：

一方面是能力的储备，不仅包括扎实的专业知识，还有学生会、社团工作、志愿服务活动的实践积累。桑师兄回忆，自己生长在基层公务员家庭，耳濡目染的就是全心全意为人民服务。母校不仅是他求学的知识殿堂，也是毕业后第一份工作的地方，抱着一颗为学校和校友们服务的初心，在工作中不断精进。比如母校75周年前夕，他挤出两年来碎片化时间，通过专访不同年代具有代表性的校友回首往事，经过无数个夜晚的点灯熬油，前后18次的修改，撰写出38万字的《红色征途》一书，侧记校史、献礼校庆。全书图文并茂，生动翔实地记录了这所从延安走来的重点院校的历史和延安精神的传承。用他的话讲："将这份浓浓心意作为感恩母校12年悉心栽培的点滴回馈，再累都值得……"

另一方面的收获是严谨务实、认真细致的理工科闭环思维的内化。桑师兄感恩母校对于工科思维习惯的培养，求学时对工科的思维训练，还有日后在工作岗位上对于闭环思维模式的反复实践。在现在的工作岗位上，他以写博士论文的严谨、攻克学术难题的执着，在一丝不苟地妥善解决人民群众提出的问题。

践行工作四步法，全心全意为人民服务

在谈到工作心得体会时，我们走访团志愿者有很多自己工作中的困惑想向桑师兄请教，他均耐心聆听并予以解答。归结起来，桑师兄一直在践行四步工作法，即"向前一步、想后一步、站高一步、做低一步"，具体来说：

向前一步：培养利他精神，强化奉献意识，深信"吃亏是福"，履职尽责不躲不闪、主动担当，与人合作铁肩道义、众缘和合。师兄举例，在加强服务意识方面，他从海底捞的暖心服务细节中，比如具体到一条饭店预定提示短信的详细程度，就给他很多灵感和启发，他将这些好的服务意识落实在工作各个环节中，并且分享给同事们，带领大家一起将待人接物、为人处世力争周到圆融。

想后一步：做到决策慢半拍，思维缜密，三思而行，着眼全局，方向对了决策才有可能正确。习总书记提出"要让全世界搭上中国发展的快车道，成为全人类命运共同体"，足以可见方向对了，行动才能更有效。桑

师兄结合自己的具体工作，举例说当面对群众反映的问题时，他会先充分聆听，记录群众的问题，在公共服务整体系统中，协助链接对应接口，跟进解决。

站高一步：提高政治站位和视野格局，审视自己的发心，出于公心、为了公众、促进公平，做到没有私心，为了整体利益就去做、做到位、做到极致。师兄说："时刻在工作中做到，任何事情找到我，我都义不容辞，谢谢您找到我，感谢您的信任。"

做低一步：做人谦逊低调，做事谦恭严谨。曾国藩有句名言，"天下之庸才，皆败于惰字；天下之失败，皆败于傲字"，说的是为人处世要谦卑，心中有他人，四海之内皆兄弟。师兄说："用平常心看待职务流转；用科学精神来开展务实工作，把疑难杂症当作趣味课题来攻坚，推动解决基层治理问题。热爱耕耘的土地，升腾悲悯情怀，帮助更多有需要的群众，维护社会公平和正义。"

师兄总结道，《礼记·大学》有句名言，"苟日新，日日新，又日新"，说的是从勤于省身和动态的角度来强调及时反省和不断革新的重要性，对自己严格要求，坚持每天精进一点点，坚持知行合一。

走访临近尾声，我们都意犹未尽，希望师兄再给我们一些成长方面的建议，师兄笑着说："首先发心很重要，希望我们都能做到善良、感恩、阳光。保持善良的发心，你会发现有很多人需要帮助，有很多有意义的事情需要我们去做；学会感恩，百善孝为先，不懂得感恩父母，就不会懂得感恩集体；保持阳光的心态，学习之、慎思之、明辨之、笃行之，与人方便就是与己方便，送人玫瑰手有余香。其次，永不放弃永不服输。工作生活中遇到挫折是好事，越年轻经历挫折越好，当遇到挫折，请用不服输的精神去补充短板，不断反思、总结，突破前行，永不放弃。"

供稿：张毓佳

曲敬东:"职"点迷津

上次见到曲师兄,是 2018 开年的第一场北理工青年汇沙龙。曲师兄作为嘉宾莅临现场,面对一百多位校友,把过去三十年跌宕起伏的人生经历娓娓道来,无私地分享宝贵的心得和经验,令大家受益匪浅。

8 月 29 日下午,我们一行人来到曲师兄的企业——新龙脉集团,就校友们最关注的几个问题,有幸再次和师兄展开了面对面的访谈。

兴趣引发热爱

问:师兄,您当初来北理工,为什么选择计算机专业?北理工的就读经历，对您后来的职业生涯有怎样的影响？

答：我一直喜欢数理化，电子也是我喜欢的方向。我从小动手能力比较强，经常对收音机、钟表等进行拆卸和维修。另外，我喜欢有挑战的、能代表未来趋势的事物，计算机在当时还完全没有普及，属于很新的东西，我认为它可以代表未来的趋势，后来经由时间证明果然是这样的。

计算机系当时在北理工其实不是热门的专业，比较边缘化。我在学校属于不是特别努力、很爱玩的学生。我喜欢运动，每天下午风雨无阻地在运动场上度过，晚上学习。北理工是军工类学校，北理工的学生，尤其是计算机系的学生，非常讲究严谨、逻辑、务实，相对也比较内敛、执着。从北理工毕业的学生，都带有这些鲜明的特征。

保持学习，不断更新自己，让企业成为常青树

问：师兄，您上次在青年汇分享时，我们注意到您一直保持着很旺盛的好奇心和学习力，这是出于什么样的动力呢？

答：企业家做企业不是做一年两年就够了，而是要做十年二十年，要接受时间的验证。要想让企业拥有长久的生命力，自己必须不断进行自我更新。大环境每天都在变化，要让自己跟得上时代、把握变化，企业才能够获得长久持续发展。

那怎么去学习？学习有很多种，对国家政策的理解，也是一种学习。在我们国家，很多年轻的创业者往往对自我的认知很充分，但对国家的政策、法律法规不了解，碰到法律问题、资金链问题，企业很容易瞬间消失。我有这样的压力和动力，必须持续去学习、去更新自己。

问：身边有创业的朋友，也意识到学习的重要性，但每天面临的信息量太大了，要学的东西太多了，根本无从下手，曲师兄认为应该如何解决这种困惑？

答：对，现在是信息大爆炸时代，学无止境，人的时间、精力也有限，在每个阶段或年龄段应该专注于某个领域。

我认为做一件事，做到专业应该以十年为周期。我看到招聘简历，很少有人能在一个领域做上五年、十年。行行出状元，但大多人做不到。很多年轻人频繁跳槽，总认为原来的公司不适合自己，不开心。实际上不应

该怨天尤人，抱怨公司文化、老板、同事，我觉得最重要的是自身，自己去适应环境的温度，让公司变得更好。幸福感来自预期，不要把预期定得太高，否则一直达不成，每天都会很难过。作为老板，也要管理自己的预期，建立标准，让员工的薪资和能力要能相匹配。招聘员工不要太追求完美，懂得优势互补，把人用好就成功了。

创业是一种生活方式，美好在于过程

问：您在沙龙里提到创业经历了三个十年：学习的十年、成长的十年、释放的十年，三个十年塑造了您和现在的企业。请问对于现在的年轻创业者，能否做到缩短创业周期，三个五年或三个三年就能达成？

答：很多事情快就是慢，慢就是快。创业还是建议以三个十年为周期，我们看到有些很短时间就成功的公司，往往是万分之一的小概率事件，不能作为行业的标杆。创业把周期定长些，沉下心来好好做事情，反而成功率高。

创业能否做成常青树，跟创业者所定的目标有关，不要一味以赚钱为目的，而建议把创业当成一种生活方式。创业者一味追求财富是很危险的事，因为财富若是不能驾驭就是灾难。比如我们回想大学时光，往往不会记得考了多少分，而是和同学们相处、有了很多好朋友、自己慢慢变得成熟，这就是人生真正的财富。对于年轻人，我建议用一生去赚钱、用一生去花钱。创业的美好在于创造价值，能做自己喜欢的事，这样不管发生什么事，任何时候都能坦然面对。

问：创业公司怎样在现今复杂的环境中生存下来，或者有没有可能实现弯道超车？

答：现在创业越来越难，竞争越来越激烈。创业需要调动和整合资源，要么是模式创新，要么是技术创新。所有创新需要人才和投入，这两者是相匹配的。人才就是资源，没有人才，企业很容易昙花一现。所以创业的核心是要找到一些牛人，也就是要不断寻找和吸纳一些志同道合的优秀人才。优秀的人往往有个性，创始人要有智慧、包容心，把人才聚到一起。所以创业者情商很重要，要有胸怀，要有适宜的激励机制。

投资即是投"人",创业核心在于找"牛人"

问:您之前提到做投资人是万里挑一的职业,比创业还难。您觉得最大的难点和挑战是什么,您是怎么应对的?

答:确实,投资人要在各个行业都有所涉猎,做一个投资人需要很多技能的储备,对人的要求很高。现在很多"80后"去做投资,也可以做,但往往很局限,因为他们对人性还不能做到很熟悉。投资就是投"人",要看懂"人",需要知识积累和阅历,感性和理性兼顾,同时智商和情商俱佳,这都需要长周期的积累。顶尖的投资人没有二十年很难做到,例如欧美的多数 Top 投资人都是五十岁以上的,需要时间来考验。

问:您怎么看现在的互联网产业?

答:互联网发展过快,形成了很多泡沫。我觉得有些产业变得很畸形,比如现在的外卖。特别心疼的是无数的外卖塑料袋和盒子,造成了大量的白色污染,需要数十年甚至数百年才能降解,对未来的生态环境是个很大的伤害,我觉得没有必要去鼓励。

问:您做投资,评估过无数企业,有良有莠。您眼中什么样的公司是好公司?应该怎样进行利益分配?

答:好的公司首先要有好的价值观,那些散布负能量、对社会有负面影响的公司坚决不投,我们只投资既创造商业价值,同时也创造社会价值的公司。一家公司有正确的价值观、理想、使命才能走得长远,才能对客广形成长期的吸引力。有些游走在灰色地带的公司,长此以往就会变得畸形,很难长远。

利益分配的平衡很重要,就像大厦的地基,成功的企业在利益方面分配得合理,很多企业失败往往是输在利益冲突上。很多创业公司在创立之初缺乏灵活、合理的利益分配机制,导致分配不可逆,给后来者没有留有余地,很容易产生矛盾。

开阔视野,健康地工作

问:您之前有过在美国洛杉矶创业的经历,现在很多师弟师妹毕业,也面临出国留学或国内创业的问题,您有什么建议给他们吗?

答：我认为视野的开阔是最重要的。我在 1995 年走出国门，我的所见所闻，在后来带给我很重要的影响。我看到当时中美之间巨大的经济差距，很多地方美国比中国领先很多。比如那时看到的洛杉矶机场就是现在的洛杉矶机场，已经很先进了，而那时中国的首都机场，还只是 T1 航站楼，对比很鲜明。后来我在联想和三星担任高管的时候，看到世界 500 强公司是什么样的、怎么运营和发展的。这两段经历给我后来的帮助非常大。这就是视野，站在 30 层楼和 10 层楼的高度，看到的风景肯定是不一样的。看未来趋势其实也不难，很多发达国家现在的样子其实就是我们未来的样子。

问：师兄能否分享一些自己长期坚持的、让自己受益的好习惯？

答：我觉得保持健康是最重要的。我总结了健康四要素：

一、心情好，心态好；

二、饮食要健康、科学搭配；

三、适量运动，每个阶段都可以有自己适合的运动方式；

四、睡眠质量要好，数量要够。

另外，讲求效率很重要，工作时间长并不代表有高质量的产出。做正确的事效率高，建议创业者思考的时间占比要大些，把事情想清楚再去做，才不会盲干。

撰稿：张骁文、张毓佳、倪志成、何旖桦

卢航：渴求进步，永不止步

编者按

卢航，北京理工大学金属材料及热处理专业1984级校友，21世纪中国不动产联合创始人、总裁兼CEO，中国房地产估价师与房地产经纪人学会常务理事，中国连锁经营协会常务理事，特许经营分会副会长。

隆冬时节的傍晚，我们校友走访团志愿者来到了坐落于汉威大厦的21世纪中国不动产总部，大家满心欢喜，在宽敞明亮的大会议室里，见到了心心念念的卢航师兄，他身着笔挺的西装，阳光帅气。会面伊始，我们观看了21世纪中国不动产的宣传短片，被其中专业温暖的房产经纪人形象打动，访谈在这样祥和的氛围中展开。

京工艺术团团长的历练与成长

四年北理求学生涯，京工艺术团是卢航师兄绕不开的关键字。回忆起曾经担任艺术团团长的日子，师兄为我们讲述了那段组织200人的乐队，负责北京高校运动会入场式管乐队演奏的故事。

在旁人看来，可能只会注意到管乐队演奏的气势和震撼，却很少注意到其中的主次之分。每一个成员都愿意吹萨克斯、小号这样的主旋律，但也必须有人坚守在大号这样的次要岗位上。在没有其他条件约束的情况下，就必须依靠智慧将大家的关系处理好。

对于乐团成员的管理，师兄实施了轮岗制，每场演出都会将大家的岗位进行轮换，让每个成员都有机会成为台上的主角，也都能感受到配角的默默付出。这样的举措不仅让乐团凝聚力更强，也让师兄获得了十足的锻炼。

艺术团的经费筹措是另一件极锻炼组织协调及资源整合能力的事。在没有足够经费支撑艺术团的吉他社、话剧社等开销的情况下，师兄和艺术团的同学利用周末时间，一起去清华、人大等高校演出来赚取经费。也是从那时起，师兄便深刻认识到资源有限是一件十分正常的事情。

在与外校频繁互动的过程中，身为理工男的师兄和人大、北外的同学们结下了深厚的友谊，文理交融的大学环境给了师兄不一样的成长经历，拓展了朋友圈，这使他在步入社会后几乎没有不适感，也对他日后的发展大有裨益。

伴随着那些看似辛苦但又充满欢乐的日子，看似简单但都充满智慧的收获，卢航师兄从青葱少年走向成熟，从学校走向工作岗位，开启了新一段的人生征途。

不安现状的奋力向前

80年代毕业的大学生还都是国家分配工作，但卢航师兄却选择通过陌拜，自主择业进入了星海乐器公司。他正是找准了自己大学乐团的经历和所学专业的交叉点，成为学校有偿分配的第一人，在当时，少有人能做出这种勇气之举。

师兄回忆说："进入星海乐器公司后，经常有外宾来洽谈业务，我英语不错，在厂里碰到外宾就热情地和他们打招呼。厂长一看，这小子英文不错，就说你来管外贸吧，于是我就管外贸去了。"

负责国外客户一段时间后，师兄渐渐感觉本职岗位上没有太多养分可吸收，不满于现状的他考上了经贸部进出口公司的外销员。而通过在这一平台上的历练，他见识到了更广阔的国外世界，也了解了国际贸易是怎么一回事。当工作内容开始不断重复时，师兄意识到需要寻求更多学习的空间，于是进入一家做外贸的美国公司，一步步成为中国区负责人。由于工作的原因他去了美国，开始了在美国的八年工作与生活。

"在美期间为了进一步自我提升,完善自己的知识架构,我在新泽西州立大学 Rutgers 商学院获得了 MBA 学位;同时也在积极学习投资,研究美国的各个行业,一有时间就看投资类和 IT 类杂志,从中寻找机会。"师兄说,他非常幸运在华尔街上偶遇了北理校友郭亚夫,他曾是分管京工艺术团的校团委书记,当时在华尔街做投资,通过与他深入交流,师兄收获成长了很多。

师兄总结说,自己每三年就会回头看看这些年的职业成长,如果所经历的事情一直都有挑战,他一定会埋头钻研,工作得很愉快,因为能学到东西就是最开心的事情。而如果工作进入简单重复的状态,他一定会寻找新的挑战,没有收获的工作是不能忍受的。

师兄用亲身经历启迪师弟师妹们,第一份工作无论是进入国企、私企或者外企,关键在于是否能在工作中感受到自己不断在进步。

特许加盟的中国鼻祖

卢航师兄在美国期间经手了一单写字楼的交易,当时正值经济危机,在新泽西的一个韩国公司为渡过难关而出售写字楼。在买下该楼的同时,师兄的公司支付了一笔 40 万美元的佣金,给在交易过程中提供专业优质服务的房产经纪公司。

当时师兄便很敏锐地发现房产经纪生意特别有价值,而且国内也正在经历房地产市场改革,正是在国内开展相关业务的好时机。不过,他没有做过一天房产经纪人,于是师兄找到这个领域的美国龙头——21 世纪不动产。1999 年,通过 6 个月的谈判,师兄和他的合伙人拿到了这一品牌的中国特许代理权,也便有了今天的 21 世纪中国不动产。

21 世纪不动产是中国房地产经纪行业特许加盟模式的鼻祖,但在 2000 年年初,国内的市场环境还未做好接纳这种模式的准备,所以卢航师兄在公司起步阶段遇到了一些困难。他回忆道:"那时望去满眼都是风险,模式在国内刚萌芽,缺乏立法保护,所以每进入一个新城市,我们只与当地前 50 名的企业合作,因为最担心的是合作伙伴开了连锁店,收了客户房款,跑路了怎么办,客户利益如何维护?也是因此,我们积极向主管部门反馈沟通,推动了房产交易资金监管。"

从选择做 21 世纪中国不动产开始,师兄就要对企业、员工和店东负责，他要承受很大的压力。但他坦言，正是这样的压力给了他更多前行的动力，压力和动力相辅相成，如果没有压力，选择太多，反而会举棋不定。

如今，21世纪中国不动产的特许加盟模式已经取得了可观的成果，覆盖了国内93个区域、124个城市，并在发力推动真房源以及跨品牌的平台合作。回首公司近20年的来路，师兄表示，创业初期面临很多风险难题，也要面对客户的种种不理解，但做事的原则不能改变，有困难就主动解决，办法总比问题多。

心系年轻校友发展

卢航师兄一直对个人发展有清晰的定位，认准了方向以及自己的兴趣就会坚持钻研，并通过阅读、与专业人士交流等方式提升自己，每隔三年如果发现自己不是在进步，就及时调整。

师兄也提醒年轻校友要以个人兴趣发展事业，做自己喜欢的事情，这样过程中就不会觉得辛苦，也会少有怨言。

当然，工作免不了压力，不良情绪的累积会给工作和生活都造成隐患，这时要注意调整自己的心态，注意劳逸结合，让自己能够保持长线奔跑。

此外，师兄也很关注年轻校友的创业项目，他愿意以个人的经验和资源为校友的发展助力，进行业务上的互动，他有意愿与年轻人更多交流，更多深度合作。

结　语

在20世纪80年代的北理校园，有位充满活力、帅气十足的男生，他是京工艺术团团长，他说社团锻炼了自己的沟通协作、资源整合以及抗打击能力；毕业那年，他结合自己的专长，通过陌拜，在北京完成自主择业，我们由衷钦佩他的那份勇气；他一直保持不断学习、锐意进取，认定方向就坚持去做，直面困难，推动解决，初心和责任是源动力……

他关心年轻校友们的创业项目，如果有交集，他愿意聆听，看看是否能助力大家。帮助别人的一个好办法，就是分享他们无法接触到的某种经历，本次回访让我们都受益匪浅。

供稿：卫誉尹、张毓佳

刘旭东：跨界玩出一座城

编者按

刘旭东，1992年考入北京理工大学，就读于机械电子工程专业，现任国内知名网络文学网站——晋江文学城（www.jjwxc.net）的联合创始人兼总裁。晋江文学城定位是大型原创文学网站，创立于2003年8月1日。晋江文学城成功地开拓了女性文学等细分领域的市场，成绩笑傲江湖。已播影视剧爆款如《花千骨》《何以笙箫默》等皆出自晋江文学城，近两年热播的网剧《镇魂》、动漫《魔道祖师》、电视剧《知否？知否？应是绿肥红瘦》等超级IP也都源于晋江文学城。

2018年7月15日下午，北理工青年汇志愿者和校办李芬老师等人一同来到晋江文学城的会客厅，与晋江文学的联合创始人兼总裁刘旭东师兄进行了访谈。刘旭东师兄曾于2016年5月28日作为特邀嘉宾，参加了北理工青年汇组织的第28期沙龙活动。那一期活动之后刘旭东师兄便将自己的微信头像换成了当时的照片，他表示自己很怀念在北理工读书时的青葱岁月，每次回校都会有回家的感觉。

感恩母校，踏实行事

刘旭东师兄坦承，北理工培养了他踏实的行事作风，正是这些做事方式和学习方式教会了他做事从容，从商也实事求是。他认为自己的校园生活很充实，除了繁忙的学业，还结交了许多志同道合的校友和朋友，这么多年他一直和这些朋友保持着很好的联系，互相支持和共同成长。

初入职场，大胆创新

刚毕业时刘旭东师兄在县邮局做设备管理员，利用在学校学到的学习方法，他很快掌握了邮政行业的专业知识，还对原有邮政行业应用软件不足之处提出改进意见。这些实践对刘旭东在邮政系统内的数次晋升有很大的帮助，也让他转行到网络文学行业后工作依然得心应手。

明确定位，开拓文学市场

有很多优秀的影视作品版权都源自晋江文学城，如《花千骨》《何以笙箫默》，还有《镇魂》和《知否知否，应是绿肥红瘦》等。据第三方数据显示，有百分之六十的网文IP改编剧来自晋江文学城，这些作品极大丰富了广大人民群众的文娱生活，是晋江为世界创造的精神财富，也让刘旭东和员工有很大的成就感。但这些在外人眼中的耀眼成绩，在刘旭东的公司战略中却不是最核心业务。他说虽然IP改编授权收益较高，但作品过于集中，外部不可控的因素也多。关注网络文学最核心的海量草根自由创作，并从这些基础创作当中发掘精品力作，才是生存与发展的根本。

发挥优势，沉稳运营

晋江文学城在IP输出和网络文学海外输出都有突出表现，纵观整个IP市场，晋江文学城也是屈指可数的头部IP授权供应站之一。晋江文学城走过了16年，是个老牌的文学网站。晋江文学城为各类题材的作品提供一定的表达空间做出了努力，并且为影视和游戏的创作提供了源头，尤其是我们知晓的众多作品，都来源于晋江文学城，比如《一千零一夜》（改编自晋江文学城作者番大王作品《今天也要努力去你梦里》）、《亲爱的，热爱的》（改编自晋江文学城作者墨宝非宝《蜜汁炖鱿鱼》）等。晋江文学城非常注重原创性，注重互动性，尊重作者，是一个有社会责任、具有公德心的企业。

面临挑战，克服困难

刘旭东坦言，目前晋江文学城暂时没有上市的想法。他表示自己并不追求财富的无限增长，公司应该保持着有想象力、自由的作风。如果选择上市，在某些时候可能受资本等方面的影响，会受到资本的约束。他们一直致力于在读者和作者之间搭建良好的纽带，实现创作与阅读的生态平衡。比如在打击抄袭的时候，有些人会因为担心短期利益受损而不敢公平处理，这有悖于他的原则。深耕网络文学十余年，打击抄袭、保护作者是他们始终恪守的原则。刘旭东还说到很多企业不是死于慢而是死于快，若是没有掌控能力却盲目扩张，终将得不偿失。他所言的"慢"并不是指发展停滞而是追求平稳，这样务实的企业存活周期才更长。

刘旭东师兄强调，他们绝不会利用网站与作者之间信息不对称的优势谋取私利，在晋江文学城，他一直推崇实时透明账务，每一个章节的每一次订阅数据，都会在作者后台实时展示。这种在晋江实施的实时账务系统，让作者对自己的收入一目了然，并且可以随时检验。这种制度极大地降低了网站方故意压低作者销售数据的可能，在行业中极为少见。客观公正的数据也让作者不担心受到编辑的打压，在创作中保持了相对独立性，以有尊严的方式赚钱。

这样明晰的企业定位以及对作者的高度尊重，真的让我们敬佩不已。刘旭东一直践行着北理人的精神，这值得我们新时代的学子好好学习。

学以致用，用户第一

当谈及企业管理时，刘旭东自豪地分享了当年大学理工科的学习经历对企业管理的帮助。其实大学学习的知识并不是无用的，关键的问题是如何将学到的知识运用到实际中。学长给我们分享了一个"串并联思维"为公司节省资金的案例。当初，晋江文学城需要采购服务器，有类似于这样的选择：故障率1%的服务器需要N元，故障率0.1%的服务器需要10N元。师兄巧妙地运用了电工学中学到的串并联电路解决问题：将两台故障率1%的服务器并联，就可以达到0.1%的故障率，这只需要2N元。这样的举措为当时初创的晋江文学城节省了大量的资金。很多同学都会抱怨大学学习的很多知识日后作用很小，殊不知，是在你用到的时候你心里没有知识，归根结底还是当年学习时不够用心。所以还是要认真地学好每一门功课，学以致用，并用系统的思维去解决问题。

此外，在晋江文学城信息互动性很强，有很多用户为晋江出力、出谋划策，晋江很多的决策也来自用户的建议。打开论坛就会看到很多互动的帖子，而且管三（刘旭东）和冰心（刘旭东的夫人）经常在论坛里出没。来自用户的言论也不都是褒奖，但刘旭东都会以一种包容的态度虚心听取，并承认自己的不完美。正是这样的与用户的互动，才让他能更快、更多地了解用户的需求，处处为用户考虑，为用户提供更好的使用体验。这样的举措为晋江文学城吸引了大批的忠实客户，他们对晋江文学城产生了归属感。

晋江文学城能有今天的成绩，与刘旭东夫妻的管理策略密不可分。他们面对的就是作者和读者，他们也一直把作者的利益和读者的体验放在第一位，这样的晋江文学城一定会创造更辉煌的成绩。

寄语学子，展望未来

对于北理工的青年毕业生，他们还不了解社会竞争的激烈，但又希望提前做好个人规划，以便有机会施展自己的才华。被问及给正在求学之路上的学子有什么样的寄语时，刘旭东师兄谈道，在学生时代，应该力所能及地帮老师做事情，学会降低欲望，脚踏实地地做好生活中的每一件小事。倘若在大学期间不荒废时光，四年的求学经历一定会有所收获，会有自己的成长，会对后来发展自己的事业有所帮助。刘旭东师兄祝愿北理在"双一流"建设中越来越好，祝愿北理学子都学有所成。我们也祝福刘旭东师兄和晋江文学城蒸蒸日上！

供稿：邓娟、卫誉尹

刘峰：梦想的护航人

编者按

刘峰，北京理工大学信息与电子学院1995级本科生、1999级硕士生、2001级博士生。雷科防务科技股份有限公司总经理，北京理工雷科电子信息技术有限公司董事长，北京理工雷科雷达技术研究院院长。曾任北京理工大学信息与电子学院副研究员、博士生导师，雷达技术研究所副所长。

2010年获得国防技术发明一等奖；2011年获得国家技术发明二等奖；2012年获第二十六届"北京青年五四奖章"；2013年，获第十七届"中国青年五四奖章"，并受到习总书记亲切接见；2017年获得卫星导航定位科学技术二等奖。发表学术论文10余篇，出版学术著作1部，获得多项发明专利。

刘峰积极投身科研成果转化，2009年响应学校号召，参与创办学科性公司——北京理工雷科电子信息技术有限公司，并出任总经理。在刘峰的带领下，理工雷科先后获得了"2012年中关村新锐企业10强"、2013年、2015年、2016年"中关村高成长企业TOP100"、2017年"中关村高成长企业TOP100成就奖"等一系列荣誉称号。2015年，理工雷科通过并购重组进入资本市场，正式组成雷科防务科技股份有限公司，刘峰出任上市公司总经理。

目前，雷科防务的产品已覆盖空、天、地行业相关的各个领域，发展成为具有一体化设计、研制、集成的产业化集团公司，现拥有北京理工雷科电子信息技术有限公司、成都爱科特科技发展有限公司、西安奇维科技有限公司、北京理工雷科雷达技术研究院等多个专业领域公司及研究机构，为行业用户提供专业的系统解决方案及产品，并推出了一系列军转民产品。

一个梦想，科技报国梦

刘峰生长在革命老区——沂蒙山区，孩提时便听人讲起很多先辈艰苦抗战的英雄故事，他在这片红色基因的土地上，萌发了强烈的报国情怀。当报考大学时，他毅然选择了国防科技领域里学科实力雄厚的北京理工大学，并就读北理工电子工程系，从此与国防科技事业结下不解之缘。

怀揣着科技报国梦想的他每天勤奋学习，从早学到晚，日复一日，年复一年。在大学四年的刻苦钻研中锻炼了自己的毅力，丰富了知识，同时也找到了自己对科研的热情和梦想，于是他决定攻读北理工研究生继续深造打磨。在北理工求学期间，有众多导师都对他的科研事业做出了重要指导，例如毛二可院士、龙腾教授。他博士毕业半年就开始独立开展全新研究工作，成为国家某重大科研项目专家。

两次转变，坚守梦想

对知识的热爱支撑着他奋力前行，对科研的热情引领他不断创新。求学期间的努力为刘峰打下了厚实的科研基础，诸位老师、同门师兄弟相互协作为他实现"北斗"梦想奠定了团队基础。博士毕业后他面临人生的又一次抉择——继续奋斗科研事业还是另谋职业？为了他的科技强国梦，他毅然选择了留校继续从事科研工作，在这个过程中他迎来了事业发展历程中的第一次重要转变：从一个单纯的学者转变为一个科研管理者。

2007年，刘峰带领团队从事"北斗"相关科研工作。作为项目负责人，他不能像之前一样只是埋头钻研技术，他拥有自己的科研团队，在项目研究过程中除了做事，他还需要学会管理科研项目、管理团队，将团队合力发挥到极致。七年的青春、七年的奋斗、七年的汗水淋漓终于换来了

"北斗"项目的成功结题,其研究成果直接应用到我国新一代卫星遥感应用系统中,并取得显著效果。

2009年12月,刘峰进入北京理工大学创办的学科性公司——雷科,并担任总经理,全身心地投入公司的团队建设和经营发展中,在带着团队奋斗的过程中他不断学习如何适应角色的转变。

2014年,他迎来了事业发展中的第二次重大转折。2014年公司发展进入了第二次瓶颈期——公司规模扩大,面临上市、产业化、规模化的发展。此时作为管理者的他责任发生了变化,不再仅仅是科研管理者,更多要考虑公司的发展。那么,他是如何从一个科研管理者顺利转变为一个公司管理者的呢?有两点极为重要:学习和创新。

一方面,他不断学习管理方面的知识,通过询问他人、旁听各种管理课程、看书等多种方式弥补管理知识方面的欠缺;另一方面,他认为雷科这样的科技创新公司要想在市场上立足最重要的一点就是创新。

"要有创新的思维和血液,才能带动公司创新发展。"作为公司的管理者必须具备坚持不懈、创新思维,才能获得他人的认可,才能领导团队推动公司发展建设。刘峰带领大家埋头苦干,秉承创新思维,以新的管理运维思路使雷科从最初只有100万元注册资金、20名员工的小公司,发展到如今年收益几千万元、1200多名员工的上市公司。

刘峰带领公司的发展之路正验证了约翰·D.洛克菲勒的那句话:"如果你要成功,你应该朝新的道路前进,不要跟随被踩烂了的成功之路。"

三种品质:坚持、坚韧、坚忍

在这个物欲横流的时代,坚持梦想是一种修养。北斗卫星导航系统是助力实现交通运输信息化和现代化的重要手段,对建立畅通、高效、安全、绿色的现代交通运输体系具有十分重要的意义。

2005年,为了响应国家战略号召,实现北斗各种芯片的国产化,刘峰带领自己的团队开始了研制中国自己的北斗芯片。经过十几年的奋斗,目前北斗的国产芯片可以达到国外GPS芯片的同期水平,集成度、功耗、定位精度都可以达到和国外同样的水准,北斗全系列芯片国产化百分之百。

刘峰开始做"北斗"导航,到现在做了13年,这个过程是艰难的,而支撑他克服困难,成功实现"北斗"梦的三种品质就是:坚持、坚韧、坚忍。科研最基本的品质是坚持，科研中各种挫折都需要坚持不懈。他说这三种品质是不断递进的。坚持是指能够长期从事某一件事，持之以恒，这个过程中没有很多挫折和障碍；坚韧和坚忍，与坚持相比，则多了一份克服困难的韧性和忍耐，它是指在坚持做某事的过程中能够想尽办法克服挫折。

坚持让我们持之以恒，坚韧要我们做事百折不屈，坚忍则需要我们对人性进行控制、沉淀、积攒。

李大钊曾说："青年之字典，无'困难'之字；青年之口头，无'障碍'之语。"选择了一条道路，就应该坚持走下去，路上的坑坑洼洼需要以坚韧的品质去克服，遇到阻挠之人，用一颗坚忍的心绕身而行即可。刘峰就是用这样的态度和品质坚守自己的科研事业，实现了"北斗"梦想。

四大素养：诚实、进取、诚信、拼搏

孟子曰："诚者，天之道也；思诚者，人之道也。"在被问及具备怎样品质的人才能进入雷科这样一家技术含量要求高的科技创新公司时，刘峰认为首先是诚实，对人、对事诚实。刘峰坚信一个人的收获与付出是成正比的，他始终如一地要求自己的学生学会坚持，学会脚踏实地，一步一个脚印地前行，把名利抛诸脑后，把奉献放在台前。正如李大钊所说："凡事都要脚踏实地去作，不驰于空想，不骛于虚声，而惟以求真的态度作踏实的工夫。以此态度求学，则真理可明，以此态度作事，则功业可就。"

"凡事遇到边界，主动向前走半步！"这是雷科电子信息技术有限公司的训则，这是对雷科公司的职员的又一要求——具备进取之心，能够自我驱动，积极进取。

正如刘峰所说："机会都是留给先做事后谈代价的人。"那种做事投机取巧，只想着眼前利益的人，在事业发展上不会走太长远的。在此刘峰也希望北理的后辈们能够鼓起勇气，坚持不懈，为自己的事业攀登，在社会主义现代化强国建设之路上不断奋斗，持守创新。

供稿：杨光、代丽

镌精诚以治学，携恒心而求索
——北理杰出校友、小米联合创始人刘德

前 言

2018 年 7 月 17 日，北京理工大学校友会、党委宣传部一行人于小米科技大厦对 92 级杰出校友刘德进行专访。现任小米科技高级副总裁的刘德热情接待来访校友，相谈甚欢，慷慨分享宝贵的人生经历。被问及如何从一名北理工学生成长为出色企业家时，刘德坦言："我的人生中有三个重要的'八年'：第一个'八年'，是高考后来到北理工业设计系，学海遨游、上下求索的八年；第二个'八年'，是赴美学习生活，开阔视野、形成开放性包容性思维的八年；第三个'八年'，则是联合创立'小米'，顺应互联网浪潮砥砺前行的八年。"这三个八年起承转合串成一条线，勾勒出刘德从北理人成长为出色企业家的人生轨迹。

校友简介

刘德，北京理工大学工业设计系 1992 级本科生、1998 级硕士生，后赴美国艺术设计中心学院（Art Center College of Design，简称 ACCD）获得工业设计硕士学位。历任北京凡朴工业设计公司明斯克航母项目负责人、

北京科技大学工业设计系主任、北京 New Edge 设计有限公司创始人兼首席设计师等职务，求学、工作期间多次获得设计类奖项（意大利杰出设计奖、迈阿密设计导师奖等）。现为小米科技联合创始人、高级副总裁、小米生态链负责人。

理工记忆：明德精工、严谨治学的求学时代

谈及北理工，校友刘德嘴角浮现笑容："高考前北理工给我留下的印象是神秘的，我还记得在坐'332'往返清华附中与家之间的日子里，远远地望见北理工新建的校门，巍峨的主楼，至于主楼后校园师生的活动是怎样的？只能自己想象。那时北理工留给我更多的是神秘感，当时我未曾料想到我会与这所学校结下八年的'不解情缘'。"彼时的刘德就读于清华附中，对于高考择校并无明确目标，直至高考前夕的某次高招咨询，刘德来到北理工校园，在一幅工业设计海报前驻足，对海报中绘制的摩托模型心驰神往，工业设计在刘德心底埋下了一颗种子。1992 年高考，刘德被北京理工大学工业设计系录取。

20 世纪 90 年代，北理工的工业设计系成立不久，与学校传统工科专业相比，规模较小。彼时国内学校的工业设计专业都处于起步探索阶段，教学模式还不太成熟，可供参阅的相关书籍很少。但是刘德却认为那是一个充满趣味的探索求学时代：工业设计系的老师一半来自工科专业，教授工科技术，另一半来自艺术专业，教授设计创作，老师们虽学识渊博，却不标榜权威，这给了学生们一个相对自由度较高的成长环境；学生求知若渴，物质资料匮乏仍阻挡不了学生们求学探索的脚步。刘德师兄依稀记得那时同学们"长途跋涉"到国际书店，只为捧读书店新到的专业书籍。"那是一个成全人、造就人的时代。"刘德坦言，"我们在二年级的时候参加国际性设计大赛，站在第三世界的角度，跨越巨大鸿沟，去理解去感受第一世界设计师们的观念、意识与理想，然后立足于实践，设计出表现我们独立见解的作品参赛。等到大四的时候，我们几乎把所有能参加的国际设计大赛的奖项拿了个遍。"在北理工的这一段精诚治学、上下求索的求学经历，对于刘德日后的成长发展起着不可估量的作用。

刘德本科毕业后，在工业设计系留任辅导员两年，而后继续在北理工攻读硕士学位。这八年，刘德的收获不仅仅是在专业知识方面入门上道，

获得诸多奖项，更重要的是，他在这八年里完成了"自然人"向"社会化"的过渡。

海外留学：积极拥抱变化的世界公民

"美国艺术设计中心学院建校八十多年来，只有二十多位中国毕业生，刘德便是其中之一。"小米 CEO 雷军曾如此评价刘德。

离开北理工后，刘德曾任北京科技大学系主任，彼时的他敏锐地察觉到：时代在变化，在未来的几年，中国的工业设计行业将会受到来自国际工业设计行业的浪潮冲击。于是刘德决定赴美留学深造，追求更高深的学术造诣。21 世纪初，在异国的求学生活着实不易，学费贵，材料模型费用高昂，刘德一边从事社会兼职，一边完成了在 ACCD 的学位攻读。谈及赴美学习生活这八年的收获时，刘德表示，这段海外求学经历对他主要有两方面的影响，首先，ACCD 的课程教会了一个设计师如何商业化，如何理解商业化的本质，这些对于后来小米生态链的布局具有很大帮助；其次，继"自然人"向"社会化"的过渡后，这段经历让他进而过渡为拥有广阔视野的"地球村村民"，美国是一个相对多元化的社会，让人学会多维度全面性地看待问题，培养了他一种包容性开放性的思维方式。

联合创立小米：互联网风口浪潮下的时代弄潮儿

2010 年，刘德与一群志同道合的伙伴共同创立了小米科技有限责任公司。现如今，小米科技是一家蒸蒸日上的互联网公司，"让每个人都能享受科技的乐趣"是小米公司的愿景，"为发烧而生"是小米的产品概念。小米公司创造了用互联网模式开发手机操作系统、发烧友参与开发改进的模式，并且，小米还是继苹果、三星、华为之后第四家拥有手机芯片自研能力的科技公司。2018 年，小米在香港证券交易所正式挂牌上市。刘德负责的小米生态链，已经建成了全球最大消费类 IoT 物联网平台，而这一切成绩，是创始团队在幕后辛勤耕耘、默默奋斗的结果。刘德分享了一则创业初期的小故事：彼时，公司初起步之际，位于银谷大厦，某天上午，刘德发现公司钥匙落在家里，便驱车折返欲取钥匙，返途中竟发现周遭景象与印象中大为不同，原来一连多日的"深夜两点下班"，"全勤上班"，已经让刘德淡忘了白日归途时的景象。创立小米后的这八年，刘德以满腔的热忱投入公司创业中，抓住互联网发展的大机遇，砥砺前行，功夫不负苦心人，如今的小米成长为举世瞩目的互联网企业，刘德亦成为一名出色的企业家。

校友寄语

北理工是一所有底蕴、有传承的高校，是一片沃土。希望北理工的同学们能脚踏实地，汲取营养，传承红色精神，胸怀凌云之志，在这个充满机遇与挑战的时代，把握机遇，不惧挑战，努力拼搏奋斗，书写人生华章！

供稿：刘钢萍

李小朵：文理交汇，别样灿烂

编者按

李小朵，2010年毕业于北京理工大学工商管理专业，同年开始进入舞台戏剧行业担任制作人，现为嘉数映幕工作室联合创始人、影视制片人，并担任作家今何在的执行经纪，作者生若热梦的经纪人，与今何在、天下霸唱、张嘉佳等知名作家合作。

2018年7月14日上午10点，我们校友走访团志愿者一行五人与资深制片人李小朵在一家很有格调的咖啡馆进行了访谈。一见面，她就热情地招呼大家落座，迅速地拉近了彼此之间的距离。看得出来，李小朵是一个性格开朗的女孩。她说自己喜欢与人交流、互动，喜欢和朋友畅聊美食，也喜欢热闹的场合。在讲述自己的工作时，李小朵给人一种专注和认真的态度，当提及遇到压力的时候，她表示自己也会变得焦虑不安。不过，随着年龄的增长，除了保持职场人的专业度，李小朵希望能有更多的时间来陪伴家人，另外再多一点自己的学习充电空间。

作为制作人的工作职能

2010年毕业后，李小朵进入了舞台戏剧领域，成为一名戏剧制作人，而现在她正在从戏剧行业转入影视领域。李小朵向大家介绍，无论制作人还是制片人其职能等同于项目经理人，大家的工作就是将一件准备投入生产的产品（项目），做好前期的调查和点位，要很好了解市场需求和目标人群。

李小朵谈及自己的专业领域，表现出业内的专注及严谨的态度。她耐心地告诉我们，在戏剧和影视项目中分为前期、中期和后期三个阶段，制片人不单单只是在"制"中的某一个阶段，而是需要了解和掌控每一个阶段。针对项目前期制作人需要进行策划、立项的环节；中期进入开发制作阶段时需要组建搭建适合项目的团队成员，协同完成生产过程；后期产品形成后要与负责项目发行、营销及宣传的同事，在项目上线的前后把控宣传及运营导向，实施监控前后数据，在项目顺利完成后进行整个大周期的运作归纳总结。制片人要做到会看剧本、选剧本；能够把控项目预算，合理进行有效支出和项目收益方向的预估；并且对市场环境及相关政策导向也要熟悉和了解。这些流程就如同企业生产商品、投入市场销售一样。

开启文理交汇的知识结构

虽然现在畅聊甚欢，李小朵坦诚自己的校园生活在为后来的职场奋力拼搏的同时也还是有几许遗憾。她觉得自己未能够好好地享受那段在校期间无忧无虑的时光，最美好的青春时期被自己无意识地"悄悄"浪费了一些时光。

当初李小朵选择考入北理工学习管理方面的知识，本来是出于当时对未来职业的规划，然而这份规划在大二的时候开始悄然发生改变。大二的暑假期间，李小朵多了一重身份——经纪人助理。如果李小朵的大一生活是安静、循规蹈矩的，那么李小朵在大二开始似乎就变得活跃不安了。从那个暑假开始，李小朵除了完成学业课程，多余的时间都在兼顾"工作人"身份。李小朵当时主要是帮助负责的歌手安排协调工作行程时间，以及跟网络音乐平台的编辑协调歌手音乐上榜及周期的事情，大多工作内容主要以做好沟通和行程规划为主，配合艺人的行程安排，撰写一些新闻稿件。

这份兼职的工作，李小朵做得得心应手，但正是这份兼职让她未来的职业方向发生了改变。对比文理专业中，李小朵认为文科是感性的，理科则多一些理性。在制片人的工作中，曾经的课程专业给她带来了很多工作优势，比如课程中的会计学，让从小排斥数学的她，在日后项目中能够轻松搞定成本核算、结算，能够在宏观经济学和市场营销学做出对比和参考分析。看似现在从事的是文化行业，但其中很多工作中涉及的知识都跟在校期间所学习的专业课程有着不可分割的关联性，因为知识在很多时候都是有同理性的。

机缘巧合进入戏剧行业

李小朵毕业后在一家文化公司任职相声经纪人工作，工作内容就是负责打理相声演员演出工作、相声团队"相声剧"的演出项目筹备以及策划工作，正是这个新的工作内容，使她日后成功地成为一名戏剧制作人。说起来，李小朵能够进入戏剧行业是一种机缘巧合。李小朵坦诚自己转入戏剧行业是一个非常戏剧性的过程，一次偶然的搭讪让李小朵遇到一个改变她、成就她现在发展方向的人。现在每当回想起当时两个人的搭讪攀谈的内容，她都觉得有一些莫名的欢乐。她当时其实已经在做"相声剧"，甚至曾经多次去看话剧演出，当时的她也未曾想过有一天自己会成为戏剧舞台其中的一员。说来也巧，她人生第一张话剧票，到现在还保存完整，由此可见，她与话剧的缘分由来已久。

但真正进入戏剧行业后，李小朵发现这是完全不同于之前的经纪人领域。对于如何制作完成一部舞台剧，似乎对那个刚刚进入行业的她来说，有着太多的陌生，她有时甚至会想当时的老板和那位她的领路人是如何看到她身上可以胜任的闪光点的。李小朵最初担任制作人并不顺利，同事们对她的陌生，她对新环境的陌生，都是新入行的人需要努力去克服的事情。

李小朵说自己刚进入戏剧公司那会，并不像现在这样会主动和大家交流、沟通，她说自己更多的时间是走进排练场，在一个角落看导演给演员讲戏、拍戏，看演员之间互相的排练磨合，注意观察灯光、音效及舞美老师之间在舞台上如何完成工作，彼此配合。在进入那个项目近半个月的时间，她都安静的像一个"透明人"，而半个月之后，她主动与导演、演员沟通，从她最擅长的部分开始，安排剧组主创人员采访，配合宣传营销的同事完成票务销售工作，向其他制作人确认制作流程的工序。一个月后，她的第一部相声舞台剧《乙方甲方》在京上演，并由京派相声演员应宁和王磊担任主演，票房及口碑获得观众的一致好评。制作人成了她真正的职业，也是她最终的目标方向。

理工思维带来的冲突

在谈到理工科的思维和制片人身份带来哪些冲突时，李小朵认为是在内容的选择、剧本阅读和戏剧及影视专业知识的储备上。这些冲突都是在理工学校所没有的内容，在新的工作行业，很多事情都需要重来，而这些重来的机会不是在学校可以学到的，也不是可以重新到学校再去学习的，更多的是在实际工作中摸索和学习。

李小朵和大家打趣地说，现在一看到剧本，她的脑海就会形成各项预算成本数据，哪个城市场景符合拍摄需求还性价比高，找什么样的导演适合完成该项目，如何协调控制成本。李小朵甚至可以在看其他舞台作品和影视作品时，心里就开始计算别人大概花了多少钱完成的制作，别人的项目投放的营销是否有借鉴的地方，还有哪些渠道可以扩大受众人群的关注。从这个角度来看，理工科思维也有相对的优势存在，比如对于市场定位及人群受众分析，所学的知识给予很多的帮助。所以任何事情在李小朵看来，都会有弊有利，当两者合理结合，将会产生不一样的效果。

独具慧眼开发了《悟空传》

《悟空传》是2000年横空出世的高口碑畅销小说，十年后依然口碑满满。截至目前再版发行十余次，还被译成多国文字发行海外。李小朵是《悟空传》这部作品2012年同名舞台剧的策划人和制作人。她表示《悟空传》的舞台剧是对她来说是非常重要的一部作品，让更多人认识了她，并给了她现在转型制片人的机遇。在对《悟空传》舞台剧的受众市场分析后，李小朵把这作为送给十年书迷们的一份"礼物"。

舞台剧《悟空传》的开发，李小朵是做足了功课的。小说有十年之久，同比当时舞台剧市场环境，大多是原创剧目，而西游作品鲜有开发成舞台剧项目的。作为经典 IP 的题材，又是经典的口碑畅销之作，题材处于市场空白，人群非常精准，她当时对观众人群的锁定，不是以往的话剧观众，而是《悟空传》日积月累多年的小说书迷群体。她讲述在当时开发创作前期，当跟朋友提及她在筹备的新作品是《悟空传》时，作为书迷的朋友开始是兴奋的，后面竟然对她进行了劝阻。一部经典的作品，在书迷的心中是无比"神圣"的。如果做不好会遭到很多书迷指责甚至可能会有谩骂，这是带有风险的事情。大家还没有知道你是谁，你便被打击到谷底。纵使是有亲密朋友的劝阻，但她还是依然坚持不变，勇往直前。因为她相信，支持和陪她一起创作的伙伴们和每一位书迷都是一样的，大家希望把这有力量的作品通过舞台呈现出来，让更多的观众看到、了解这本书的故事。好的故事不应该仅限于文字，而应该多形式地呈现给大家。她坚信她和她的小伙伴尊重内心、尊崇原著精神来创作，大家是可以感受和接受的。事实证明她成功了，《悟空传》舞台剧的演出取得了成功。她还记得在演出结束后，有很多书迷找到她一同合影，感谢她把小说如实地还原在舞台上，那种在书中今何在老师要表达和传递的精神未曾被改编。

制作多部颇具影响的好作品

在制作《悟空传》舞台剧前期，李小朵一直从事小剧场戏剧制作，并开发制作及复排出多部经典作品，如《有多少爱可以胡来》《李小红》"十二星座系列"剧等。后与天下霸唱合作，开发了大剧场版同名舞台剧《鬼吹灯》。2019 年她另一部由影视 IP 所改编的同名舞台剧《海洋天堂》也在筹备中，并且将在 2019 年 4 月开始全国巡演。而被问及未来是否还会继续做舞台剧时，她表示戏剧舞台有一种魔力，是在与它接触之后不能丢弃掉的"情怀"，所以当有好题材和故事时，她依然会继续参与戏剧制作的工作。她也期待无论在戏剧舞台还是影视剧项目中，能够和更多优秀的团队一起共同合作。

解析话剧市场环境

李小朵认为任何市场都会有高潮和低迷的时候。很多行业在最开始的定位都会锁定在一线、二线城市，随着国内各县级城镇的发展，文化意识形态被大家越来越关注和需求，现在很多项目的主要投放或者高波动都出现在三四线城市中。

近两年各行资本涌入文化市场，但随着环境变化，从2017年年底影视行业开始进入寒冬期，备受影响的就是这两年高涨的"互联网"影视类项目，大量的网络电影和网络剧创作团队缩水。这种情况也是对于行业环境优胜劣汰的一种表现，只有专注优质品质内容的开发和创作，才能在行业保持一席之地。而且现在的观众也越来越会看作品，演员的表演是否到位，制作班底是否专业，小到剧中的服装、道具，大到故事情节的矛盾冲突、人物线索。

这两年的话剧市场也在进行着"变革"，"IP"的盛行，小说、影视、戏剧多形态转化。对比2010年前后小剧场演出剧目的数量及场次，自2016年前后的小剧场原创剧目和场次数量大幅下降，很多早期的戏剧创作团队，也慢慢投入了影视行业中。而戏剧市场大剧场剧目和巡演城市的数量，每年都在持续增长，有很多影视剧导演、演员都跨行加盟到大剧场戏剧演出中。

在未来的文化市场环境中，就影视和戏剧行业而言，无论政策导向及市场环境如何变化，只要坚持品质内容，相信都可以迎刃而解。

现在的团队构成

李小朵目前有一个自己的工作室，分别是由内容创作和制作运营两块业务组成的，并有自己签约的编剧和导演。除工作室的运营，她也在跟业内一些影视公司合作，参与一些影视项目的前期策划、制作及营销宣发工作。

对未来的展望

当下对于遇到的问题，李小朵说更多是来自对内容的选择和把控，因为在策划和开发内容时，多少都会有些主观色彩，所以这是她需要自我调整和改善的地方。现在遇到问题时，她学会冷静地思考，寻找解决的办法。当问题出现后，她会让自己快速消化掉负面情绪，告诉自己"不要着急，办法总比问题多"。

在提及未来的展望和规划，她并没有说出一个多么大的计划安排，只是表达现在希望能按照最初的计划完成手中的项目工作，遇到好的剧本和更多的团队一起合作，做出大家喜欢的作品。

给年轻校友的建议

李小朵认为大学期间要好好享受校园时光，当有些机遇出现，也不妨大胆尝试。勇于尝试，才会发现自己更多的兴趣点，找到更适合自己未来发展的方向。大家也可以通过我们北理工的青年汇了解平时接触不到的领域。在未来职业选择、规划和转型上，建议大家不要太过盲目，虽然人生短暂，冲动一些未必是坏事，但理性地做好判断和分析，才是不浪费自己人生的重要的选择。

选择和转型这件事，是一定要深思熟虑后的决定。虽然李小朵在校期间做了不少的实习工作，毕业后进入戏剧行业到现在转型制片工作，但这些工作都有共同点。李小朵认为如果做跨专业、跨领域的转变，要对即将面对的环境进行思考和判断，盲目后的成功总归是小概率事情，不能被一时的光鲜遮住双眼，否则即使转型了，转型后的路也难以坚持。

愿意倾听和提供建议

李小朵表示非常乐意在青年汇为其他师弟师妹提供建议，只要别人有需要，而这份需要又是她能做到的。因为在人生的道路上，每个人都是需要外界的帮助和支持、鼓励的，成长路上的经验并非完全一个人摸索出来的，也有很多是来自身边人给予的建议和意见。李小朵表示如果自己分享的经历可以给师弟师妹们提供一些帮助或者启发，她就已经感到非常的荣幸，也愿意继续为母校贡献自己的微薄之力。

供稿：邓娟

李锐：活在当下，笃学不倦

编者按

李锐，北京理工大学1996级计算机与科学工程系本科，代尔夫特理工大学（荷兰）计算机科学硕士，莱顿大学（荷兰）计算机科学博士。现任谷歌开发者生态中国区负责人（主要负责机器学习，比如TensorFlow技术的推广和合作），曾任微软亚洲研究院资深学术合作经理、荷兰莱顿大学资深研究员、欧盟FP7国际科研合作项目负责人之一。

伴着冬日的阳光，我们校友走访团志愿者早早来到理工国际交流大厦校友会，做好回访前的准备工作。由于本期回访校友是互联网领域专家，吸引到了很多计算机专业的同学参与，九点半李锐师兄准时来到校友会，大家围坐在一起，伴着香茗，专访徐徐展开。

那些北理工教我的事

李锐师兄回忆道，从小向往首都北京，高考后第一志愿填报了北京理工大学计算机系，自己四年很充实，保持好成绩是学生的本分，他还积极参与学生工作，担任计算机学院学生会副主席，大四时获得了学院非常有限的保资名额之一，毕业后留校在计算机系（9系）担任辅导员，从此李老师这个称号便伴随至今。当辅导员的日子，他感慨颇深的是需要同时与学校、学生、学生家长等打交道，进一步锻炼了他待人接物、为人处世等方面的能力，完成了从学生到老师的角色转变。师兄自豪地说，后来留学荷兰的时候，他在促进荷兰莱顿大学与国内高校合作方面拥有不少优势，这基于辅导员的工作经历，对于国内高校机制的了解和沟通经验。

博观而约取，厚积而薄发

谈及留学深造的经历，李锐师兄说，选择荷兰的原因是当时欧美计算机学科发展领先国内，权衡欧美各国优缺点和自身发展，最终选择了能提供奖学金、大学排名较好、签证易办的荷兰。在荷兰代尔夫特理工大学拿到硕士学位后，他前往荷兰莱顿大学进行博士深造，硕士和博士的研究方向都是 Computer Science，但是细分领域不大相同。师兄一展技术流北理学子风范，如数家珍自己的研究方向——蚁群算法、遗传算法等，神采飞扬，充满了浓浓的自信和学术气息，大家听得津津有味。

师兄强调在学术研究方面语言的重要性，如果语言不好，相当于知识来源少了一半，甚至更多，因为经翻译的文章不仅可能产生错误，甚至是误解。在荷兰求学深造的过程中，荷兰的教育体制也给师兄带来不小的震撼，例如荷兰的学生把知识当作工具，注重原理推导而不是死记硬背，在工业层次上理论与实际结合得比国内好。提及文化差异，师兄感受到欧美人更强调个性，很少与他人进行比较，而是聚焦于自己，有一种要让今天过得比明天更好的心态。同时，他们乐于表达的风格在学术上表现为不太相信既定的东西，除非是自己证明或者所见，故而比较容易挑战权威，在创新方面因此少了些障碍。这些所见所闻对李锐师兄的思维方式潜移默化地产生了影响。

当然做学术研究也有孤独的一面，比如有些同学在读到博士的时候心里就有种畏惧，自己是否能真的沉下心来，耐得住寂寞潜心进去研究？这种障碍很难突破，因此我们很想知道师兄如何克服？师兄回答道："读博士要想清楚为什么而读，目前国内招聘存在 Over Qualified 的现象，即有些工作岗位不需要博士学历但是在招人的时候会优先选择博士，因此有些人读博是为了好就业、获得更高一些的薪酬。师兄认为读博应该是兴趣驱动，想清楚自己能否在这个领域深钻。硕士是在本科的基础上更推进一步，了解更深一些的东西，博士是选择一个特定的领域深钻进去，将这个领域推到更 Advance 的地方。导师在你研究的细分领域也没有深钻过，只给一个大概方向上的指导，所以大部分还是要靠自己主动获取知识，比如看论文、参加学术会议等，参加学术会议可以参加 Discussion，交流并创造合作的机会。总体来讲读博士是一个很艰苦的过程，需要花四到五年时间，如果没有想清楚就去读，不仅时间被浪费，而且会比较痛苦，进而换方向，甚至中途放弃，故读博需要慎重考虑。读博士也有好处，博士需要严谨的学术态度，博士面对的课题是别人都没做过的，在今后工作中遇到类似事情时，就会有信心，怎么样去定义、目标是什么、怎样分解它，这种能力在读博士期间是被训练过的，并且读博在写作能力、获取知识的能力方面会得到很大的提高。"

以学术研究为根基，向职业经理人转型

师兄提到，要做一个有心人，学会去真诚地分享自己的想法。他曾经帮导师做欧盟的一个项目，因而认识了国内许多教授。在一次分享后，一位老师提到微软亚洲研究院恰好有个学术合作经理的职位，既需要深厚的学术背景也需要拥有项目管理经验，这个职位需要与学术研究员打交道。他正好符合要求，故顺利入职微软亚洲研究院。他说虽然转型项目管理，但根基依然是之前的学术研究，转型如果脱离擅长的方向代价会非常大，这如同拿自己的短板与他人竞争。

谈及如何完成研究员到职场精英之间角色的转变时，师兄感慨道："选择很重要。我当时非常幸运，国外的语言环境、思维方式给我带来很大的变化，我也曾担心回到国内能否适应，但微软是个国际化的平台，同事大多有国际化背景，交流起来比较方便，这对于角色的转变带来了很大的好处。公司与学校确实是不同的，我所在的部门不是销售部门而是科研部门，每个部门的定位是不一样的，科研部门挣的是公司三十年以后的钱，故它没有强制的盈利的压力。但是在这种情况下，也不能闷着头做事，你需要让大家看到你做出的贡献在哪里，能给这个团队带来什么不一样的地方，而这些就是你思维方式上的转变，还有表达方式也很重要。现在回想起来，在学校时是最幸福的时刻，可以去试各种错，包括读博士期间，只是对自己负责。但是到了公司，不仅要对自己负责，还需要对老板负责，对同事

负责……"结合之后在谷歌的心得，师兄进一步阐述道，他目前在谷歌的岗位更加接近开发者，更加直接面向人工智能相关的企业和技术，他觉得这是更深入地了解人工智能和深度学习生态的切入点，因此综合考虑，从微软亚洲研究院来到了谷歌。

说到职业规划，师兄认为不要低估了一年时间能完成的事情，做好自己，活在当下，工作中不断自省，总结经验教训，并坚持阅读，读专著而非碎片化地刷碎片化信息，前者是正餐，后者是快餐，虽然快餐能吃饱，但缺乏营养。同时跟比自己聪明的人交流，有句玩笑话"人的一生交五个朋友就够了"，这五个朋友最好个个比你聪明，因为从他们身上可以学到很多东西。

对学弟学妹就业的建议

谈到了就业季，李锐师兄认为其实没有所谓的最好机会，只要是根据当下自己的情况选择了就是好的，并且选择之后千万不要再去后悔，选择了便按照自己的规划去做。如果一段时间后发现这个事情真的不适合，就赶快做一个新的决定去找新的机会。同时做选择前要多方面收集信息，比如从师兄师姐、同学、网络等了解信息，如果有条件的话可以先去实习一下，考虑因素别太多，抓住要点就行：第一，这个工作是否与自己专长很好地结合，是否为自己的强项；第二，这个工作是否是真正兴趣所在；第三，这个工作团队自己是否能够适应。无论如何，选择了之后一定要让自己将现在的事情做好，坚持至少一年，因为不管是作为工程师还是项目管理者、开发者等，至少一年的积累会对公司和项目有较为全面的了解。

回访接近尾声，从李锐师兄在母校学习工作到海外硕博深造，从学术研究者到职场精英的角色转变的分享中，深深地感受到他的真诚和睿智，习得如何转变思维模式去应对挑战，如何保持持续学习力……我们也信心满满，踏上各自新的征程。

供稿：高旅业、张毓佳

侯宁：坚持做自己喜欢且擅长的事

> **编者按**
>
> 侯宁，山西定襄人。独立经济学家、时评家、资深财经记者、社会学者、职业投资人。中国首届财经博客大会"最具预见性博客""2008中国证券市场十大人物""2008中国证券市场十大另类人物""中国2009十大财经人物""2009年度十大财经博客"。2012年荣获"百名晋商优秀人物"，同年荣获"影响中国百名博客"。CIFC互联网金融咖啡创始股东，北京理工大学教育基金会投资委员会委员，宁盟财智汇俱乐部主席。

2018年9月5日，北理校友走访团志愿者对知名财经专家侯宁校友进行了回访。喧中取静，这次访谈的地点在一个温馨的茶室。茶雾氤氲，意味悠长，不多时我们见到了侯宁师兄。侯宁师兄家常着扮，白色衬衫上，一尾金鱼跃然素色之上，面容和蔼，笑声爽朗，眼中并无指点股票江山的锋芒，却有岁月沉淀的深沉智慧。落座寒暄，一小时的访谈伴随着茶香缓缓开始。

北理求学对后续人生的影响

谈及与北理工的结缘，侯师兄对于母校的情感是复杂的。因为高考后，最开始选择的并不是北理工，第一志愿是科技大学近代物理系，第二志愿选择的是北大的核物理系，但是由于种种原因没能去就读。当时的参考志愿里有北理工，就以高出北理分数线近70分的成绩考取北理工，调剂到机械工程系，师兄说也算是走了一小段弯路吧。

师兄回忆道："在北理工的四年，对我来说是痛苦的四年，但也是获得最大历练的四年，我对母校的情感在当时是既爱又恨吧。在大一大二时，我还是特别想学物理，对爱因斯坦、居里夫人十分着迷。那时我除本专业之外还自学物理，当时有个楼一夜不熄灯，被当时的学生戏称为'玩命楼'。那段时间，我天天在玩命楼里自学物理到两三点钟。因为偶尔感觉身体渐渐被掏空，还写了首诗：'平生早悟岁如流，玩命楼里度春秋。夜半灯火千家灭，神思飞跃我独游。'但当我正打算报考北大的物理研究生时，复旦大学的谢希德教授发表了一篇文章，说当时中国理论物理学界已经人才济济了，于是我开始重新思考今后的方向，兴趣转向了人文学科，同时积极投身学生工作和社会实践中挥洒多余的青春荷尔蒙。那时候，我是系学生会主席、合唱团团长，同时也加入了话剧社、标枪队、武术队、吉他社等。"

谈到在北理工四年后的收获，侯师兄总结道："虽然是阴差阳错上了北理工，但这四年其实我有了很大的历练。一是我最终找到了一个自己喜欢从事的方向；二是培养了我务实不务虚的踏实作风；三是学到了严谨的工科思维，这个和文科思维完全不一样。在社科类领域很难有确定的理论，而在工科里几乎每个结论都是确定的。北理工的四年和在军工厂工作的三年，让我养成了严谨的思维习惯，这也是我后来在从事金融行业时的一个强有力支柱。在股评界，我很少像其他股评家一样说假如，而是在关键处告诉大家确切的分析，涨或跌。这也是作为工科生，养成的一种像强迫症一样的东西。"

心的选择，跨界心得

回顾侯师兄的职业生涯，有几次跨界，从工程师到记者、主笔、电视台常客，再到现在的独立资深财经专家、自媒体"大V"，在此过程中，每一次的动因是什么，在此过程中又遇到过哪些挑战，师兄是怎么应对的？

师兄感慨道："挑战太多了，我的人生几乎每次挑战都是置之死地而后生。每一次我都遵循了自己的兴趣。高中我喜欢物理就报考物理（其实我擅长的是中文写作），大学我不喜欢机械，就去主动探寻兴趣点，发现对研究人感兴趣。于是决定报考人大社会学硕士。记得我当初本科毕业时主动和老师说：'不用考虑将我留京，可以将我分到离家最远的地方去。'目的就是绝了自己的后路，分到最远的地方去，就不会考虑谈恋爱结婚，专心为考研准备。当时有个趣事，我们一起六个同学在'天天饭馆'吃饭时击掌明誓，三年后要重新考回北京读研究生，但是三年后好像只有我自己考回了北京。"

研究生时期，他以极优异的成绩师从著名社会学家郑杭生教授，侯师兄回忆说："我在人大参与经济改革研究会时，与会的都是博士生和研究生，除了我一人是学社会学的，其他人都是学习经济学和金融学的。但是我在会上的发言往往能引起大家的沉思，他们都只从经济学方面来看问题，只有我从社会学不同的角度来思考。参与人大的经济改革研究会也为我日后从事金融行业埋下了伏笔。另一点，当时小平同志在南方考察，让我想起了自己求学时的经历，家里经济条件比较困难，稍微多用点钱就得找人借。作为家里的长子，我开始思考是不是应该改变家里的经济状况。当年和金融第一次亲密接触，是我从国家科委的稳定单位辞职，跟我的人大同学一起做了一年的期货，最终以爆仓而告终，这才转向去新华社做记者做财经报道。因为一直以来驾驭文字都是我的强项，当时我的同学们也都说我适合去当记者。事实证明，在驾驭文字、观察市场、预测市场三者之间融会贯通才是我最喜欢和擅长的方向。"

"师兄当年的置之死地而后生很有魄力！"我们充满钦佩，"在变幻无常的股市中，因多次重大准确预测，您被大家誉为'空军司令'，是什么练就了您这种独到的判断力呢？"

"判断力，对我来说有一些天分吧，也绝少不了足够的历练。包括在北理工历练的工科思维，还有我当记者的七年中，做得最多的事情就是给经济学者和股评家改稿子，也见识过了股市的起起伏伏。因此在1999年，我还在中证报时，就开始了我第一次预测，预测2000年，股市会大涨，最后结果正如我所料。另一点也与我研究周易有一定关系吧。读研究生阶段我为了解决自己的一些困惑，研究周易也有五六年的时间。周易洁净精微的思想，会使人异常冷静。'洁净精微'也是我的导师郑杭生先生给我唯一题过的四个字,这四个字是古人对于易经的评价,也是我对人生的感悟。"

侯师兄总结道:"因为我横跨了几个专业,思维也更全面一些,这也是我与一般的经济学家最大的区别。他们忽略了人的因素、社会心理的因素,而我在判断股市的时候,素来会加入这些,对社会心理学的深入研究,也是我在预测股市上精准的重要原因。"

独立财经专家之路

侯师兄擅长文字,其创作的小说《财富人生·槐花蛇》,也被称为股民入道必读书。因此,我们问道:"当时师兄创作的起因是什么呢?而您怎么看待财富与人性之间的关系呢?"

关于创作初衷,侯师兄回忆说道:"曾经有出版社将我的股评整合起来想要出版,但是我并未同意,因为不觉得股评是我的职业,也不想将我自己定义为股评家。《财富人生·槐花蛇》这本书才体现了我真正的想法和初衷吧,毕竟我是学习社会学的。某种意义上来讲,我是股评家中的经济学家,也是经济学家中擅长写评论和预测的,我也算是擅长从股市来洞察社会变迁的问题。这本书也是我的一本半自传体小说,里面有很多是真人真事,都是身边的例子。我从 2004 年 5 月份开始写,基于身边人与财富有关的境遇,我在小说里思辨的都是财富和人性的关系。随着时间推移,不断积累,财富苍生系列我或许会出更多作品。"

谈及对财富的看法,侯师兄说:"从骨子里我并不把财富当成一种目标,人生远远不止是为了钱,虽然没有钱人生会打折扣,但是赚钱依然只是一种手段。我这么多年来一直坚持以独立的角度来评论市场,从客观的角度来观察中国经济社会的运行过程,股市只是这种经济社会大变迁的一个折射,是我的切入点。同时我也一直在观察中国社会转型过程出现的一些矛盾和陷阱,想尽自己的微薄之力,来避免中国滑入'中等收入陷阱'。"

"请问您在做投资时最看重的是什么?平时做哪些领域的投资?如何应对投资风险?"我们进一步问道。

"我一直专注于二级市场,专注价值投资,一个市场中出现低于价值的股票时会很高兴,但是真正的千股涨停时我都很恐惧。因为一个是,最初做期货时爆仓的经历使我对于股市的风险有了深刻的认识;另一个是,我之前多年给股评家改稿子的经历,发现股评中多为就市场论市场,对上市公司的价值关注得非常少，这也是一种弊端。后来在我观察市场和投资时，重点就是公司的价值，因此有时股票跌的时候，我并不慌张，甚至有些亢奋。一个真正的价值投资者专注于一个好企业价值被低估的时候，这才是价值。"

听到这里，我们陷入了思考，什么公司是好公司，或者是有价值的公司呢？侯师兄为我们进行了解答："首先我看领导层，尤其是董事长总经理这一层面的人，要有活力，要有理想，聚焦价值创造，并注重一些细节；其次，公司的主业必须突出，投资切忌投主业不突出的公司，这是大忌。真正的好公司，像格力、美的等，每个都有突出的主业。多元化经营的企业有时不仅容易暴雷，甚至容易出骗子，因为看不懂他们的运营方式。还需要特别关注公司的净资产收益率，像我现在关注的在 15% 以上，而巴菲特一般要求在 20%，25% 以上。同时还要关注一个公司的现金流，有些公司表面很好，但是现金流很差，就要警觉了。投资的过程，是你选定了公司后，不断追踪的过程，投资必须在公司的拐点发生前就要撤出。"

"作为一个价值投资者来说，有时也需要在一个公司被负面所影响，价值被低估时买入，这便有了'护城河'。巴菲特所提出的'护城河'有两个概念：一个是公司本身的护城河，比如中国的银行股就是自带护城河的；另一个就是这个公司已经跌透了，那时这个公司就自带护城河了。"

个人影响力的塑造

侯宁师兄另一个身份是有 300 多万粉丝的微博"大 V"，足以说明大家对于侯师兄的专业能力和个人魅力的认可。我们好奇地问道："师兄对于塑造个人影响力方面有什么样的心得，以及对后辈有什么样的建议？"

师兄笑着说："首先是坚持和积累，我在证券市场已经二十年了，曾写博客十年，发表了几百万字的各种评论甚至诗歌散文，曾被评为影响中国百大博客之一，因为积累在这里。我刚开微博时只有 5000 粉丝，后来慢慢积累到现在，这就是坚持的结果。同时要有自己独到而有影响力的观点，2008 年我唱空股市当'空军司令'一战成名，也是因为一直独立不倚地长期观察市场，我有我的视角。其次我坚持以最美的文字表达财经观点。每写一篇文章都是以塑造美文的方式来写的，首先确定立意，其次如何表达观点也是一门学问。我的文章里夹杂着大量的诗词，包括我的每一篇微博都会有配图，对读者有足够的诚意。另外我坚持与粉丝互动，对粉丝的尊重也促进了我影响力的增长。"

作为北理工在金融行业的领军人物，师兄给予了我们重要的人生启示："我一直以来都在坚持做自己擅长且喜欢的事情，我曾走了这么多弯路，一直在找我擅长的和我喜欢的，并为此持之以恒。"和师兄的交流中，我们受到了深深的触动，我们总会面对各种各样的抉择，侯宁师兄用亲身经历启迪了我们，兴趣是最好的老师，要坚定自己的理想和目标，不要为一时的坎坷所屈服，坚守原则，坚持积累，成功只是水到渠成。

供稿：李尚源、张毓佳

何晓阳：犯其至难，图其至远

编者按：

何晓阳，2004 年毕业于北京理工大学计算机科学系，获得学士学位。毕业后前两年就职于北京东方通科技有限公司，任职开发工程师；2006 年至 2008 年，在 BEA SYSTEMS 中间件厂商任职开发工程师；2008 年年底创立蓝海讯通公司，担任北京蓝海讯通科技有限公司董事长。之后进入区块链领域，再次创业，创立 Lambda 公司。

2019 年 3 月 19 日，北理工校友走访团志愿者在国交 406 的校友会见到了事务繁忙的何晓阳师兄。当时师兄背着一个双肩包，我们事后才知道双肩包里是几本书。师兄保持着一颗好奇心，喜爱读书。随后的采访更是让我们领略到了师兄的好学。

北理求学，终身受益

阔别母校 10 余年，何晓阳师兄感慨万千，求学时光承载了他太多的美好回忆。师兄回忆道："我的特点是好奇心强，学习速度快。看到新的事物总想去学习，什么都有所涉猎，但是不够精深。"2001 年，互联网开始普及。何晓阳师兄课余时做网页，不懂的地方就泡图书馆自学。大学期间，师兄培养了看书的爱好。直到现在，他依然保持着看书的习惯。2017年，他共看完了166本书。而且，何晓阳师兄涉猎非常广泛，各种类型的书籍都有所阅读，他告诉我们目前正在看生物化学方面的书籍。

这一切都与他的好奇心有关。不断的学习，让他对各种行业都有所了解，也有利于他的投资。只要有不懂的行业，他就会去看书、去学习、去了解。

要成功，需"多折腾"

成长的过程中多多少少都有些遗憾。每个人在大学时光里都有遗憾的事儿，何晓阳师兄遗憾的事，就是当时用来学习的时间不够多。曾经正应该学习的时候，没有好好把握，而工作之后才发觉能有空闲时间来看书是多么奢侈。

师兄另一个遗憾是，大学期间没有多参与其他事务。如果接触事情不多、视野太窄、眼界不高，工作就会走弯路。而且很有可能导致我们在刚步入职场时进入封闭的环境，再也不能走出来了。

至于开阔视野的办法，师兄认为："作为大学生就应该多'折腾'，要多接触不同的事物，积极去体验与认识，多长见识，开阔自己的眼界。"刚进入大学的新生可能适应大学太慢，这时候就应该要积极参加各种活动，从活动中去成长，从而适应大学。在很多事情上，不能凑合，不能将就，在日常生活中我们要把自己达到一个极致的状态，专注提高自己，不断超越。

此外，即便工作了以后，我们也要多"折腾"。人的一生就是不断寻找人生的意义的过程。在这个过程中，"折腾"的效果要比不"折腾"好，"折腾"不一定成功，但是成功一定是"折腾"出来的。如果在工作之后，我们待在一个地方偏保守的话，往往失去更多的机会。

其实这也和北理工学校氛围有关。互联网的兴起引发了创业潮，比起其他高校，北理工互联网领域创业太少。何晓阳师兄认为，北理工人一般比较沉稳，而互联网行业不确定性大，需要天马行空的思维，即需要"瞎折腾"，这就需要我们更多关注这方面。

放眼全球，企业精神

鱼和熊掌不可兼得。何晓阳师兄认为当初创立了OneAPM，却错过了中国整个互联网行业发展。当时师兄在工作中产生了想法，组建了团队，同时构想出了业务构架、产品的功能。但是，师兄也调侃说自己的想法可能超前了，到目前为止，OneAPM还没达到自己当初所设想的那样。想得很全面，实际做起来就很复杂了，也遇到了非软件行业的问题。

喜爱接触新事物的师兄在经营OneAPM的时候，踏入了区块链存储，又创立了Lambda。之所以创立Lambda，是因为师兄认为软件行业是根据规模大小来得到收入，依赖于单位产入得到单位产出。因而，何晓阳师兄想换一种模式：不搞收入，搞社区，以此来尽量降低成本。

师兄说自己错过了整个互联网发展的机会，而现在互联网红利也是越来越薄弱，互联网创业会更加困难。互联网发展本质上得益于中国的人口红利。中国人口多、劳动力成本低，从而产生了电商、游戏。淘宝覆盖不到的用户，京东来覆盖，京东覆盖不到的用户，拼多多来覆盖，总有一些机会能够去覆盖整个中国消费者人群。

但是，师兄认为互联网今后的创新应该由"模式创新"转变为"科技创新"。中国的硬科技还是很弱，核心技术依旧不足，像格力、华为这样的企业太少了，与国外还是有很大的差距。

然而，企业家的精神是必不可少的。中国社会目前与20世纪90年代的日本有些类似。20世纪90年代的日本是"M"型社会，顶端与底端缺乏联系，当时的社会发展缓慢，创业者越来越少。社会的发展需要创业者的企业家精神，虽然目前国内环境对于创业者发展不是特别好，但创业者还是要放眼全球，将自己的格局做大，把握全球型的机会，这样才能将企业做好。

师兄期许，薪火相传

作为工作经验与创业经验丰富的前辈，师兄对即将从事IT行业的学子提出了一些期望。首先希望大家把编程当作一个终身的技能。此外，希望学弟学妹们上学期间多积累，更多参与一些活动，如参与开源软件论坛、更新自己的GitHub，等等，要丰富自己的认知层面与知识结构。课外获得的知识也是很有必要的。

刚刚毕业的学子,满怀热情,想闯出一番事业,选择创业。对此,何晓阳师兄赞成创业,同时也感觉到现在创业没有以前那么容易了。大家越不愿意干的,我们越要去干。在很多时候,大多数人的选择不一定是对的,我们要相信自己,有机会就去创业。

最后师兄对于校友会的发展形势提出了一些建议,希望校友之间联系更加紧密,加强青年校友与中年老年校友联系。多开展一些线下活动,同时可以尝试一些线上的活动,比如直播等。

供稿:薄穆盟、徐章新

顾玮："All in"最有价值的事

编者按

顾玮，北京理工大学97级电子工程系校友，北理工青年汇发起人，现任轮值主席。梧桐花开创始人。曾先后任职于中国移动集团市场部、办公厅、合肥移动；2014年加入百度，曾担任百度战略合作伙伴部总监兼移动游戏副总裁。他曾经于2015年3月28日作为北理工青年汇第14期沙龙活动嘉宾。

2019年10月12日下午3点，北理工校友走访团志愿者一行四人来到顾玮校友公司所在地卫星大厦。在会议室，顾玮校友与志愿者进行了一次面对面的专谈。他向志愿者讲述了自己丰富多彩的大学经历和职业发展历程，以及如何平衡家庭和工作，最后还对在校同学给出职业发展的建议。

丰富多彩的大学生活，离不开母校精心培养

遇见良师益友，更是引路人。顾玮校友在校期间成绩优异，他于1997年就读电子工程系，并考入我校实验班，学校为实验班设立独立教室，采用小班授课，提倡"工科学生理科化培养"。顾玮笑谈自己运气好，才能遇到这么多好老师，帮他打下坚实的基础。

开放的校园氛围，激发更多可能。顾玮在校期间做过辩论队辩手，还参加篮球队，并且机缘巧合推动了北理工足球队的发展。当谈到这些丰富多彩的大学生活时，他提到北理工务实开放的氛围，鼓励同学们参加业余活动，勇敢尝试新鲜事物，至今让他受益良多。

不给自己设限，追求价值创造

把时间放在有价值的事情上，会发现时间很多。回忆学生时代，顾玮认为自己非常渴望创造价值，从不给自己设限。举办足球比赛以及创办青年校友会这些机缘，都是看到了需求和价值点，并持之以恒地去做。青年校友会创立已有八年时间，覆盖六七千校友，改变了很多校友的人生轨迹，堪称时间的玫瑰。

做有价值的事情，会感染更多的人。顾玮校友回想举办足球比赛的经历，虽然遇到很多意外，但都得到学校以及社会多方的支持，才能顺利走下去。所以他认为当一个事特别有价值的时候，就会激发感染更多人，获得很多支持。

每一份工作都需要专注，需要"All in"

顾玮校友在毕业后进入中国移动集团工作，曾伴随一代人成长的动感地带、亲情号码、音乐套餐、网聊套餐就出自他的手笔。2014年加入百度，从战略部总监到移动游戏副总裁。目前创立了一家金融科技公司。

顾玮校友谈及工作变换遇到的挑战，始终相信一万小时定律：进入一个新领域，需要一万小时的训练，需要"All in"。到百度之后每周只回家一次，一天工作12个小时以上。时间对每个人都是公平的，人生没有捷径，必须"All in"有价值的事。如果专注度和焦点不够，做不到每天每时

每刻都在琢磨一个焦点，就很难有所突破。

从通信行业到互联网领域，在互联网领域又从战略转向内容产业，再到在金融科技领域创业，顾玮始终坚持用户运营这个最擅长的领域。同时随着市场变化不断切换赛道，从刚开始工作的大规模市场营销，到学习如何在线上发展和运营客户，再到在合规监管的范围内用科技提升金融效率，始终围绕自己的核心竞争力，抓住新的市场机遇。用顾玮校友自己的话说就是：事越做越小，参与度越来越深。

顾玮校友认为每个人都在自己的擅长、市场的需要、个人的重要性这三个维度中寻找职业机会。首先是自己擅长什么？其次是社会需要什么？最后是自己的重要性是什么？这三个维度随着时间的推移会面临不断的选择，核心标准应该是能否创造最大价值。

跟上时代的潮流，多去尝试，不怕失败

当聊到对于在校生找工作的建议，顾玮校友说，要多去了解，多找业界的人聊天，多去尝试。他觉得最好去一个新型机构，时代的洪流很大，要跟上时代的发展，潮流发展的速度比自己想象的快得多，因此不要轻视小公司，眼光要放长远一些。时代给每个人的机会是有限的，要抓住机遇，改变命运，趁年轻按照自己的想法去尝试，风险并没有那么高，不要怕失败。

供稿：齐庆武

杜昶旭：互联网教育，砥砺前行

编者按

杜昶旭，曾于2015年2月1日担任北理工青年汇第13期沙龙特邀嘉宾。他从小博览群书，成绩优异，智商碾压同龄人。1999年杜昶旭考入北理工计算机系，那年他18岁。他通过做兼职开始独立负担自己的生活费用，成功地兑现了跟父母关于成年后不再用家里钱的约定。大学毕业后，杜昶旭保送清华大学，于2009年获工学博士学位。在准备出国留学时，他无意中于2002年进入新东方任教，开始了英语教学。为了实现互联网教育的梦想，他甚至拒绝了在新东方晋升校长的机会，于2007年创立了朗播网，目前朗播网在业内已颇具影响力。

2018年8月26日上午10点，北理工校友走访团志愿者邓娟、樊睿和宋仁杰一行三人来朗播网会客厅，对创始人杜昶旭校友进行了一次面对面专谈。他的谈吐清晰地展现着北理工学子理性和严谨的逻辑思维，也展现出优秀青年创业者独有的自信气质。杜昶旭的成长经历就像"开挂"了一样，文理科都非常优秀，非常的"全活"，称他为"学霸"完全名副其实。这次嘉宾回访，我们收获满满，得到很多宝贵的关于职场和成长的启示。

智商超群，成绩优异，多次大赛获奖

杜昶旭于1999年就读本科，一直是北理工的年级第一名，他于2003年保送清华硕博连续。读书期间杜昶旭参加过许多比赛，多次获得大奖。北理工的陈英、陈朔鹰、赵小林和李红兵都是给杜昶旭印象非常深刻的老师，其中的陈英老师是当时的计算机系六班班主任，授课"编译原理"。杜昶旭曾经跟着陈英老师和赵小林老师代表北理工第一次参加ACM比赛，他们一起拿了国内团队的第五名。杜昶旭表示陈朔鹰老师特别擅于发现计算机方面有天赋的学生，到现在陈朔鹰老师也是计算机系最受学生拥护的老师之一。杜昶旭在学校时，学业出类拔萃，业余时间还会去做兼职挣零花钱，当时在学校就崭露头角。

从小就有创业梦想，喜欢独立思考，构建自己的知识体系

杜昶旭坦言自己从小受到父亲的影响很大，杜昶旭的父亲喜欢阅读，是一位技术出身的管理人士，所以杜昶旭从小就博览群书，阅读量特别大。上中学的时候，父亲就问杜昶旭长大后的梦想是什么，是倾向于自己创业还是去企业工作，杜昶旭回答说如果要二选一的话，他更倾向于创业，所以杜昶旭从小就清楚地知道自己拥有创业的梦想。

光有梦想还是不够的，还需要有自己的知识体系去支撑行动。杜昶旭认为要建立起自己的知识体系，必须有理性的逻辑，要有独立思考的能力和判断力。杜昶旭还打了一个比方，他说人在阅读的时候，大脑就像一个空白的黑匣子，而阅读的过程就好像往黑匣子里面撒黄豆，只有不断地往里面撒豆子，知识点之间逐渐发生关联，然后知识点彼此之间有了关联，才能一层一层地构建知识点。当我们不断地提高认知后，我们看世界的角度和方式也不同了，这样就构建了自己独立的知识体系。

拥有极强的语言能力，强调自学理念

杜昶旭一直认为自学的能力很重要，他认为中国目前的教育体系还很缺乏逻辑方面的教学。大学生应该学习三种能力：批判性思维能力、交流沟通能力和自学能力，其中批判性思维解决的是纵向的逻辑性问题和横向

的思维宽度问题。如果一个人具有这三种最基础的能力，就具备了职场发展的能力。

杜昶旭的语言能力很强，所以他的公开演讲能力很强，他能够在发布会上面对一万人的听众，进行二到三小时的独立演讲，还可以全程让听众的注意力不分散。他拥有很强的逻辑，能够把事情说清楚，而且有一定的幽默感和场控能力，能够调动好观众的情绪。

无意中就职新东方，开启最初的英语教学之路

杜昶旭的英文一直很好，所以最初他是想出国去留学的，从大一杜昶旭就一直在准备托福和GRE。后来无意中陪同学去参加新东方的招聘会，结果2002年应聘上了新东方老师，开始了英语教学生涯。后来，那几年刚好经历"9·11"、非典等时期，以及2002年美国取消了GRE Subject的考试，他放弃了出国留学的计划。2002年他得到保送清华直读博士的机会，于是杜昶旭去了清华。

杜昶旭的精力非常充沛，他感觉自己就像有两个人的体力在做事。在清华的时候，杜昶旭跟两个导师关系都非常好。他所在的项目组共四个人，那时候他经常要忙到凌晨两三点钟，还要去新东方上课，同时还得去上自己的课程。即使是这么忙碌的生活，杜昶旭在清华一共还发表了七篇论文，远远超出了要求的四篇论文。当时他在新东方的教学收入就远远高于普通人，这也是他能力超群的体现。

他的英语口语非常好，他觉得英语是所有的学科中最好学的，因为英语只要投入只要花时间就会有回报，就会有好结果，前提是大方向要对，很多人英语学不好是因为大方向就错了。杜昶旭讲课的思路跟其他老师不太一样，他会强调本质的方法论，而不是单一的技巧，这一点，为他后来的互联网创业也奠定了基础。

对于互联网教育的理念

杜昶旭说，成立朗播网是想改变教育的模式，因为教育行业客户的黏性很弱，教育领域永远需要新客户，如果仅仅靠用户是无法保证口碑的，只能靠品质来保证口碑。未来人们会大量地从线下迁移到线上，就看能否

提供有品控的产品模型。首先判断是不是一个有品控的产品模型，如果是有品控的产品，随着时间的流逝，就会形成领域的产品垄断。只要坚信能够让资本在多少年之内获利退出，那么就可以坚持。若要构建以学生为中心的教育，关键是构建数据中心，朗播网目前就在推广这个事情。

杜昶旭认为，今天的一对一教学跟个性化教育其实没有任何关系。讨论环节，是授课过程最重要的，但现在都缺失了这个环节。传统意义的教育，都是一种服务。讨论环节通过现在所谓的一对一根本实现不了，因为现在的老师根本做不到一对一的定制化服务，教育品质很难得到保证。所有的受教育者，所买到的都是教育者的时间。所以，传统教育模式买到的是教育者的时间。我们的受教育过程约等于上课，导致我们把所有的宝都押在了授课老师身上，大家只关心老师教得好不好，但事实上学习效果的好坏，上课过程只占了三分之一，授课过程只是一个知识传递的过程。

过去传统的教育培训，无论体制内还是体制外，都很难保证教育品质。说得再大一点，教育公平在过去的教育模式下是很难体现的。所有的家长都希望自己的孩子遇到一个好老师，但是这个很难保证，解决办法就是场景化。一旦教育被场景化后，就能够保证所有用户的教育品质。从学习流程，从横向去研究一下、讨论一下一个人的学习生涯中哪些部分是可以用上课来解决的，哪些部分是不需要用上课来解决的。

关于自适应学习

自适应可以应用在许多领域，这样朗播网才可以做个性化教育。朗播网做的是因材施教，个性化教育。自适应教育，这个流程不是只跑一次，而是每隔一个阶段重新测试一次，整个过程不需要人的介入，把专家的经验全部融和进去。整个过程都是Online，没有人的介入。而朗播网现在的智能学习实验室就是把这套所有的东西打包，然后用户在用的时候，可以选择到实验室学习。我们每个人可以自己描述自己的英语能力，但实际中有困难。一是量表的定义非常难。二是测评非常难，怎么测才可以测出来？真题是测不出来的。三是要有大量的工具设计，比如背单词有背单词的工具，这样才可以实现个性化的学习。通过规划引擎，得到一个解决方案，就可以解决每个人的问题。这时候，每个人的输入参数是不一样的。这是一个很大的库，根据它来安排每个人的学习计划。

朗播网的用户可以买到同样品质的教育，只是最后的结果不一样。这个流程不是只有一次的，比如测评隔一段时间就测试一下，这些都不想要人为来操作，直接线上就可以完成了。

对朗播网的定位、融资情况及团队情况

朗播网强调的是标准化，定位是语言学习、标准化、产品化、数据化，核心还是语言类学习。朗播网的大方向是互联网学习，其实是技术型公司。目前朗播网已经融资1亿多元了，朗播网从天使到B轮，都是杜昶旭自己牵头去完成的。最早是好未来投资的，于2014年年底到2015年年初进来的。好未来如果现在退出，那么回报率也是4倍了。

杜昶旭更希望用一种产品化的东西去解决问题。现在的公司有260多人，最初才十几人，场地也非常小，发展到现在几层楼的员工。他认为自己目前的公司不是培训机构。中国学生学英语还是要靠中国人来教。

朗播网的核心成员共四个人，分别来自两个大学，彼此都是同窗，或者同窗的同窗。最早期是三个人，后来又加入了一个人。北理工的学生比较务实，杜昶旭的联合创始人就是他同宿舍的同学。

作为杰出校友，对于青年学生的建议

杜昶旭表示，对于刚毕业的青年校友应该树立良好的三观，学会跟别人相处，协调好各种各样的关系，比如工作的时候，要跟同事很好相处，要跟领导很好地相处。有时候，在不同的场合我们要学会说合适的言语，帮助自己更好地跟人相处。杜昶旭特别强调拥有自律的作息和坚持锻炼，才可能拥有"开挂"的人生。杜昶旭保持着锻炼的习惯，而且睡眠质量非常好，时间管理也做得很好，知道什么时间做什么事情。

最后杜昶旭向我们表达了对于母校的祝愿和对于青年汇沙龙这个平台的寄语，希望母校能够向社会输送更多的理工优秀毕业生，也希望北理工青年汇沙龙越办越红火。他非常愿意有机会为母校和其他校友贡献自己的微薄之力。

供稿：樊睿、邓娟

董默：多彩人生源于自律和选择

编者按

董默，1997级北京理工大学计算机本科生。前IBM工会主席/阿里云副总裁；第一届雅戈尔先生冠军；2017年F1新加坡中国唯一受邀 GRID WALK 媒体嘉宾，首位比赛现场直播采访F1车手及车队经理的自媒体。

生命中的挫败和成绩一样重要，总比平淡普通有味道

董默谈到在从清华附中到北理工之后遇到的一些小事，比如意外的腿伤，之后和体育教练之间的种种小事，体验到了一直很顺利的优等生很难碰到的挫折和麻烦；这些挫折和与人相处的体验，也使初入大学的他加速成长，对于以后各种人际关系和挫折的处理，受益匪浅。董默认为大学就是提前进入社会的一个缓冲，可以有机会去更多体验各种新鲜的事情，当然要在合法的情况下。

学校的经历，每个人都不同，一切如果都按部就班，可能也不会有什么成长和进步了。碰到了一些特殊的事情，可能也是造物主安排的特殊剧情，甜酸苦辣和很多的特殊剧情总比那些没有风险、没有意外的人生要刺激得多。一张白纸的大学生活，其实更没有什么意思。

对于创业和工作，有时候是身不由己的选择

董默谈道，在开始工作时候，无论是不是名校毕业，如果对自己充满信心、努力工作，在工作中学会快速成长，认真面对每一次的挑战，就可以在职场中有更好的发展。董默曾经在腾讯和阿里云等著名企业担任过高管，但是最终在 5 年前，还是因为与企业的理念不合不得不离开决定自己创业。这一点可能和正统的职场逻辑有所冲突，但是人生就是选择，快乐是选择，选择是快乐。董默选择了创业和媒体工作，做正能量传播的事情，以品质生活为主线，通过作为时尚公众人物的身份，倡导优质和健康的生活方式。微博超过百万粉丝的"大 V"，每一个举动和文字都有一定的影响力，公众人物所拥有的是舆论的影响力，并不是执行力和管控力，所以影响力的使用和由此衍生出来的很多后续的事情和互动，是需要很多技巧的。同时我们也深刻地认识到要从普通消费者或者普通公民角度上，要求自己的合理诉求，或者可以说公众人物的"嘴"更大，从而更要注重说的是什么，既要保持社会公正公平的立场，同时也要不忘一个人的基本人性。

谈到如何处理老板和员工的关系的时候，董默认为，员工的需求和个人目标实现程度，是员工之所以来企业做事的主要原因，要了解自己的员工的真实需求，才能调动起员工的积极性，把员工和企业的目标和谐地统一起来。生硬地用金钱驱动员工是不现实的也是不能长久的，所以作为老

板对创业企业的员工，首先是了解员工，然后信任员工，最后才能与员工和谐相处。

社会公众人物，更要有选择地做事情

董默谈到了身为公众人物的种种苦恼和不方便的地方，比如常常被莫名骚扰，同时对于自己的言行也要时刻注意影响力和后续可能产生的问题。

谈到代言人和商业行为，董默也是有选择地做代言和合作，因为商业社会中各种代言泛滥，很多代言人可能根本没有体验过他们所代言的产品，本身对粉丝们也是一种不负责行为。

健身是一种自我激励，但是不能牺牲其他美好的事物

每每提到健身，董默就有很多自己的独特见解，给大家分享几点。

健身会改变很多东西，不一定非要去健身房健身。目前主要是时间问题，对于工作很忙的人来说，要利用碎片时间，比如在家，在公司，就可以来一组俯卧撑。如果去健身房，要经过换衣服，去健身房，洗澡，再回来，这样2~3个小时就没有了。

对于美食，除了甜的东西，董默觉得都不需要控制，因为作为人生百味，美食是生活最主要的快乐源泉之一，不能为了得到一种美好而放弃另一种美好。

学弟学妹找工作，要有主人翁精神

董默说不要做一个岗位就仅仅关注一个岗位，在做好自己的岗位的同时，只要有机会就去了解整个企业的不同工种，学习更多的工作和企业管理经验。未来希望可以做到管理层，就不单单看到管理层的高薪，更要明白管理层要给企业带来相对应的价值，从宏观和微观都可以有清晰明确的认识，而不是仅仅专注于某一个环节。

要不断地学习，其实如果没有每时每刻的学习，似乎就没有存在的意义。如果有一天真的老了，也就是所谓的心老了，才会停止学习，停止改变。那样就跟死去只差一个肉体的区别了。

供稿：张磊

郑福仁：追逐自己的内心

他，是1996级本硕博连读的校友；

他，未毕业就创业，打造出一家拥有8家分公司、1000多名员工的稳健企业——腾信软创，2016年在新三板上市；

他，身为董事长，低调、谦逊、勤奋，却深得人心；

他，乐于分享，经常向年轻后辈传经送宝；

他，就是郑福仁校友！

2018年7月26日，我们校友走访团志愿者有幸将与"大咖"校友面对面，采访郑师兄企业管理和为人处世的成功之道。

卓有成效的管理者

作为挂牌上市公司的管理者，郑师兄却总是以低调的形象出现在大家的眼中，谈到公司的管理，郑师兄的观点和想法鲜明而犀利。

1. 最小的权力

"和蔼""低调""亲切""尊重"这样的词汇，通常构成了大家对郑师兄的印象评价。在员工的眼中，郑师兄也一直是个很好相处的领导。谈及郑师兄的领导风格，郑师兄幽默地说："对员工的态度好是应该的，毕竟他们的工作很辛苦，因为他们的辛勤工作才推动着公司的发展进步。我的权力是公司里最小的，只管两个人，我的两个副总。至于其他人，我不会越级管理。我希望给员工营造一个简单、快乐的工作氛围，不越级管理，让他们有更多自主发挥的空间。"

2. 正确的企业价值

最近长春的疫苗事件轰动全国，谈到这个话题，郑师兄的声音沉重，"企业一定要坚持自己的企业价值，不能仅仅为了盈利背弃企业初创时的信念。一旦迷失企业自身的价值信念，企业极可能误入歧途。"

3. 前进、前进、还是前进

腾信如今取得的优秀成绩背后，其实是永不停歇的奋斗。旧的目标实现了，更高的、更新的目标又不断设立出来。随着公司的不断前进，在与一些大型公司同台竞争之时，腾信也有了自己的品牌知名度和认可度。"全天下的生意那么多，该怎么去做呢？""市场竞争如此激烈，如何不被淘汰？"这些企业发展面临的问题常常萦绕在许多创业者脑海里，他给出的答案很简单——努力前进！只有不断进取，才是一个公司长远发展、永葆生机之道。

4. 激励即动力

从腾信对员工的选拔和任用，可见企业的独特魅力。"我们招人没有门槛，主要是看员工有没有韧劲、够不够努力，同时，我们很看重员工对公司是否有认同感。腾信是一家员工持股的公司，只要员工工作做得好，都可以持股，并且每年的股份会有变化。这很适合腾信。"郑师兄笑着说道，"除此以外，腾信作为一个平台，也要为员工不断设置新的目标。"好的激励即是动力！

心怀赤诚的前辈

1. 谨慎的解惑

对于曾经主要担任大学副教授的郑师兄而言，在为学弟学妹传授创业经验这件事上，非常认真和谨慎。他说，做过老师的人总会担心传授出的错误知识会误导他人，尤其担心自己的一些经历会伤害到别人的创业激情。

2. 创业的"痛且快乐"

"如果不快乐，何必要创业呢？"郑师兄一针见血地指出了他的观点。同时，他提到了创业早期最常见的外部"疼痛"——资金周转；创业成功之后的"疼痛"——对占有市场、赢得竞争的思考与行动。对许多准备创业的学弟学妹，郑师兄语重心长地说："创业便要做好一辈子的准备！创业成功之后也要注意，创业是有生命周期的，曾经是不进则退，如今是不进则死。"

3. 枕边书——《六项精进》

在提到郑师兄心爱的书目的时候，郑师兄非常激动，他力荐稻盛和夫的《六项精进》。郑师兄几次提到受这本书影响极深，非常能够感同身受，强烈推荐每个人去精读、细读。

张思庆：梦想的路上砥砺前行

2019年6月23日，北理工青年汇的小伙伴们有幸采访到张思庆导演，在和他交流沟通中感受到他对梦想的坚持以及付出的努力，以下是张思庆校友与我们交流的详细内容。

在有新片即将上映的时候采访到校友张思庆

问：为何在本科时选择北理工，研究生选择了北影导演系这样跨度大的专业？

答：首先因为是喜欢导演这个专业，高考时没直接选择导演专业是因为家里面的建议是考取一个传统的大学，考研究生的时候已经考取了公务员，后来是在家人不知情的情况下报考的北影导演系。

问：众所周知，很多北影的毕业生在毕业后都选择了其他行业，因为影视行业相对比较难。在读完北影之后，是什么原因支撑自己坚持走导演的道路？

答：我比较幸运，毕业设计作品有幸拿到了金马奖，这样给自己的导演事业打造了一个好的开端，陆续地接到了很多广告项目，没有经历过大部分影视行业从业人员在初期的经济压力。很多人都曲线救国先做一段时间其他工作，有了一定的经济基础后再回来实现导演的梦想，自己属于比较幸运的，可以一直从事导演职业。

问：毕业就获得金马奖对自己来说意味着什么？

答：这个很难说，一方面早早地证明了自己的价值，获得了行业的认可，另外一方面早早地站在一个比较高的平台上也是很大的压力。

问：在北理工学习的经历对从事导演这个职业是否有帮助？

答：非常有用。今年是从北理工毕业十年，在学校期间，学到了很多除专业之外的东西，比如说在北理工学习的时候，能锻炼自己的综合能力，另外能感觉自己像一个普通人，学习和生活是明显区分的，这与在影视行业的生活不一样。

问：考北影导演专业研究生困难吗？

答：非常困难，我在北影没有关系，专业跨度又大，从大三就开始准备考研的功课。

问：考研面试的时候，是否被问到为何从一个理工科大学考到北影导演系这样一个专业？

答：没有，有很多像我一样跨专业考过来的，而且我2007年在北理工就获得过大学生短片奖，也算是有过相关的成绩。

问：当时拍的短片是什么题材的？

答：校园爱情题材，并且在中教播映过。

问：对导演行业的兴趣从何时开始的？

答：从高中开始，看了特别多的电影和相关的书籍，这些都给研究生考试带来了知识的储备。

学弟问：本科的时候，怎么做到一面追求自己导演的梦想，又面对自己在一所理工科大学的现实？

答：不要有所顾虑，坚持自己的梦想往前走。（给工业设计专业学弟的建议）如果也喜欢影视制作的行业，不妨先去接触一些导演或者摄影师，可以跟着做一些相关的工作，在工作中锻炼自己的能力，慢慢地会获得更多更好的发展机会。

问：给学弟指的这条与影视娱乐相关的道路是否有风险？

答：从事这个行业有一定的风险，因为行业的不确定性比较大，但是学弟的优势在于还是在校学生，可以在尝试中积累经验，从而更清楚地定位自己是否适合从事这个行业，毕竟娱乐行业也需要很多更专业的人士加入。

问：进入电影学院后怎么样拓展人脉？

答：人脉在工作中可以自然积累，在一定的成长阶段，需要面对和认识的人是有选择性的，毕竟获取人脉需要耗费大量的精力。

与从事摄影行业的学弟交流拍摄广告片的经验

问：从一个理工专业转到电影行业会不会遇到很多困难？遇到挫折的时候是否有过动摇，在这个时候是怎么坚持下来的？

答：从成本层面可以来评估，自己坚持下去的收获是否能够支撑自己之前做出的选择的成本。任何事情都是有因果的，很多的放弃并不是自己选择的，而是到了一定时候自然发生的。

问：自己是怎么规划职业的？

答：在三十岁之前主要是沉淀和积累，解决了生活问题，在没有后顾之忧的情况下才去做自己想做的事情，毕业三年后才计划拍一部电影，去年拍了一部剧，预计八月播出，还有一部电影在拍。

分享智慧·助力成长——北理工青年校友会印迹

陈明杰：创业永不眠

我们校友走记团志愿者一行五人与傲游公司创始人兼 CEO 陈明杰师兄进行了青年汇的嘉宾回访。陈师兄跟我们畅谈了关于他的求学、创办傲游、3Q 大战、投资共生经济等人生经历。他从五六岁时就开始接触游戏，幼年时就开启了与计算机最初的缘分，那时候还是 20 世纪 80 年代，游戏的形式比较简单，但是通过玩游戏，陈师兄激发了自己对于计算机的热情。

学生时代开始自学编程

陈师兄性格比较独立。他从高中时候就接触编程，属于编程比较早的。

高中时他就读省重点郑州一中，属于河南省最好的学校。当时高中的功课很忙，他对自己学业设立的目标就是在重点高中能保持前 20 名就可以了。那时候 Basic 比较火，当时学校还开了 Basic 的课程，而且机房有电脑，学校属于设施条件不错的。陈师兄平时会买点书或者去图书馆借书，自学由比尔·盖茨开发的 Basic 语言，改改小程序。通过不同的游戏，设置不同的背景，陈师兄了解了许多关于计算机的知识。陈师兄 1994 年进入北理工就读自控专业，进入大学后他经常去图书馆或者海图看书看杂志，和室友一起买了电脑，开始自学汇编语言、C 语言，试着写各种小游戏玩。在毕业设计时，他向老师建议写仿真的单片机，即拿程序来写单片机。陈师兄的大学时光过得非常愉快，边学习课程，边自学计算机，打打游戏。

先去汉王，随后转向新加坡

陈师兄 1998 年毕业后，先去汉王公司实习，当时汉王公司刚刚起步，很多员工是从中科院自动化所毕业的研究生，与微软有很深入的合作，五笔输入在业内还比较领先。毕业后陈师兄就留在了汉王工作，开启了程序员的职业生涯，主要从事用户体验方面的开发。

2000 年，陈师兄选择去新加坡工作，从事计算机编程工作。陈师兄当时准备办理加拿大移民。在新加坡的时候，他度过了一段很愉快的生活，平时努力学英文，考雅思和托福，空闲时就搭地铁或者公交车出去逛逛，去游戏厅玩玩游戏，或看看科幻类小说。在新加坡工作期间，陈师兄掌握了很多先进的资料和编程知识。

设计论坛，创立傲游获得投资

陈师兄在闲暇时发现自己对浏览器有兴趣，当他看到有些网站有 bug，就会主动去做修改，在网上跟朋友进行讨论。他当时还做了一个比较简单的网站。2003 年开始，陈师兄跟几个朋友做了社区的项目，即 Maxthon 论坛，即傲游社区的雏形。陈师兄担任社区社长，即核心领袖，大家都是义务的志愿者，分工比较明确，是冲着兴趣参加项目的。他把大家对于社区的贡献做了清晰的记录，谁的创意就署名是谁的。当社区的影响力越来越大的时候，2005年左右，丹麦的一位投资人就主动找到了陈师兄，建议把社区进行商业化运作。一年后陈师兄从新加坡飞到香港与投资人进行了第一次见面，这位投资人有着非常成熟和清晰的商业头脑，对这个项目进行了详细的商业规划。这样陈明杰在投资人的帮助下就拉到了创立傲游的第一笔投资资金。

发展正劲遭遇3Q大战

傲游自成立始发展势头一直非常顺利，开发了不少比较成功的产品，比如密码大师很好用，几百个密码同时可以放在傲游大师里，傲游笔记可以把看到的有价值的东西保存起来，存在用户端。

2005年是浏览器之年，当时浏览器发展得很快，比如3721和百度都找到陈师兄，寻求合作。大家对浏览器很看重，涌现很多创新的想法。傲游的风格就像陈师兄的风格，务实低调，有竞争力，傲游始终没有怎么打广告，在业内的口碑很不错。傲游公司一直顺风顺水地发展到2008年。后来360开始参与杀毒市场的竞争，进行免费杀毒争夺用户，随后开始了浏览器的开发，用同样的捆绑竞争手法，抢占用户市场。傲游本着对用户比较负责的态度，希望能够得到更好的用户体验，保持住与用户的互动底线，让用户使用产品比较愉快，走的是偏欧美的产品态度，当时傲游与360不同的对用户的态度，引发了3Q大战，导致傲游的发展速度变缓。

经过这些年的发展，现在所有的浏览器公司的发展都变得平缓了。由于手机移动崛起，用户习惯被改变，浏览器的整个市场在萎缩，浏览器虽然很重要，大家依然需要通过浏览器去搜索信息，但是已经不如以前重要了。傲游的创立及发展，让陈师兄领略了很多的酸甜苦辣：曾把傲游的市场份额推向过行业先锋地步，也体验了激烈的3Q竞争，最后又经历市场萎缩，总体趋于平缓发展。

技术开发+投资人，进入区块链

傲游发展到一定程度后，陈师兄开始尝试投资，尝试做区块链，以帮助傲游进行生态链的建立。陈师兄以做产品做技术为主业，业余的时候尝试投资,在投资上尝试了几个不同的项目,并且获得了盈利。

陈师兄在尝试投资了比特币之后,开始对区块链有了兴趣,觉得做加密货币挺有挑战性的。陈师兄又回到了社区的理念,而且傲游在新加坡设立了基金会,属于区块链较为正式的机构。傲游于2016年开发新的插件,加密货币功能,提出了挖矿算法,用傲游的浏览器就可以免费获得加密货币。直接把货币送给用户,只要求用户使用浏览器,这样是符合国家的规定的。这种模式是傲游首创的,是傲游的想法创新,当时很少人用挖矿的模式,后来各种各样的挖矿模式就出来了。这种模式很多人参与,当时有十几万人参与这个挖矿游戏,现在已经把社区的概念引进来了,比如建立了一个商城,大家可以在里面互动,比如有人开始在里面卖酱油,这样可以更好地吸引用户使用傲游浏览器。从一个想法到技术落地需要考虑周全,需要很多技术手段去实现,比如要去完善一些bug,解决外挂问题等。

商业化的核心就是能不能创造价值,如果能够创造价值,就不用担心商业化的问题。任何事情都是有两面性的,低调有低调的优点,比如可以专注安静地做自己喜欢的事情。商业化如果有人认可它的价值,就会有价值,虽然是免费发放的,也会产生价值,因为有交换价值,而且免费的币比较少。

掌门人,必须拥有逻辑和分析能力

作为公司的决策者,陈师兄表示做决策的时候要比别人看得远,看得深。作为社区的领袖和掌门人,需要的是分析能力和逻辑能力,对事情都有自己的逻辑判断,需要比别人想得深,需要真的了解,得有知识储备。只要产品足够好就会有市场需求,接下来按照自己的道路,发挥自己的优势就可以了。傲游无论是处于行业巅峰还是处于市场平稳期间,在一些欧美国家都拥有一定的比较忠实的用户市场,他们觉得傲游挺好用的。

身份转变,勇做先锋

傲游的成功,互联网的18年,陈明杰师兄已经收获了巨大的事业成功和声望，在此基础上，陈师兄选择尝试作为投资人，并且已经成功地投资了许多项目。陈师兄还涉足共生经济领域，主要是看重区块链的社区价值。大家都通过 Token 联系在一块，去中心化，不用通过公司的形式去做事情、对社区做贡献，可以主动地通过交换去获得价值。比如卖酱油，可以拿酱油去交换，也可以去交易所购币，都按自己的意愿。区块链不断地探索新的领域，尝试各种可能性，突破地域限制。陈师兄在业内具有举足轻重的影响力，比较务实，喜欢小团队，推崇小而精的管理方式。

打造首个基于区块链的浏览器

2020 年，傲游将发布全球首个区块链技术支持的浏览器。面对全世界，这是傲游再一次的新举措和创新，也是陈师兄正在发力的事情。陈师兄创办傲游一路走来，非常低调务实，也获奖无数。2017 年他荣获了硅谷的《互联网周刊》年度业内最具深度影响力人物奖，还出席了 2018 年世界区块链峰会，2020 年 2 月受邀出席了在伦敦举行的 CoinGeek 全球大会。这次新产品的再次发布，将给互联网领域和区块链领域带来什么样的冲击？我们拭目以待。

志愿者介绍

我们的收获与感想

薄穆盟　2015级计算机科学与技术专业

加入青年汇一年多，我与师兄、师姐一起参与了多次校友回访，同时参与青年汇每月一期的沙龙讲座。在师兄师姐的引领下，我的格局得到了很大的提升，更进一步地明确了自己的人生意义和价值。希望我们青年汇越办越好，北理精神，薪火相传。同时祝福我们的母校越来越好，早日建设成为中国特色世界一流的理工科大学。目前我继续在母校攻读硕士研究生，我会继续努力，积极进取，不忘初心，发扬传承"德以明理，学以精工"的精神。

白晓利　2015级宇航学院航天工程专业

自2017年12月加入北理工青年汇以来，收获良多，认识了很多优秀的校友，极大地拓宽了自己的眼界，学会和发掘了很多新的技能。青年汇就像一个温暖的大家庭，大家互帮互助，服务校友，在校友间建起了沟通交流的桥梁。祝青年汇越办越好，祝母校年年桃李，岁岁芬芳！

崔 豪　2014级材料成型及控制工程专业

　　作为2015年就加入青年汇的志愿者来说，这个平台对我人生中成长的意义是巨大的。我还清楚地记得刚进大学时的那种迷茫，而在这时候机缘巧合下认识了孙达飞师兄（时任轮值主席）。进入平台后我写了一年多的报名文案的工作，在身处组织期间我明显地感受到了平台对于年轻校友和我自己的积极影响。我很幸运能进入好的大学，不仅享受到好的师资力量，同时也得到了来自校友的力量。最后，祝母校80岁生日快乐！爱我大北理！

侯延昭　　2017 级教育学硕士

还记得第一次参加青年汇的活动，听到优秀校友分享个人成功的经历，倍感鼓舞，当时感动得就哭了。

正值人生的转折点，听到校友的经历产生了共鸣，那一刻我下定决心去尝试以前不敢做的事情，然后发现自己竟然可以做到。

在参与青年汇的活动中，我收获很多。老师们的指导以及师兄师姐的关心和照顾，激励着我逐渐成长，现如今，我也越来越成熟稳重。期待青年汇更好地成长，期待有更多的年轻的朋友加入青年汇，为青年汇的壮大增添一份力量。

未来，我会继续尝试，不断挑战自己，勇于做出改变！谢谢青年汇带给我的力量。

黄方愈　2015级材料物理化学专业

　　初进志愿者大家庭，就能感受到406是一个很温暖的地方。这里是师兄师姐分享经验的舞台，也是师弟师妹学习成长的海湾；愿自己能在这个大家庭里献上一份力量，价有所值！

　　祝青年汇越办越好！祝母校成立80周年快乐！

黄 睿　　2019级睿信书院

青年汇给了我一个很好的机会去了解各行各业中杰出的校友，了解各个行业的相关信息，可以扩宽自己的见识，同时校友之间可以互帮互助，展开多个领域之间的交流合作，发扬北理人的精神，展现北理人的风采。在这样的一个团体中，我们北理人可以一起前行。每次去参加完青年汇活动，都干货满满，收获特别多。一个人可以走得很快，但一群人可以走得很远很幸福，十分感谢北理青年汇给我这么一个好的机会，同时也祝愿北理80岁生日快乐。祝青年汇越办越好，祝北理工越来越好。

卢志强　　2017级信息与电子学院电子科学与技术专业

很开心自己能够遇见北理工,同时作为志愿者加入青年汇的大家庭。参与活动数次,所做之事也小,感悟收获却满。感谢青年汇,为我打开一道门,有机会向优秀的师兄师姐学习交流,同时又为我打开一扇窗,看见世界的广阔。未来的日子里,祝学校越来越好,祝青年汇越来越好,也希望自己继续发光发热,做好志愿工作,随青年汇一起成长!

马晶晶　　2009 级

　　从第 5 期沙龙开始加入青年汇，转眼已是 5 年的时光。成为青年汇的一名志愿者，有幸结识了很多优秀的师兄师姐，也串联起了学校的师弟师妹。感谢母校，感谢青年汇，感谢达飞师兄和顾玮师兄不懈的坚持，让我们有了这么好的平台。

倪志成　　2016级材料科学与工程专业硕士

　　北理工青年汇是一个会发光的地方,使我可以接触到许多优秀的前辈,这里的导师和学姐学兄们给予了我很多指引,很感激你们的分享和付出。在学校80周年校庆之际,我祝愿母校继续传承延安精神,永远辉煌!宏图更展,再谱华章!

邵美玲　　2009级工业设计专业研究生

　　加入青年汇是一种很幸福的体验。一是多了一种归属感，对学校的荣耀感，看每一期师兄师姐分享，更体会到优秀的力量影响；二是对自己有更多维度的提升和帮助，看到更多优秀的人，尤其是一些师弟师妹的想法，会让自己更谦逊，也更豁达；三是在青年汇做志愿者，一方面发挥自己的专业与工作能力去帮助大家，另一方面也得到志愿者工作的历练，与各位志愿者成为朋友，成为一个互相帮助的团体。

王桂杰　　　2009 级理学院

从 2012 年开始时不到 100 人的北理工青年校友汇微信群，到 2013 年志愿者们自费出资邀请校友举办沙龙宣告青年汇正式成立，再到如今成长为 5000 人的青年校友汇微信集群，我很欣慰见证和陪伴青年汇每一步的成长，也很高兴为青年汇章程、青年汇财务管理、微信群管理制度、青年汇公益帮扶、嘉宾沙龙组织等规范建立等自愿付出自己一份力量，也为北理工青年汇帮助更多青年校友成长感到自豪，这与北理工母校这坚强后盾的大力支持息息相关。衷心祝福母校 80 周年生日快乐，祝福母校建设更上一层楼。

王丽霞　2002年管理与经济学院公共事业管理专业

在北理工青年汇平台上，我们欣喜地看到无数创业梦想被点亮，我们看到诸多青年才俊驰骋上路，我们看到校友间无私的激励与帮扶，我们看到北理校友力量的团结与壮大。当然，诸多喜悦的背后，青年汇孙达飞、顾玮主席和亲爱的志愿者，你们的善良、坚持，你们的公益之心与大德之爱，将会被历史铭记。北理工青年汇给予我的力量，足以穿透我的生命。祝福母校80华诞，祝福青年汇根深叶茂！

王 琳　　2011级经济管理学院工商管理硕士

　　青年汇是志同道合的伙伴共同学习、交流、成长、互动、合作的地方，大家没有年龄之差、级别之分。未来应增加青年汇各个群体的线上、线下活跃度，组织有意义、大家感兴趣的活动，让更多伙伴参与其中，一起交流、学习、成长！

　　愿北理越来越强，为中国发展贡献更大价值，为社会输送更多有用之才！追随自己的内心，做自己想做的事，不断创造价值。

王亚静　　2017级法律专业

青年汇，是一个特别好的凝聚校友情的平台。不管我们是哪一级的哪个院系的，只要提起那个操场、那栋教学楼、那个食堂，瞬间就有了共鸣和共同话题，增进了人与人之间的亲近感。

八十载风雨，造就精英无数；八十载沧桑，培育桃李满园。在青年汇，饱含浓浓的校友情怀，聆听每位精英嘉宾的智慧分享，感受每位志愿者的用心付出。

希望有更多的校友加入青年汇这个大家庭中，凝聚更多的力量。祝愿我们的母校80周岁生日快乐！

| 余 彦 | 2001级电子工程专业学士，2005级硕士 |

与青年汇结缘于2016年，担任志愿者服务青年汇的3年时间里，学习到了做人做事的道理，也认识了各专业背景的校友，还锻炼了很多从未预料到的技能点。虽然毕业多年，但青年汇这个舞台，让我能够展示自己，挑战不可能，不负青春，成为更好的自己！希望青年汇影响力越来越大，能帮助更多的校友！

张铁城　　2013年制药工程专业

　　青年汇是块福地，几年的活动中，交到了许多好友，也从优秀的校友身上学到了许多东西。值母校80年周岁之际，祝愿我们的母校越办越好，祝愿我们的青年汇越办越好，祝愿校友们一切都越来越好，也希望自己在事业在生活上越来越好！

张毓佳　2005级人文学院法学学士，2009级教育研究院管理学硕士

　　不积跬步，无以至千里，青年汇是一个需要长期付出、持之以恒的平台，希望通过我们共同的努力，为母校青年校友提供更多的经验和连接，打造校友帮校友的文化。

何旖桦　　2010 级化工与环境学院制药工程专业

　　漫漫人生路，依依校友情。青年汇沙龙，是母校向学子们敞开的温暖怀抱，让我很有归属感。虽然已毕业多年，仍然从中汲取智慧，开阔眼界，也收获了很多的感动。感谢创始人的执着坚持和志愿者们的无私奉献。愿母校越来越好！愿青年汇不断发展壮大！

徐章新　　2011 级国际经济与贸易专业

　　北理青年汇以"传、帮、带"的形式，连接每一位校友，让彼此有了相互交流的平台。

　　在这个平台上，我认识了很多校友，增加了自身的人生经历，了解到事业有成的校友们的成功秘诀，也使自己的职业生涯有更明确的方向。

　　因此，我成为青年汇的志愿者，在一群志同道合之友的努力下，让青年汇能够帮助到更多的校友。我也很荣幸能够参与青年汇为母校 80 周年献礼——《分享智慧·助力成长》的编辑与统筹当中。

　　最后，在北理工成立 80 周年来临之际，我想说，我爱你，北理工！生日快乐，北京理工大学！

编后语
——请记住他们

在 2012 年 9 月 22 日,在北京理工大学南墙外一个不足 30 平方米的一个小小的咖啡馆里,有 8 位年轻的、浑身散发着热情的校友和几位北理工老师相聚在一起,他们中有机关公务员,有国企中层骨干,有民营创业者,他们热烈地谈论着。作为北理工的年轻学子,他们想着能否汇聚不同岗位校友资源优势,以某种形式支持母校发展,助力校友成才,渐渐地谈论的话题聚焦了,向学校领导报告,组成"北理工青年校友会",并确定主题为"汇聚智慧、分享心得、助力成才",在得到学校主管领导的批准后,青年校友汇开始行动了。

8 年来,青年校友会一直坚持自主、独立、公益化运营,以线下精品沙龙、优秀校友访谈,举办校友专项论坛,协助大爱基金募集善款等开展了一系列卓有成效的活动。

2020 年北京理工大学将举行建校 80 年庆典,在这个值得纪念时刻,青年校友会将八年来精品沙龙及校友访谈实录呈现出来,送给在读学子和走出学府的校友们阅读,也算是献给母校的一份厚礼。

当你拿到并阅读完这本题为《分享智慧·助力成长——北理工青年校友会印迹》的书后,当你从书中所述得到某些启迪、思考,有些许收获时,我想应该记住他们:

第一个要记住的是孙达飞和顾玮校友,最初的想法是他俩提出来的。参加那次聚会的还有杨海滨、桑珊飞、宫宁瑞、刘念、陈平、韩晓龙以及学校的几位老师。他们发起的初衷和共同的愿望很纯粹,希望通过组织分享,营造校友帮校友,特别是过来人帮助年轻校友成长的氛围,让更多青年校友从中获益,同时为支持母校发展做些有益的事。

奔着这一初心,一干就 8 年,一开始从"陌拜"去邀请各领域有成就的校友来分享,到后来校友慕名而来,希望做客青年汇;要知道青年校友会的骨干校友都有自己的事业，处在发展冲刺过程中，能挤出时间，用 8 年的坚持做青年汇的工作，真是难能可贵！特别是孙达飞校友居中协调安排，将校友精品沙龙做成了品牌；他还有通过青年校友汇这个平台，促成了不少校友间的融通资讯，搭建关系，介绍及投资项目。

第二要记住的是出席沙龙的主讲嘉宾们，他们中有优秀的人民公仆，有杰出的军旅骄子，有亿万家产的成功企业家，有睿智的职业经理人，有科技学术界的精英，有极具特点的创业者等，他们倾囊相授，用自己多年来的工作心得和生活感悟，为大家上了生动精彩的一课。我们听到了很多感人的成长故事，以及逆境中的坚持与修炼的智慧，从中感受到北理工严谨、朴实的特质对他们潜移默化的影响。

第三要记住的是北理工青年校友会的志愿者们，他们执着热忱，乐于付出，组织沙龙，采访校友，传递北理工精神。8 年来坚持在每个月办一期精品周末沙龙，邀请来自各行各业杰出校友分享智慧，风雨无阻。同时，志愿者们建立了 10 个微信校友大群，并由 10 位群主管理，已经汇集了 5000 余名校友，实时发布母校、青年校友会、校友分会和其他助力校友成长的资讯。特别是他们在母校建校 80 周年之际，带着一颗学习与交流的赤诚之心，回访了 8 年来在青年汇分享过的校友们，完成这本完全由志愿者们采访、汇总、编辑的校友自己的书。

记住他们，并不仅仅是想要赞扬他们，感谢他们！更重要的是让更多的校友传承弘扬北理工的精神和文化。

杨宾于 2020 年 8 月（原北理工常务副校长）